Ute Schaich
Gender in Kinderkrippen

Geschlechterforschung für die Praxis

herausgegeben vom
Gender- und Frauenforschungszentrum
der Hessischen Hochschulen (gFFZ)

Band 7

Ute Schaich

Gender in Kinderkrippen

Wie Geschlecht bedeutsam gemacht wird. Eine ethnographische Studie

Verlag Barbara Budrich
Opladen • Berlin • Toronto 2023

Bibliografische Information der Deutschen Nationalbibliothek
Die Deutsche Nationalbibliothek verzeichnet diese Publikation in der Deutschen Nationalbibliografie; detaillierte bibliografische Daten sind im Internet über http://dnb.d-nb.de abrufbar.

Gedruckt auf säurefreiem und alterungsbeständigem Papier.

www.budrich.de

ISBN 978-3-8474-2692-9 (Paperback)
eISBN 978-3-8474-1900-6 (eBook)
DOI 10.3224/84742692

Umschlaggestaltung: Bettina Lehfeldt, Kleinmachnow – www.lehfeldtgraphic.de
Lektorat: Dr. Andrea Lassalle, Berlin – andrealassalle.de
Satz: 3w+p GmbH, Rimpar
Druck: docupoint GmbH, Barleben
Printed in Europe

Inhalt

Vorwort

Ich bedanke mich bei den Einrichtungen und ihrem Träger, den Fachkräften und Familien, die uns den Zugang gewährt und sich an der Forschung beteiligt haben. Mein ausdrücklicher Dank gilt meiner wissenschaftlichen Mitarbeiterin Nora Adio-Zimmermann, die die Feldforschung maßgeblich durchführte, die ethnographischen Protokolle erstellte und durch die Bearbeitung des Materials mit Hilfe einer Software zur Analyse qualitativer Daten wesentlich zur Auswertung beitrug.

Das Material wurde auswertungsbegleitend mit Kolleg*innen aus dem Gender- und Frauenforschungszentrum der hessischen Hochschulen (gFFZ) und aus dem Kompetenzzentrum Soziale Interventionsforschung (KomSI) der Frankfurt University of Applied Sciences diskutiert, ebenso mit Studierenden in Seminaren zur Frühpädagogik und bei Workshops im Kontext von Fachtagungen. Mein besonderer Dank gilt Prof. Dr. Lotte Rose und Prof. Dr. Ulrike Schmauch für kritische und unterstützende Diskussionen sowie Prof. Dr. Margitta Kunert für ihre wertvollen Kommentare zum Buchmanuskript.

Die Finanzierung durch das Hessische Ministerium für Wissenschaft und Kunst, Schwerpunkt „Frauen- und Geschlechterforschung“, ermöglichte die Durchführung der Studie. Die Laufzeit des Projekts war Oktober 2020 bis Juli 2022.

Ute Schaich

1. Einleitung

Geschlechterbezogene Aspekte im Bereich Kinderkrippe fanden bislang nur wenig empirische Beachtung, trotz des Ausbaus der Betreuungsplätze für Kinder in den ersten drei Lebensjahren (Rohrmann/Walter 2022: 313). Diese Lücke nahmen wir zum Anlass, um exemplarisch zu rekonstruieren, wie Geschlecht im pädagogischen Alltag mit Kindern, Eltern und Fachkräften in diesem ersten außerfamiliären Bildungs-, Erziehungs- und Betreuungsfeld bedeutsam gemacht wird. In einer ethnographischen Feldstudie wurden dazu in drei Kinderkrippen teilnehmende Beobachtungen und ethnographische Interviews mit den Fachkräften und Eltern durchgeführt. Sie offenbarten, wie aktuell und spannungsreich Fragen zu Gender/Geschlecht in der frühen Kindheit und wie notwendig ihre Verortung im Fachdiskurs und in Studium, Aus- und Fortbildung sind, um sich genderreflektiert positionieren zu können.

Das Buch ist wie folgt gegliedert: Im *zweiten* Kapitel wird nach einer Betrachtung der Begriffe „Geschlecht“ und „Gender“ ausgeführt, welche Forschungsfragen wir verfolgten, wie sich der aktuelle Forschungsstand darstellt, wie wir forschungsmethodisch vorgegangen sind und welchen Herausforderungen sich ethnographische Geschlechterforscher*innen in Bezug auf die Reifizierungsproblematik gegenübersehen. Das *dritte* Kapitel bietet eine kurze Beschreibung der drei beteiligten Einrichtungen. Im *vierten* Kapitel werden die Geschlechterkonstruktionen in den Interaktionen der Beteiligten analysiert: zwischen den Eltern, Kindern und Fachkräften in den Ankommenssituationen (Kapitel 4.1); in den wechselseitigen Beziehungen zwischen Fachkräften und Kindern (Kapitel 4.2 und Kapitel 4.3); in den Gleichaltrigenbeziehungen unter Berücksichtigung der materiellen Umgebung (Kapitel 4.4). Im *fünften* Kapitel erfolgt die Auswertung der ethnographischen Interviews mit den Fachkräften, im *sechsten* Kapitel die Auswertung der ethnographischen Interviews mit den Eltern. Im *siebten* Kapitel werden die wichtigsten Ergebnisse zusammengetragen und diskutiert sowie in den Kontext einer genderreflektierten Forschung und Pädagogik gestellt.

Das genaue Alter der Kinder wird im Text dann erwähnt, wenn es für den Zusammenhang unmittelbar relevant erscheint. Eine Übersicht der pseudonymisierten Namen mit den Altersangaben findet sich im Anhang. Die Forschung fand während der Zeit der Corona-Pandemie statt, die einschränkende Regelungen im Tagesablauf mit sich brachte. Sie werden an den entsprechenden Stellen erwähnt.

2. Ausgangspunkt und Fragestellung

2.1 Verwendung der Begriffe Geschlecht und Gender

Da die Verwendung der Begriffe „Geschlecht“ und „Gender“ voraussetzungsvoll ist, sollen sie zunächst auf der Grundlage eines Beitrags von Bereswill und Ehlert (2022) betrachtet werden. Sie problematisieren die Bedeutungsdimension von Geschlecht als

> historisch wandelbare Vorstellungen von Geschlechtszugehörigkeit und Geschlechterdifferenz, die in der modernen bürgerlichen Gesellschaft an biologischer Zugehörigkeit festgemacht werden. Solcherlei Zuschreibungen und Markierungen schreiben weiblich und männlich als natürliche Unterschiede fest und verankern eine binär kodierte Geschlechterdifferenz außerhalb des Sozialen. [...] Gleichzeitig strukturieren solche binären Geschlechterklassifikationen die soziale Ordnung von Gesellschaften und die Identitätskonstruktionen ihrer Mitglieder. (Bereswill/Ehlert 2022: 214 f.)

Der Begriff „Gender“ wurde in die deutschsprachige Diskussion eingeführt, um das soziale Geschlecht (Gender) vom biologischen Geschlecht (Sex) abzugrenzen (ebd.: 215). Bereswill und Ehlert verweisen jedoch darauf, dass diese Unterscheidung kontrovers diskutiert wird. Mit ihr gelinge es nicht, deutlich zu machen, dass auch das, was allgemein als natürlich oder biologisch betrachtet wird, bereits sozial und kulturell vermittelt ist, und die Annahme von biologischer Zweigeschlechtlichkeit werde beibehalten. Darüber hinaus sei die Vielschichtigkeit des Begriffs „Gender“ zu beachten, der unterschiedliche theoretische Zugänge umfasst (ebd.: 215 f.): Geschlecht als Strukturkategorie für soziale Ungleichheit, intersektional verbunden mit anderen Ungleichheitskategorien; Geschlecht als Interaktionskategorie in sozialen Zuschreibungsprozessen; Geschlecht aus diskurstheoretischer Sicht als sprachliche Hervorbringung im Kontext der heterosexuellen Matrix; Geschlecht und Sexualität aus der Perspektive der LGBTIQ+-Bewegungen, der Queer Studies und der Transgender Studies, die heteronormative Setzungen und Kodierungen grundsätzlich hinterfragen und dazu auffordern, die Diversität von Sexualitäten und Geschlechtsidentitäten wahrzunehmen; Geschlecht als Konfliktkategorie vor dem Hintergrund von identitäts-, sozialisations- und biographietheoretischen Sichtweisen (ebd.: 216).

Diese Auseinandersetzung mit den komplexen Begriffen „Geschlecht“ und „Gender“ hebt die Bedeutung der Offenheit für Intersektionalität und für geschlechtliche und sexuelle Vielfalt hervor. Wenn wir im Folgenden den Begriff „Gender“ verwenden, fassen wir Geschlecht bzw. Geschlechtszugehörigkeit als fortlaufenden sozialen Herstellungsprozess auf. Zugleich wird keine biologisch-ontologische Existenz von „Sex“ im vorgeblichen Gegensatzpaar „Sex“ und „Gender“ übernommen (vgl. Gildemeister 2008/2021: 177).

2.2 Verortung der Forschungsfrage im Kontext der Geschlechterforschung

Nach Faulstich-Wieland (2013) ist in Bezug auf Geschlechterforschung in Kindertageseinrichtungen insbesondere die Frage interessant, „wie die Herstellung von Geschlecht […] geschieht und welche Realisierungschancen geschlechtergerechte Ansätze haben" (ebd.: 232). Wenig berücksichtigt wurde in der Forschung aber bisher, dass auch für eine zunehmende Zahl an Kindern in den ersten drei Lebensjahren die Kindertagesbetreuung neben der Familie zu einem zentralen Ort ihres *(un)doing gender* geworden ist. In Folge des von der Bundesregierung im Jahr 2007 beschlossenen Ausbaus der Tagesbetreuung von Kindern unter drei Jahren und des Rechtsanspruchs auf einen Betreuungsplatz für Kinder ab dem ersten Lebensjahr seit dem 1.8.2013 nahm die Zahl der Plätze deutlich zu. Zum Stichtag 1.3.2021 besuchten bundesweit 34,4 Prozent der unter Dreijährigen eine Kindertageseinrichtung oder Kindertagespflege (Kommentierte Daten der Kinder- und Jugendhilfe 2/2021: 2). Da Kinder bereits in den ersten drei Lebensjahren beginnen, Differenzmerkmale wahrzunehmen und sozial herzustellen (MacNaughton 2006; Beelmann/Raabe 2011; van Hoogdalem/Singer/Wijngaards/Heesbeen 2012), ist Geschlechterforschung auch in diesem frühen Handlungsfeld wichtig. Gleichwohl wurde die Bedeutung von Gender in der Krippe bislang empirisch vernachlässigt.

Das vornehmlich in der Ethnomethodologie entwickelte Konzept des *doing gender* definiert die Herstellung von Geschlecht als interaktiven Prozess in sozialen Situationen und setzt sich damit von einem Verständnis von Geschlecht als essenzieller Eigenschaft ab (West/Zimmermann 1987). Geschlecht wird nicht als Gegebenheit betrachtet, die durch objektive oder „geschlechtsspezifische" Charakteristika festgelegt wird (Gildemeister/Robert 2022: 130), sondern:

> Differenzen werden als relevante Unterscheidungen sozial erst hergestellt, elaboriert, mit Bedeutungen versehen und verfestigt: eben ‚gemacht'. Die im konventionellen ‚Sex-Gender-Modell' gegebene Sichtweise wird auf diese Weise kritisiert und ‚umgedreht'. Geschlecht erscheint nun nicht mehr als quasi natürlicher Ausgangspunkt, sondern als Ergebnis sozialer Praxis und Konstruktion. (ebd.)

Entsprechend blickt ethnomethodologische Forschung auf „Geschlecht nicht im Sinne eines individuellen Merkmals, sondern im Sinne eines fortlaufenden Zuschreibungsprozesses in Interaktionen" (Kelle 2016: 8). Fokussiert wird die mikroperspektivische Handlungsseite. Nach Gildemeister und Robert (2022: 130) geht die Zuordnung zu einem der Geschlechter insbesondere auf Darstellungsleistungen und deren Deutung durch die Beteiligten zurück. Dies erfolge in der Regel „routiniert und unexpliziert" (ebd.). Für Kinder gelte, dass ihnen diese Routinen noch nicht geläufig sind:

> Sie müssen sich die Regeln der Geschlechterunterscheidung erst aneignen. Dies geschieht zunächst aufgrund von sozialen Symbolisierungen: der Kleidung, der Frisuren, des Tragens von Schmuck etc. Die Differenzierung mithilfe von sozialen Symbolen ist typisch für die frühe Kindheit. Sie verändert sich hin zum kategorialen Denken, wenn die Regel angeeignet wird, dass sich die Geschlechtszugehörigkeit mit dem Austausch der Symbole nicht ändere, ein Mann ein Mann bleibe, auch wenn er ein Kleid trägt. (Gildemeister/Robert 2022: 130)

Dabei muss in der Forschung reflektiert werden, dass es nicht nur „Relevanzsetzung“ (Hirschauer 2001: 214) von Geschlecht, sondern auch „Neutralisierung“ (ebd.) geben kann, z. B. „durch beobachtbare Praktiken des undoing gender“ (ebd.: 220), durch die die Relevanzsetzung unterbrochen oder ruhen gelassen wird. So wird im Konzept des *undoing gender* der Umstand gefasst, dass Geschlecht in sozialen Interaktionen omnipräsent, aber nicht omnirelevant ist. Indes ist die Verwendung des Begriffs *undoing gender* nach Hirschauer begrenzt: „Man kann nur etwas ungeschehen machen, das geschehen ist; nur von etwas absehen, das man gesehen hat“ (ebd.: 216). *Undoing gender* bezeichnet also kein Handeln jenseits der Geschlechterdifferenz, sondern ein Aussetzen ihres Vollzugs: „negatorische Aktivitäten [...] im Horizont der Geschlechterdifferenz“ (Hirschauer 2016: 118). Hingegen sei die Bezeichnung *undoing gender* sinnlos, „wenn Geschlecht nur noch in Spurenelementen oder überhaupt nicht mehr sinnhaft enthalten ist“ (ebd.). Hirschauer (2001: 217) stellt „Kleidungsstil“, „Dekor“, „Gruß- und Anredeformen“, „Blickmuster“, „Proxemik“ und die „Wahl von Gesprächsthemen“ als relevante Aspekte für die Aktualisierung/Neutralisierung von Geschlecht heraus. Die Handelnden stellten „eine Unterscheidung von gleich/ungleich“ her (ebd.). Dabei geht es nach Gildemeister/Robert (2022: 131) nicht darum, dass Geschlechtszugehörigkeit in Alltagsinteraktionen nur verifiziert wird. Geschlecht sei „vielmehr in institutionelle Arrangements reflexiv eingebunden“ (ebd., mit Bezug auf Goffman 1994), die wiederum Handlungsmuster erwartbar machen.

Studien zur Transsexualität haben grundlegenden Eingang in das Konzept des *doing gender* gefunden. Zwar folgen Transsexuelle der Vorstellung einer natürlichen Zweigeschlechtlichkeit (Gildemeister/Roberts 2022: 131). Jedoch kontrastiert Transsexualität das Alltagswissen, wonach „es ‚von Natur aus‘ zwei und nur zwei Geschlechter gibt und die Geschlechtszugehörigkeit angeboren und unveränderlich am Körper eindeutig ablesbar ist“ (ebd.: 131). In Anbetracht aktueller gesellschaftlicher Entwicklungen muss Forschung die Variationsbreite von Prozessen des *doing gender* und auch Möglichkeiten jenseits von Zweigeschlechtlichkeit berücksichtigen (vgl. z. B. Kubandt 2017a: 15; Nordt/Kugler 2020). Ein rechtlicher Bezug für Wissenschaft und Praxis ist der im Juni 2021 im Rahmen des Kinder- und Jugendstärkungsgesetzes neu gefasste § 9 Nr. 3 SGB VIII, der die Träger der öffentlichen Kinder- und Jugendhilfe verpflichtet, die unterschiedlichen Lebenslagen von Mädchen, Jungen sowie transidenten, nichtbinären und intergeschlechtlichen jungen Menschen zu berücksichtigen, Benachteiligungen abzubauen und die Gleichberechtigung der Geschlechter zu fördern.

Zu beachten ist ebenso, dass weitere soziale Unterscheidungsvorgänge in den Vordergrund treten können. Der Ansatz des *doing gender* wurde zum Konzept des *doing difference* weiterentwickelt, das außer der Kategorie Geschlecht auch ethnische Zugehörigkeit und Klasse einbezieht, die zusammen ein zu untersuchendes Differenzgeflecht sozialer Praktiken bilden (West/Fenstermaker 1995; Fenstermaker/West 2001). Mittlerweile wird *doing difference* noch weiter gefasst und bezieht auch religiöse Zugehörigkeit, Race, Leistung, Alter, Profession, Leibesfülle u. a. ein (Hirschauer/Boll 2017: 7 f.).

Fenstermaker und West (2001: 239 ff.) proklamieren, dass sie bei *doing difference* ihre Aufmerksamkeit vorrangig auf den Hervorbringungsprozess von Ungleichheit und weniger auf dessen Ergebnis richten, ohne den Kontext zu ignorieren. Deshalb sehen sie sich zum Teil mit der Kritik konfrontiert, sie konzentrierten sich zu sehr auf das Wie der Konstruktion von sozialer Wirklichkeit und vernachlässigten die Frage der Macht und die strukturelle Ebene sozialer Ungleichheit (Diehm/Kuhn/Machold 2013: 35). Budde (2013) gibt indes zu bedenken, dass „machttheoretische Bezüge bisweilen mit moralischen Aufladungen einher[gehen], die einen analytischen Zugriff auf den Topos erschweren" (ebd.: 12). Zur Frage, ob „man in der Forschung die Relevanz von Kategorien gleichzeitig schon voraussetzen und diese dann noch ergebnisoffen beobachten" könne (Kelle 2016: 11), ist Kelle (ebd.) zu folgen, wonach das Reifizierungsproblem der zirkulären Annahme von Ungleichheitsstrukturen als Ausgangsunkt und als Ergebnis am besten zu lösen ist, indem Kategorien zunächst sachlich als Klassifikationskategorien aufgefasst werden. Dann können sie im Sinne des *doing difference* als asymmetrische ebenso wie als symmetrische „Praktiken interdependenter Unterscheidungen" (ebd.: 12) und damit als Wiederherstellung von Ungleichheit oder potenzielle Herstellung von Gleichheit in den Blick genommen werden.

Aus dieser ethnomethodologisch informierten Perspektive heraus lauten die Forschungsfragen unserer Studie:

1. Wie wird Geschlecht in den Interaktionen zwischen Kindern in den ersten drei Lebensjahren, ihren Eltern und Pädagog*innen in der Institution Kinderkrippe bedeutsam gemacht? Wie lassen sich diese Praktiken auf manifester und latenter Ebene beschreiben?
2. Welche Verknüpfungen zu weiteren Praktiken interdependenter Unterscheidungen lassen sich finden?
3. Welche Rolle spielen Raumgestaltung, Mobiliar und Spielzeugausstattungen bei den Interaktionen, bezogen auf Geschlecht?

2.3 Stand der Forschung zur Fragestellung

Ein Überblick über Studien zu Genderfragen im Feld der frühen Kindheit findet sich bei Rohrmann (2009) und bei Kubandt (2016, 2018, 2020a). Themen, die in den letzten Jahren im Vordergrund standen, sind z. B. die kontrovers geführte Diskussion über Männer in Kitas und die Bedeutung des Geschlechts der Fachkräfte (z. B. Aigner/Rohrmann 2012; Rose/May 2014; Brandes/Andrä/Röseler/Schneider-Andrich 2016; Pages 2017; Brody/Emilsen/Rohrmann/Warin 2021) sowie geschlechterbezogene Einflussfaktoren auf die Erzieher*innen-Kind-Bindung (Ahnert/Pinquart/Lamb 2006). Weitere Forschungen behandelten geschlechterbezogene Prozesse in Peergroups (Brandes 2008, Rohrmann 2008, Herrmann/Rohrmann 2020) und geschlechterbezogene Bewegungssozialisation (Hunger 2015). Studien zur Analyse der Bedeutung von Geschlecht in Interaktionen finden sich ferner z. B. bei Chick/Heilmann-Houser/Hunter (2002) und bei Meland/Kaltvedt (2019), ebenso bei Kubandt (2016) und Vogt (2021a) sowie zu den interaktiven Konstruktionsprozessen männlicher Geschlechtsidentität bei Andrä (2019). Eine Studie von Garbade (2020, 2021) befasste sich mit den genderbezogenen Deutungsmustern von Fachkräften in Krippen. Die Arbeiten werden im Verlauf der Auswertung des Datenmaterials berücksichtigt.

Kubandt (2020a) problematisiert in einer kritischen Einordnung von Studien zur Geschlechterdifferenz bzw. -differenzierung, dass gerade deutschsprachige Untersuchungen häufig auf Unterschiede zwischen Mädchen und Jungen oder männlichen und weiblichen Fachkräften ausgerichtet seien. Die Geschlechtergruppen würden kollektivierend verglichen, wodurch Differenzen innerhalb der Gruppen unberücksichtigt blieben:

> Die Unterschiedsperspektive bildet [...] sowohl den Ausgangs- als auch einen doppelten Referenzpunkt: Unterschiede zwischen Jungen und Mädchen werden in Verbindung gebracht mit einer Differenzperspektive auf männliche und weibliche Fachkräfte. (ebd.: 7)

Beim Blick auf Unterschiede zwischen den Geschlechtern bestehe die Gefahr, nicht wirklich am Relevanzsystem der Beteiligten anzusetzen sowie Sichtweisen jenseits der Geschlechterbinarität nicht zu beachten (ebd.: 8).

In Abgrenzung zu dieser Differenzperspektive untersuchte sie in ihrer Beobachtungsstudie in einer Kita (Krippen- und Kindergartengruppe), *„wie* [...] *Geschlecht von den AkteurInnen im Feld der Kindertageseinrichtung hergestellt und mit welchen Relevanzsetzungen* [...] *Geschlecht verknüpft"* wird (Kubandt 2016: 12, Hervorh. i.O.).[1] Sie nahm dezidiert eine Differenzie-

1 Es wurden in einer Kita Gruppen mit Drei- bis Sechsjährigen und eine Krippengruppe (1–3 Jahre) berücksichtigt. Es handelt sich um eine Teilstudie des Forschungsprojekts „Differenz und Heterogenität im Alltag von Kindertageseinrichtungen" am Niedersächsischen Institut für frühkindliche Bildung und Entwicklung (nifbe) (2010–2012). Gearbeitet wurde mit

rungsperspektive ein. Bei ihrer Auswertung wird z.B. deutlich, dass die Fachkräfte ihr eigenes Geschlecht als professionelle Akteur*innen tendenziell ignorierten und stattdessen Geschlecht als Schwerpunkt der Kinder konstruierten (ebd.: 187f.). Zudem werden Widersprüchlichkeiten sichtbar. Einerseits wollten die Fachkräfte als Kontrast zum beobachteten geschlechtlichen Differenzierungsinteresse der Kinder alle Kinder gleichbehandeln, um sich nicht an der Konstruktion von Geschlechterstereotypen zu beteiligen und um politisch korrekt zu agieren (ebd.: 195, 198). Andererseits werden Geschlechterstereotype als „vor-situativ" (ebd.: 197) gegeben angenommen und eine eigene Beteiligung an deren Reproduktion wird nicht erkannt. Die Vermeidung von Geschlechterstereotypen scheint in geplanten Angeboten möglich, sie wirken aber in alltäglichen Interaktionen (ebd.: 199). Bei den Geschlechterkonstruktionen der Kindergartenkinder zeigt sich eine Variabilität dergestalt, dass es bei Fangspielen „einen flexiblen Gebrauch der Geschlechtsgruppenzugehörigkeit" (ebd.: 233ff.) gab, wenn Geschlecht als Kennzeichnung oppositioneller Gruppen (z.B. Jungen- und Mädchenbande) herangezogen, aber nicht als individuelles Identitätsmerkmal konstruiert wurde. Entgegen dieser Flexibilität offenbarte sich im Rollenspiel das Muster der starren Geschlechtszuschreibung, da es für die Kinder bedeutsam war, die Rollen gemäß ihrer eigenen Geschlechtszugehörigkeit einzunehmen (ebd.: 261).

Auch Vogt, Nentwich und Tennhoff untersuchten in ihrer Videostudie von Spielsituationen in vier Schweizer Kitas die Relevanzsetzung von Geschlecht im Kita-Alltag, wobei sie die Interaktionen zwischen Fachkräften und Kindern im Alter zwischen zwei und vier Jahren in den Blick nahmen (Vogt 2021a). Geschlechterdifferenz wurde insofern vorausgesetzt, als geprüft wurde, ob sie in den Interaktionen betont oder herausgefordert wird (ebd.: 86). Bei der Auswertung „wurde deutlich, dass die Kinder sowohl *doing* als auch *undoing gender* zeigen; die Kinderbetreuenden reagieren darauf mit Dramatisierung oder Dethematisierung. Insgesamt verstärken sie jedoch häufiger das von den Kindern ausgehende Verhalten" (ebd.: 106). Geschlechterdifferenz wurde als Ausganspunkt genommen, aber es wurden keine Geschlechterunterschiede herausgestellt.

Während diese beiden Studien auf der Mikroebene ansetzen, praktizieren Nentwich, Vogt und Tennhoff mit ihrer ebenfalls in vier Schweizer Einrichtungen durchgeführten Studie zu „*(Un)doing gender* in organisationalen Rhythmen und Routinen" einen organisationskulturellen Blick (Nentwich 2021). Sie zeigen, wie in den Alltagspraktiken der Einrichtungen Aspekte von Betreuung bzw. von Bildung relevant gemacht werden. Dabei würden die Praktiken

der Methode der teilnehmenden Beobachtung mit Feldnotizen und anschließenden Beobachtungsprotokollen sowie Videoaufnahmen (Kubandt 2016: 155).

> verschiedene Vorstellungen guter Kinderbetreuung konstruieren, indem sie mit Bezug auf den Betreuungsdiskurs das Idealbild der guten Mutter und Hausfrau und damit Weiblichkeit oder aber durch Aktualisierung des Bildungsdiskurses das Idealbild der guten Pädagogin bzw. des guten Pädagogen und damit ein geschlechtlich weniger klar festgelegtes Bild zeichnen. (Nentwich 2021: 113)

Ergebnis war, dass die Abläufe in den Einrichtungen ein *doing gender* in Form der Dramatisierung von „hauswirtschaftlicher Weiblichkeit" oder aber ein *undoing gender* reproduzieren, indem Geschlecht, einhergehend mit dem Idealbild guter Pädagogik, dethematisiert wurde (ebd.: 128).[2]

Im Mittelpunkt einer Beobachtungsstudie von Meyer stand „die Untersuchung von sozialen Prozessen der Herstellung und Relevanzsetzung von Differenz im Alltag der Kindertageseinrichtung (‚doing difference')" (Meyer 2015: 122).[3] Es wurden Kinder im Alter von einem bis sechs Jahre in einer Kita berücksichtigt. In den Vordergrund rückten die Differenzlinien Behinderung, Geschlecht und Alter. Am Beispiel des Themas Behinderung wurde die Bedeutung der institutionellen Verfahrensregeln und des bildungspolitischen Diskurses sichtbar (ebd.: 149). Im Hinblick auf Geschlecht und Alter ergab sich bei den über Dreijährigen in freien Spielsituationen eine Divergenz zwischen der Perpetuierung von Differenzierungsprinzipien der sozialen Realität einerseits und der Entwicklung neuer Handlungsoptionen andererseits. So meinte ein Junge, der einen Malkittel trug, der ihn an ein Kleid erinnerte, zunächst, dass er im Rollenspiel nicht die Vaterrolle übernehmen könne. Dann fand er die Lösung, dass *junge* Väter auch Kleider tragen könnten (ebd.: 143).

Anders als die bisher angeführten ethnomethodologischen Arbeiten analysierte Machold (2015) die interpersonalen Praktiken der Kinder in einer Kindertageseinrichtung (1 bis 6 Jahre) aus poststrukturalistischer Sicht. Ihr Ziel war es herauszufinden, „welche Bedeutung macht- und ungleichheitsrelevante Unterscheidungen wie die nach Generation, Geschlecht, Ethnizität und ‚Rasse' […] in der frühen Kindheit haben" (ebd.: 13). In den Interaktionspraxen der Kinder wurden „Be-Deutungsverhandlungen als generationen-, alters-, ethnizitäts-, rasse- und geschlechtsrelevante zeichenverwendende Praktiken" identifiziert (ebd.: 211). Nach Machold wurden sie affirmativ oder widerständig resignifiziert. In Bezug auf geschlechtsrelevante Positionierungen konnte festgestellt werden, dass nicht die Geschlechterdifferenz als solche verhandelt wurde, sondern dass die Kinder die gesellschaftlich vorherrschenden hetero-

2 Das Forschungsdesign dieser Teilstudie umfasste 20 Interviews mit Krippenleitungen, acht Interviews mit weiblichen und zehn mit männlichen pädagogischen Fachkräften, Fotodokumentationen sowie Videobeobachtungen in vier Krippen (2–4 Jahre) über 15 Tage. Beide Schweizer Studien waren Bestandteil des Forschungsprojekts „Puppenstuben, Bauecken und Waldtage: (un)doing gender in Kinderkrippen" (Nentwich/Vogt 2014).

3 Es handelt sich um eine weitere Teilstudie des nifbe-Forschungsprojekts „Differenz und Heterogenität im Alltag von Kindertageseinrichtungen", bei dem auch die bereits erwähnte Studie von Kubandt (2016) angesiedelt war. Es wurde mit der Methode der teilnehmenden Beobachtung in einer Kita gearbeitet.

normativen Geschlechternormen überwiegend affirmativ re-signifizierten, auch wenn sie die Normen teilweise brachen (ebd.: 197, 216 f.). Die Verschränkung von generationen-, geschlechts- und rasserelevanten Zeichen wurde durch „identitätsbezogene Begriffe be-deutet" (ebd.: 145).

Zusammengefasst zeigen die Studien, dass Geschlecht für die Fachkräfte eine fachliche Herausforderung mit zum Teil reflexiv nicht verfügbaren Anteilen darstellt. Dies kann eine implizite Benachteiligung der Kinder bedeuten, auch wenn geschlechterstereotypes Verhalten nur wenig vorangetrieben wird. Eine selbstreflexive Haltung ist keine Garantie für die Vermeidung stigmatisierender Zuschreibungen (Kubandt 2015: 112). Auf Seiten der Kinder gibt es je nach Situation Praktiken der Herstellung von Geschlechterbinarität ebenso wie ihrer Herausforderung bzw. Umdeutung. Sichtbar wurde zudem das Ineinanderwirken verschiedener Differenzkategorien. Für das Fortbestehen traditioneller Geschlechterkonzepte sind sowohl situative Praktiken als auch die Institutionalisierung spezifischer Formen des Geschlechterhandelns relevant.

Bei der Betrachtung der Ergebnisse fällt auf, dass in den Samples der genannten Studien Kinder in den ersten drei Lebensjahren enthalten sind. Kubandt (2016: 196 ff.; 215 ff.) z. B. greift Szenen in der Kinderkrippe bei der Auswertung der Fachkraft-Kind-Interaktionen auf, während die Auswertung der kindlichen Konstruktionsprozesse überwiegend in Bezug auf die Kinder der Kindergartengruppe (ab drei Jahre) und nicht hinsichtlich der Krippenkinder stattfand. Sie begründet dieses Vorgehen mit einer ethnomethodologischen Grundannahme, wonach die interaktive Konstruktion sozialer Wirklichkeit überwiegend sprachlich stattfinde, die Krippenkinder aber häufig nur wenig sprechen konnten (ebd.: 321). Da unter Dreijährige das Thema Geschlecht kaum selbst versprachlichen könnten, steige die Reifizierungsgefahr, d. h., die Forscher*innen gehen nur eingeschränkt von den kindlichen Relevanzsetzungen aus und produzieren im Forschungsprozess selbst Stereotype.

Angesichts des Ausbaus der Betreuungsplätze für Kinder in den ersten drei Lebensjahren sind weitere Studien, die geschlechterbezogene Aspekte in diesem Feld untersuchen, notwendig. Sie sollten auch die Frage umfassen, wie Kinder selbst zur Herstellung von Geschlecht beitragen. Die eingeschränkte Forschungslage im Krippenbereich mag neben dem sprachlichen Aspekt damit zu tun haben, dass geschlechterbezogenes Verhalten bei diesen jungen Kindern noch nicht so deutlich hervorzutreten scheint wie im späteren Kindesalter (Rohrmann 2013: 93). Es ist jedoch davon auszugehen, dass die Geschlechterkonstruktionen der Eltern und der Fachkräfte wirksam sind. Ebenso spielen vielerorts geschlechterbezogene Typisierungen durch Räume und Materialien eine bedeutende Rolle (ebd.; Kunert-Zier 2010; Vogt/Nentwich/Tennhoff 2015b). Vogt (2021b) zeigt in einer ethnographischen Raumanalyse in 20 Deutschschweizer Kitas, dass die „binäre Geschlechterordnung und die Annahme, dass Mädchen und Jungen unterschiedlich spielen" (ebd.: 76), in den räumlichen Anordnungen und Spielangeboten impliziert und als gegeben angenommen wird. Dies verankere Aspekte des *doing gender,* auch wenn Fachkräfte in den Interaktionen ein *undoing* erlaubten (ebd.: 77).[4]

Eltern wurden nicht oder kaum in die Studien einbezogen, obgleich Fachkräfte, Kinder und Eltern interagieren und auch sie geschlechterbedeutsame Akteur*innen sind (Rohrmann 2012). Lediglich Kubandt (2016: 218 ff.) thematisiert in einem Exkurs Gespräche mit zwei Müttern, die die Frage Biologie versus Kultur zu ihren Erfahrungen ins Verhältnis setzten und dabei ihren eigenen Einfluss zugunsten biologischer Faktoren marginalisierten. Deutlich wird, dass die Frage der Herkunft von geschlechtlichen Unterschieden die Eltern stark beschäftigte.

Ergebnisse der Familienforschung zeigen, dass mit der Familiengründung häufig eine (Re-)Aktivierung traditioneller Geschlechterrollen verbunden ist (Ruckdeschel 2015: 195, Helfferich 2017: 222, Flaake 2022: 390). Es ergibt sich ein Spannungsfeld zwischen gesellschaftlichen Rollenvorstellungen, nach denen schwerpunktmäßig Mütter als Verantwortliche für die Sorge und Förderung gelten, einerseits und der zunehmend flexibler werdenden (Mütter-) Erwerbstätigkeit und Heterogenität der Familienformen andererseits. Forschung sollte deshalb aus genderreflektierter Sicht auch die Interaktion von Fachkräften und Eltern und deren soziale Erfahrungen in den Blick nehmen sowie fragen, wie sich Krippen auf einen heterogenen „Geschlechterhabitus" (Rose/Stibane 2013: 35) und heterogene Elternschaften (Haller/Schlender 2022; Schmauch 2023) einstellen können.

Wie ausgeführt, wird in den Beobachtungsstudien deutlich, dass sich Geschlechterdifferenzierungen wandeln, in den Interaktionen der Akteur*innen aber auch Geschlechterstereotype transportiert werden. Nach Eckes (2008: 171) enthalten Geschlechterstereotype deskriptive und präskriptive Anteile, die in hohem Maße änderungsresistent sind:

> Die *deskriptiven* Anteile umfassen traditionelle Annahmen darüber, wie Frauen und Männer sind, welche Eigenschaften sie haben und wie sie sich verhalten. […] Die *präskriptiven* Anteile beziehen sich auf traditionelle Annahmen darüber, wie Frauen und Männer sein sollen oder wie sie sich verhalten sollen (ebd., Hervorh. i.O.).

Nach Rose (2015) „sind zahlreiche Dinge und Tätigkeiten bereits als männlich oder weiblich codiert" (ebd.: 69) zu erachten. *Doing gender* „greift auf einen reichhaltigen Fundus von Geschlechtersymbolen, wie sie Kultur, Institutionen, Kommerz und Medien bereithalten, als ‚Bastelmaterial' zurück" (ebd.). Übermittelte Etikettierungen würden mobilisiert, um im sozialen Raum Orientierung zu ermöglichen (ebd.: 71). Dennoch sei zu beachten, dass die geschlechtlichen Bedeutungen, die Handlungen, Gesten, Dingen zugeschrieben werden, dynamisch und in Veränderung sind. Es gelte, diese Komplexität der

4 In 20 Deutschschweizer Kitas erläuterten die Leitungen bei einer Raumbegehung die Gestaltung der Räume. Sie wurden zudem durch Fotos und Raumskizzen dokumentiert und analysiert, ergänzt durch Feldnotizen und Audioaufnahmen (Vogt 2021b: 59).

Interaktionsressourcen zu berücksichtigen, wenn gefragt wird, welche geschlechtlichen Bedeutungsproduktionen in die wechselseitigen Kommunikationsprozesse eingebracht werden (ebd.: 68 ff.).

2.4 Forschungsdesign

Nach Fritzsche/Tervooren (2012: 25 f.) lässt sich die Methode der Ethnographie gut zur Untersuchung von Unterscheidungspraktiken nutzen, da sie im Sinne der qualitativ-rekonstruktiven Forschung beansprucht, dass Forscher*innen sehr bewusst mit eigenen Vorannahmen umgehen und das Relevanzsystem der beforschten Personen zur Geltung kommen lassen. Der ethnographische Forschungsansatz bietet sich zudem an, um Zugang zu kindlichen Lebenswelten zu erlangen (Mey 2011, 2018). Der Vorteil, soziales Wissen zu untersuchen, das auch vorsprachlich und vorreflexiv ist (Kelle 2004: 637), wirkt sich gerade bei der Untersuchung von Kleinkindern positiv aus. Dennoch bleibt bei der Umsetzung die Reifizierungsproblematik bedeutsam.

Um das ethnographische Feld möglichst umfangreich auszuleuchten, ist eine Methodenkombination sinnvoll (Friebertshäuser/Panagiotopoulou 2013: 309, Breidenstein/Hirschauer/Kalthoff/Nieswand 2015: 34). Zentrales Erfassungsinstrument ist die teilnehmende Beobachtung (ebd.).

In unserem Forschungsprojekt wurden morgendliche Ankommens-, Frühstücks- und Spielsituationen in Kinderkrippen beobachtet, um die interaktiven Vollzüge aller Beteiligten – Kind(er), Eltern und pädagogische Fachkräfte – zu erfassen. In Feldnotizen wurden Kontext, Akteur*innen, Verlauf, Handlungsvollzüge und (vor)sprachliche Äußerungen der Beteiligten festgehalten, ebenso die Handlungen und emotionalen Reaktionen der Ethnographin. Aus diesen Aufzeichnungen wurden ethnographische Beobachtungsprotokolle angefertigt, bestehend aus „dichten Beschreibungen" (Geertz 1983) der kontextuellen Bedingungen, Handlungen und Interaktionsabläufe (Friebertshäuser/Panagiotopoulou 2013: 313).

Da auch die Dinge und deren Wirkung auf die interaktive Relevanzsetzung und Neutralisierung von Geschlecht beobachtet wurden, wurden zudem Ausstattungen sowie Materialien (fotografisch) dokumentiert und in die Analyse einbezogen.

Ergänzend wurden ethnographische Interviews (Spradley 1979/2016) mit den beteiligten Fachkräften und den Eltern geführt. Sie dienten dazu, ihre Konstrukte und Handlungspraktiken sinnverstehend nachzuvollziehen. Erkenntnisprinzip war die „ethnomethodologische Indifferenz" (Kruse 2015: 158). Spradley charakterisiert ethnographische Interviews als „a series of friendly conversations into which the researcher slowly introduces new elements to assist informants to respond as informants" (Spradley 1979/2016: 58). Er grenzt sie damit von formalen Befragungen ab (ebd.). Die Interviews mit den Fachkräften und Eltern sollten erschließen, welche reflexiven und präreflexiven Vorstellungen, Haltungen und Handlungsweisen in Bezug auf Gender erkennbar werden. Die Verknüpfung der Daten diente der umfassenden Beantwortung der Forschungsfragen.

Das Forschungsfeld umfasste drei Kinderkrippen im städtischen Raum mit heterogenen Einzugsgebieten im Hinblick auf Bildungsnähe, Einkommensniveau und Migrationserfahrungen der Familien. Die Gruppen, in denen beobachtet wurde, wurden jeweils von zehn bis zwölf Kindern im Alter von 14 bis 36 Monaten besucht. Während des Beobachtungszeitraums konnten insgesamt 31 Kinder berücksichtigt werden (14 Mädchen, 17 Jungen). Pro Einrichtung wurden fünf Beobachtungstermine, drei Elterninterviews und drei Interviews mit Fachkräften durchgeführt. Das ergab 15 Beobachtungen (Dauer jeweils drei Stunden), neun Interviews mit Eltern und neun Interviews mit Fachkräften. Bei den Elterninterviews waren vier Elternpaare und fünf Einzelpersonen beteiligt, insgesamt acht Mütter und fünf Väter. Bei den Interviews mit den Fachkräften fanden sieben mit Frauen und zwei mit Männern statt (insgesamt 18 Interviews, Dauer jeweils zwischen 30 und 60 Minuten). Forschungsethische Aspekte sowie die Datenschutz-Grundverordnung (DSGVO) wurden berücksichtigt.[5]

Die Fragen, an denen sich die Interviews orientierten, thematisierten Geschlecht direkt – sowohl im Hinblick auf eine mögliche Relevanzsetzung als auch auf eine mögliche Neutralisierung. Hintergrund dieses Vorgehens war eine Vorannahme, die sich in der Arbeit von Garbade (2020) bestätigte. Sie stellte in ihrer Studie „Genderkonstruktionen im kindheitspädagogischen Alltag. Deutungsmuster bei pädagogischen Fachkräften in der Krippe", bei der sie Videoaufnahmen mit leitfadengestützten Interviews kombinierte, fest, dass die Dethematisierung von Geschlecht in den Interviews forschungsmethodisch nicht zielführend war. Denn es blieb unklar, wie die Daten für die Forschungsfrage nutzbar gemacht werden könnten. Auch sie entschied sich deshalb für eine direkte Thematisierung von Geschlecht bei ihren Fragen (ebd.: 268). Gleichzeitig ist zu reflektieren, dass geschlechtliche Codierungen immer mit Inklusionen und Exklusionen verbunden sind (Rose 2015: 70).

5 Die Krippenteams und die Eltern wurden schriftlich informiert über

- den Zweck der Datenerhebung, -verarbeitung und -nutzung (inklusive Löschung),
- die Weitergabe an Dritte,
- die Möglichkeit, nicht einzuwilligen (Freiwilligkeit),
- die Möglichkeit, die Einverständniserklärung in Zukunft zu widerrufen,
- die Wahrung der Anonymität,
- die sichere Verwahrung der Forschungsdaten.

Die Beteiligten erhielten entsprechende Datenschutz- und Einwilligungserklärungen, die vorher vom Datenschutzbeauftragten der Frankfurt University of Applied Sciences geprüft wurden.

Die Fragen, die in die Gespräche mit den Fachkräften eingebracht wurden, waren:

- In welchen Situationen in Ihrem Arbeitsalltag begegnet Ihnen das Thema „Geschlecht“?
- Wie erleben Sie die Kinder in Bezug auf ihr Geschlecht? Können Sie Beispiele nennen?
- Nehmen Sie bei sich Unterschiede im Umgang mit Mädchen und Jungen wahr?
- Wie gehen Frauen und Männer hier im Team miteinander um?
- War/ist das Thema „Geschlecht“ in irgendeiner Art relevant für die Raumgestaltung?
- Taucht das Thema „Geschlecht“ in der Zusammenarbeit mit den Eltern auf (Tür-und-Angel-Gespräche, Entwicklungsgespräche, erzieherische Fragen)?
- Wenn Sie an die Mütter in Ihrer Gruppe denken, wie erleben Sie sie? Wenn Sie an die Väter in Ihrer Gruppe denken, wie erleben Sie sie?
- Könnten Sie auch etwas über Ihr eigenes Aufwachsen als Mädchen/Junge erzählen?

Die Einzelinterviews mit den neun Fachkräften wurden jeweils in einem separaten Raum in den Einrichtungen durchgeführt.

Angesichts der Einschränkungen aufgrund der Corona-Pandemie zogen es acht der neun Eltern vor, das Interview über ein Videokonferenzsystem durchzuführen. Ein Interview fand auf Wunsch der Mutter in der elterlichen Wohnung statt. Als Orientierung dienten folgende Fragen:

- Ich kenne [Name des Kindes] bisher nur von einigen Beobachtungen und weiß sonst nichts über Ihr Kind. Mich würde ihre/seine Geschichte interessieren: Wann und wo wurde sie/er geboren, wie fing es an, wie war die Anfangszeit, wie ging es weiter?
- Bevor Sie wussten, welches Geschlecht Ihr Kind haben wird, was haben Sie sich gewünscht und warum?
- In welchen Situationen im Alltag mit Ihrem Kind/Ihren Kindern begegnet Ihnen das Thema „Geschlecht“?
- Wie erinnern Sie Ihr eigenes Aufwachsen als Mädchen/Junge?

Alle Gespräche wurden aufgezeichnet und transkribiert.[6]

Die Erhebungen (Beobachtungen und Interviews) wurden in den drei Einrichtungen nacheinander zwischen November 2020 und Juli 2021 durchgeführt. Der Erhebungszeitraum betrug pro Einrichtung fünf bis sechs Wochen.

6 Die Transkription erfolgte nach den Transkriptionsregeln von Dresing & Pehl 2018.

2.5 Forschungsmethodisches Vorgehen bei der Datenauswertung

Bei der Auswertung wurden einerseits „die Kodierung mit dem Ziel der Kategorisierung, Typisierung und/oder Theoriebildung“ in Anlehnung an die Grounded Theory (Strauss 1991, Glaser/Strauss 1967) und andererseits „sequentielle Detailanalysen“ zur Rekonstruktion der Fallstruktur verbunden (Kelle 2013: 113) (wie auch bei Kubandt 2016: 159).

Das Vorgehen war (nach Breidenstein et al. 2015: 124 ff.):

- intensives Lesen aller verschriftlichten ethnographischen Protokolle und transkribierten Interviews (Ethnographin und Projektleitung jeweils für sich) zur Identifizierung von Mustern, Widersprüchen, Lücken (ebd.: 125);
- offenes Kodieren – im Forschungstandem wurden Ideen, Irritationen, Themen, Fragen zu aufschlussreich erscheinenden Textstellen ausgetauscht und mit Begriffen versehen (kategorisiert) (ebd.: 126); die Kategorien wurden vernetzt und in Beziehung gesetzt (ebd.: 136);
- sukzessive Eingabe von Textstellen in MAXQDA (Software für die Analyse qualitativer Daten) nach Code-Klassen;
- axiales Kodieren – das Material wurde fokussiert auf bestimmte Themen und Codes durchsucht und die entwickelten Kategorien wurden ausdifferenziert (ebd.: 136);
- Fallanalysen – intensive Interpretation ausgewählter Ausschnitte (Beobachtungsszenen, Interviewabschnitte) nach den Prinzipien der Sequenzanalyse (ebd.: 140; 147) im Forschungstandem;
- Identifizierung von Schlüsselthemen („roter Faden“, „thematische Klammer“) und Theoretisierung (ebd.: 157).

Die prozesshaft entwickelten Kategorien und Subkategorien umfassten die Alltagsbereiche, die in den ethnographischen Protokollen besonders hervortraten. Sie wurden induktiv generiert und werden in unserer Darstellung als Praxisdimensionen ausgewiesen. In den Interaktionen zwischen den Fachkräften und den Kindern waren dies:

- Aktivitäten anbieten und begleiten
- loben, ermuntern, bestärken
- reglementieren
- Körperkontakt
- Affektregulierung
- körpernahe Care-Aktivitäten
- Attribuierungen

In den Interaktionen der Kinder untereinander erschienen die Tätigkeitsthemen:

- gemeinsam mit Spielobjekten spielen
- verbale, vokale und nonverbale Kommunikation
- rennen, trampeln, springen, tanzen
- trösten, helfen, schlichten
- Rollenspiele
- Kontakt suchen
- Konflikterfahrungen

Innerhalb dieser Kategorien/Praxisdimensionen wurde geprüft, welche Interaktionen es mit oder unter Mädchen bzw. Jungen oder in gemischtgeschlechtlichen Konstellationen gab und welche Genderinszenierungen sich rekonstruieren ließen, um die Sequenzen dann miteinander in Beziehung zu setzen. Berücksichtigt wurde die situative Bedeutung möglicher Geschlechterunterscheidungen, und Geschlecht wurde nicht als omnirelevant unterstellt.

Die Entscheidung, uns beim Auswertungsvorgehen auf Geschlechterdifferenz im Sinne implizit angenommener biologischer Voraussetzungen zu beziehen, um die Szenen für die Forschungsfrage bearbeiten zu können, ist aus reifizierungsbewusster Sicht kritisierbar, da im Auswertungsprozess Geschlechterbinarität bereits abgebildet wird. Es muss deshalb ein besonderes Augenmerk darauf gerichtet werden, eine differenzierte Sichtweise einzunehmen, die (eigene) heteronormative Muster reflektierbar macht.

Ein wesentliches Charakteristikum unseres Forschungsbereichs liegt darin, dass Kinder in den ersten drei Lebensjahren erst damit anfangen, ein Konzept von Geschlecht zu internalisieren. Aus entwicklungspsychologischer Sicht gestaltet sich eine zeitliche Bestimmung einzelner Schritte geschlechtsbezogener Entwicklung als schwierig, weil ein- bis zweijährige Kinder nicht direkt befragt werden können (Rohrmann 2013: 95 f.). Trautner (2008) führt aufgrund von Ergebnissen der modernen Säuglingsforschung an, dass Kinder mit drei bis sechs Monaten männliche und weibliche Stimmen und mit neun bis spätestens zwölf Monaten männliche und weibliche Gesichter unterscheiden können (ebd.: 634). Bis zum Ende des zweiten Lebensjahres seien sie in der Lage, zwischen dem männlichen und dem weiblichen Geschlecht klar zu unterscheiden, und sie verfügten ansatzweise über ein Wissen, welche Gegenstände und Verhaltensweisen den Attributen männlich und weiblich zugewiesen werden (Trautner 2008: 635). Mit etwa zweieinhalb bis drei Jahren könnten sie ihre eigene Geschlechtszugehörigkeit zuverlässig einordnen (Trautner 2008: 634). Die Möglichkeit für ein beginnendes Verständnis von Geschlechtskonstanz sei bis ins dritte Lebensjahr hinein noch nicht gegeben. Die Kinder lebten in der Vorstellung, das eigene Geschlecht beliebig wechseln zu können. Im Alter von drei bis sechs Jahren würden sie mit der Zeit erkennen, dass ihre Geschlechtszugehörigkeit bleibt, auch wenn sie ihre äußere Erscheinung oder das Verhalten verändern (ebd.: 635).

Mit Rohrmann (2022: 99) ist darauf hinzuweisen, dass es „irreführend“ wäre, hinter jedem geschlechtsuntypischen Verhalten oder wenn sich Kinder einer anderen Geschlechtergruppe zuordnen, Hinweise auf Transidentität zu vermuten, da die Kinder Geschlechterzuordnungen spielerisch erproben. Das gilt sowohl für das Krippen- als auch für das Kindergartenalter. Gleichwohl ist mit Fragen der individuellen Geschlechterzuordnung „achtsam und respektvoll“ umzugehen (ebd.).

Zu berücksichtigen war darüber hinaus, dass die Kinder erst damit beginnen, Sprachfähigkeit zu erwerben. Die sprachliche Entwicklung im Alter von etwa einem bis zu drei Jahren umfasst die Produktion erster Wörter (ab 10 Monate) gefolgt von Mehrwort-Äußerungen (ab 18 Monate), die Differenzierung von Satzschemata (ab 24 Monate) und schließlich (ab 30 Monate) den schnellen Lexikonaufbau, auch mit komplexen Wortbedeutungen und die Produktion von Nebensätzen (vgl. Gretsch/Mischo 2011: 139 f.). Häufig sind die Kinder im Alter von etwa drei Jahren in der Lage, einfache, grammatikalisch korrekte Sätze zu bilden.

Nach Kelle (2016: 4) müssen sich ethnographische Geschlechterforscher*innen auf feldtypische Differenzierungen einstellen, die die sozialen Interaktionen und Praktiken vorstrukturieren. Unsere Forschung fand in Kinderkrippen, also in Bildungs-, Erziehungs- und Betreuungseinrichtungen statt. Differenzierungen nach Geschlechtern überlagern sich sowohl mit der pädagogisch-generationalen Differenz zwischen Fachkräften und Kindern als auch mit der Gleichaltrigenkultur (ebd.). Entsprechend ging es uns, wie oben beschrieben, bei den teilnehmenden Beobachtungen sowohl um „eine Ethnographie des differenziellen pädagogischen Bezugs (und darin den Bezug auf Geschlecht)“ (ebd.: 5) als auch um eine Ethnographie der Gleichaltrigengruppen und deren Referenzen auf Praxen der Geschlechterdifferenzierung (ebd.). Überdies wurden die Bezüge auf der Ebene Kind-Eltern-Fachkraft im Hinblick auf die Relevanzsetzung oder Neutralisierung von Geschlecht untersucht. Wie Rose und Seehaus (2016) über ihre Ethnographie des Schulessens schreiben, erweist es sich aber angesichts des Reifizierungs-Dilemmas als schwierig zu bestimmen, wie Geschlecht in sozialen Interaktionen relevant gemacht wird, weil nicht klar ist,

> auf welcher Grundlage Praktiken denn überhaupt als Doing Gender identifiziert werden können. *Erstens* ist schließlich nicht jede Handlung automatisch eine geschlechterdistinktive allein schon deshalb, weil sie von geschlechtlichen Wesen getätigt wird. Doing Gender am Geschlecht der Akteure festzumachen, würde bedeuten, in die Falle der Reifizierung zu geraten und die Idee der Performanz des Geschlechts quasi ‚auf den Kopf zu stellen‘: Das der Situation vorgängige Geschlechtsmerkmal des Akteurs konstituiert dann die Geschlechterpraxis, und nicht die Praxis selbst bringt es erst hervor. *Zweitens* stellt sich die kritische Frage, wie das Reifizierungs-Dilemma zu lösen ist, wenn doch den Forschenden bei der Interpretation der ethnographischen Daten letztlich

nichts anderes übrig bleibt als auf den eigenen kulturellen Fundus von Geschlechtersymboliken und -ritualen zurückzugreifen. (Rose/Seehaus 2016: 175, Hervorh. i.O.)

Auch Kubandt (2016, 2017b, 2020b) thematisiert sehr eindringlich die Gefahr, dass Geschlechterstereotype der Forschenden die Erhebung, Dokumentation und Auswertung des Materials erheblich strukturieren, insbesondere dann, wenn die Forschung Unterschiede zwischen den Geschlechtern fokussiert. Diese Differenzperspektive wurde auch bei Rose/Seehaus (2016) eingenommen. Gleichwohl müsse der Bezug auf Zweigeschlechtlichkeit per se kein Problem darstellen, falls mit ihm keine Hierarchisierung oder Ignoranz anderer „Kategorisierungsoptionen" einhergeht (Kubandt 2016: 184). Im Bewusstsein dieser Problematisierung nutzten wir das Reifizierungs-Dilemma als Reflexionsfolie, um auch auf Bereiche des *undoing gender* aufmerksam zu werden, also, „dass etwas anderes passiert, als die Leitunterscheidungen des Beobachters erwarten lassen wollen" (Hirschauer 2014: 183), bzw. bei denen auch andere Distinktionspraktiken (*race, class, age*) markiert wurden (vgl. Kapitel 4.2.3, Kapitel 4.2.6 und Kapitel 4.2.7). Das gesamte Material wurde konsequent im Forschungstandem und in Forschungsgruppen diskutiert, was den Einbezug unterschiedlicher Perspektiven ermöglichte und eine kritische Selbstbetrachtung der beiden Forscherinnen unterstützte. Angesichts des Reifizierungsproblems, gerade auch vor dem Hintergrund der erst beginnenden Sprachfähigkeit der Kinder in den ersten drei Lebensjahren, zeigt sich überdies die Orientierung am Postulat der „‚Nachträglichkeit'" nach Fritzsche/Tervooren (2012: 32) als bedeutsam. Damit ist gemeint, den Blick in erster Linie auf die Körper, Körperhaltungen, Bewegungen, Stimme, Blickkontakt, Körperschmuck und Kleidung zu richten, um die „Szenen in ihrer Eigengesetzlichkeit zu interpretieren" (ebd.).

Das Vorgehen zur Analyse der transkribierten Interviews richtete sich im Kontext der oben nach Breidenstein et al. (2015) ausgeführten Auswertungsschritte am „themenzentriert-komparativen Verfahren" von Karl Lenz (2001: 62 ff.) aus, das bei der Erforschung jugendlicher Alltagswelten entwickelt wurde. Es orientiert sich nach Bamler, Werner und Wustmann (2010: 139) „an den Grundsätzen sozialwissenschaftlicher Hermeneutik, die von der Rekonstruktion tiefer liegender Sinn- und Bedeutungsgehalte aus Interviewinformationen ausgeht", an Anregungen aus der Grounded Theory und der Analyse narrativer Interviews. Die Schritte waren:

- Identifikation der festgelegten Themenkomplexe im Interviewprotokoll. Dabei wurde beachtet, dass Aussagen zu bestimmten Themenkomplexen in unterschiedlichen Passagen auftauchen konnten, nicht nur, wenn ausdrücklich nach ihnen gefragt wurde. Manche Aussagen wurden unter mehreren Kategorien kodiert. Ebenso wurden neu auftauchende Themen kategorisiert.

- Themenanalyse: Die Themenkomplexe wurden anhand der Interviewpassagen interpretativ erschlossen. Die textimmanenten Bedeutungsgehalte wurden zusammengefasst.
- Fallübergreifende Identifikation von Grundmustern: Vergleich der Substrate zu den einzelnen Themenkomplexen der Interviews miteinander, Identifikation von Gemeinsamkeiten und Unterschieden
- Suche nach häufig vorkommenden, typischen Kombinationen von Kategorien (Lenz 2001: 62 ff.).

Die Studie geht von der ethnomethodologischen Geschlechterforschung aus, berücksichtigt aber auch kindheitspädagogische, rassismuskritische und psychoanalytische Wissensbestände, um situative Inszenierungen zu interpretieren und Ergebnisse einzuordnen.

3. Einrichtungsporträts

Die drei Einrichtungen, in denen beobachtet wurde, arbeiten mit Kindern im Alter von drei Monaten bis zu drei Jahren. Sie umfassen zwei bis fünf Gruppen mit jeweils zehn bis zwölf Kindern. Pro Einrichtung wurde in einer der Gruppen beobachtet. Alle Einrichtungen geben in ihrer Konzeption an, ihr Handeln geschlechtsbewusst zu reflektieren. Der folgende Überblick beinhaltet neben strukturellen Merkmalen der Einrichtungen einige konzeptionelle Aspekte zur Gestaltung von Spielsituationen, da diese einen Schwerpunkt der Beobachtungen ausmachten.

Einrichtung 1 umfasst zwei Gruppen. Sie liegt in einem akademisch-wissenschaftlich geprägten Umfeld. Die Mitglieder des Gruppenteams (zwei Frauen, ein Mann) verfügen über unterschiedliche Qualifikationen und unterschiedlich lange Berufserfahrung. Zwei Personen haben eine Ausbildung als Erzieher*in absolviert, eine Person verfügt über einen Studienabschluss im sozialpädagogischen Bereich. Es gibt bezogen auf das Thema Gender eine Fachkraft, die ein explizites Interesse an der Thematik formuliert. Die Konzeption ist an der Pädagogik nach Emmi Pikler (vgl. z. B. Gilles-Bacciu/Heuer 2019) ausgerichtet. Es besteht der Anspruch, die Spielentwicklung der Kinder individuell zu beobachten, dadurch zu erkennen, mit welchen Themen sie beschäftigt sind, und diese beim Vorbereiten der räumlichen Umgebung zu berücksichtigen. Der Fokus beim Freispiel liegt darauf, dass sich die Kinder intrinsisch motiviert die Schritte erarbeiten, die für ihre Entwicklung bedeutsam sind. Es gibt eine Vorstrukturierung der Umgebung, indem ausgewählte Materialien zu wechselnden Spielinseln aufgebaut werden. D. h., dass nicht immer alle Materialien gleichzeitig zur Verfügung stehen. Darüber hinaus finden viele Vorleseangebote statt.

Einrichtung 2 umfasst fünf Gruppen. Sie befindet sich in einem sozialstrukturell gemischten, aber überwiegend akademisch-wirtschaftsorientierten Umfeld. Auch hier verfügen die Mitglieder des Gruppenteams (drei Frauen, ein Mann) über unterschiedliche Qualifikationen: es gibt eine Person mit Studienabschluss im sozialpädagogischen Bereich, eine*n Erzieher*in, eine Person mit Kinderpfleger*innen-Ausbildung und eine Person in berufsbegleitender Ausbildung. Niemand von ihnen verfügt über langjährige Berufserfahrung. Bezogen auf die Genderthematik gibt es keine*n erkennbare*n Multiplikator*in oder Stakeholder*in im Gruppenteam. In der Konzeption wird ein hoher Wert auf das Freispiel gelegt, mit dem soziale und feinmotorische Lernziele verbunden werden. Es besteht der Anspruch, den Kindern unterschiedliche Spielmaterialien zur freien Auswahl zur Verfügung zu stellen.

Einrichtung 3 umfasst zwei Gruppen. Sie befindet sich in einem vorwiegend nicht akademisch geprägten Umfeld an einer Schnittstelle zwischen einem Neubaugebiet und einem sozial belasteten Wohnviertel. Dem Gruppenteam gehören drei Frauen an. Zwei von ihnen haben einen Studienabschluss im sozialpädagogischen Bereich, eine ist Erzieherin. Zeitweise sind auch eine studentische Aushilfskraft und zwei Praktikantinnen anwesend. Die Fachkräfte verfügen über langjährige Berufserfahrung. Es gibt eine Person, die ein dezidiertes professionelles Interesse an Genderthemen bekundet. Auch hier hat das Freispiel konzeptionell einen hohen Stellenwert, und es werden soziale Fähigkeiten mit ihm verknüpft, die die Kinder lernen sollen. Die Spielmaterialien sind in offenen Regalen und Kisten für alle Kinder verfügbar.

4. Interaktionen

Um rekonstruieren zu können, mit welchen Praktiken des sozialen Handelns Geschlecht relevant gemacht wird, werden im Folgenden mikroperspektivisch die Interaktionen im pädagogischen Alltag der beteiligten Mädchen und Jungen sowie Frauen und Männer (Fachkräfte und Eltern) betrachtet. Wir beginnen mit den morgendlichen Ankommenssituationen, da in diesen neben den Kindern und den Fachkräften auch Mütter oder Väter oder andere Angehörige anwesend sind.

4.1 Interaktionen zwischen Kindern, Eltern und Fachkräften beim Ankommen

Väter und Mütter sind in allen drei Einrichtungen beim Bringen des Kindes fast ausgewogen präsent. Die identifizierten Themen der Interaktionen zwischen Müttern und Kindern bzw. zwischen Vätern und Kindern beziehen sich gleichermaßen auf Mädchen und auf Jungen. Die in den Mutter-Kind-Interaktionen hervortretenden Themen sind Fürsorge, das Gewähren von Autonomie sowie emotional angespannte Abschiede. Bei den Vater-Kind-Interaktionen treten die Themen Fürsorge, Abgrenzung sowie verweiblichende Objektsetzung hervor. In den nächsten beiden Unterkapiteln werden zunächst Ankommenssituationen mit Müttern, dann mit Vätern betrachtet.

4.1.1 Ankommenssituationen mit Müttern[7]

Bei den Ankommenssituationen mit Müttern fällt auf, dass bestimmte Praktiken der *Fürsorge* einen spezifischen Stellenwert haben. Zwar übergaben Väter wie Mütter z. B. Rucksäcke mit Wechselwäsche oder Proviant. Aber Aktivitäten des körpernahen Caring wie dem Kind die Nase putzen, das Gesicht abwischen oder eincremen, wurden überwiegend bei Müttern beobachtet, als ob diese Tätigkeiten zum Bild der „guten Mutter" gehörten, die ihr Kind in körperlich guter Verfassung übergibt und ordentlich für es sorgt. Ebenso finden sich bei ihnen Aufforderungen, die die kindliche Selbstständigkeit in alltäglichen Dingen unterstützen (z. B. selbstständig die Schuhe ins Regal stellen oder die Schneehose öffnen). Letzteres fand überwiegend gegenüber Mädchen statt.

Maja sitzt mittlerweile auf dem Regal vor der Plexiglaswand und ihre Mutter kniet davor. „Wollen wir mal Näschen putzen?", fragt sie Maja. Maja bejaht das und die

7 Aufgrund der Corona-Pandemie trugen die Eltern eine Maske.

Mutter hält ihr ein Taschentuch an die Nase. Beim Schuhe ausziehen hält die Mutter Majas Fuß in der Hand und sagt: „Oh, ein kleiner Stinkefuß.“ Maja kichert. Aaron (Fachkraft) erscheint jetzt im Türrahmen der geöffneten Durchgangstür. „Puppi“, sagt Maja zu Aaron. „Du hast eine Puppe dabei“, erwidert er und deutet auf eine Puppe, die neben Maja liegt. Sie hat dunkle Haut und lockiges Haar. Die Mutter setzt Maja vom Regal herunter und fordert sie auf, ihre Schuhe ins Regal zu stellen. Diese kommt der Aufforderung der Mutter nach. (Einrichtung 1, Beobachtung 5)

Paulina sitzt auf dem Regal vor der Plexiglaswand. Die Jacke hat sie schon ausgezogen. Jetzt ist sie mit dem Verschluss ihrer Schneehose beschäftigt. „Super“, sagt die Mutter, als Paulina es geschafft hat, den Verschluss zu öffnen. Die Mutter kramt in ihrer Tasche. Dann scheint sie gefunden zu haben, was sie suchte. Sie hält eine Packung Feuchttücher in der Hand. Sie holt eines der Tücher heraus und wischt damit über Paulinas Gesicht. Der Mundpartie schenkt sie dabei besonders viel Aufmerksamkeit. (Einrichtung 1, Beobachtung 5)

Ryo wird von seiner Mutter im Gesicht mit Sonnencreme eingecremt. Er hält die Cremetube in der Hand und es wirkt auf die Beobachterin so, als würde es ihm gefallen, eingecremt zu werden. (Einrichtung 3, Beobachtung 5)

Zu berücksichtigen ist, dass die Eltern aufgrund der Corona-Pandemie aufgefordert waren, die Abschiede sehr kurz zu gestalten und den Gruppenraum nicht zu betreten. Je nach den räumlichen Möglichkeiten fand die Übergabe im Flurbereich (Einrichtung 1 und 3) oder an einer gläsernen Nebentür des Gruppenraums (Einrichtung 2) statt.

Die weiteren Protokollausschnitte zeigen Mikrosituationen, die deutlich machen, dass sich einige Mütter trotz der Umstände etwas mehr Zeit für den Abschied nahmen, als dies bei Vätern zu beobachten war.

Langsam scheint sich die Mutter verabschieden zu wollen. Katharina ist in der Zwischenzeit schon zur Garderobe gegangen. „Tja, mein Kind ist dann wohl schon weg“, sagt sie. In dem Moment kommt Katharina allerdings zurück in die Gruppe. Ihre Straßenkleidung hat sie bereits abgelegt. Sie geht in Richtung ihrer Mutter. „Ich liebe dich mein Schatz! Bis später!“, sagt diese und umarmt ihr Kind. Dann geht sie. (Einrichtung 2, Beobachtung 2)

Vanessa (Fachkraft) ist zur Tür gekommen. Rosalie geht allein in die Gruppe. Die Mutter übergibt Vanessa neben einem Rucksack noch einen Plastikbeutel mit Äpfeln und zwei Packungen Heidelbeeren. Die Beobachterin hört, wie Vanessa zu ihr sagt, dass es kein Problem sei. Sie würden die Äpfel gleich noch waschen und schneiden. Gewaschen seien die Äpfel schon, erwidert die Mutter. Sie kündigt Rosalie an, dass sie jetzt gehen werde, und diese winkt der Mutter zum Abschied. Sie wirkt ruhig und gut gelaunt und scheint das Treiben in der Gruppe sowie die Anwesenheit der Beobachterin in Augenschein zu nehmen. Vanessa sagt zu Rosalie, dass Nora heute zu Besuch wäre. Rosalie lächelt die Beobachterin an. Vanessa begleitet sie in Richtung Garderobe. Die Mutter entfernt sich ein paar Schritte von der Tür, bleibt dann jedoch stehen und wartet noch eine ganze Weile vor der Fensterfront. Die Beobachterin fragt sich, ob sie etwas vergessen hat oder ob sie ihrem Kind noch einmal winken möchte. Allerdings geht sie, noch bevor Rosalie von der Garderobe zurückkommt. (Einrichtung 2, Beobachtung 2)

Maria (Fachkraft) begrüßt Linus und seine Mutter kurz. Die Mutter bückt sich und sagt: „Haben wir jetzt alles? Schnuller? Flasche?“ Dann scheint sie das Gepäck für komplett zu befinden und übergibt den Rucksack an Maria. (Einrichtung 2, Beobachtung 2)

Die Mutter reicht Deborah (Fachkraft) den Rucksack und geht neben ihrem Sohn in die Hocke. „Leo“, sagt Linus. Deborah bestätigt, dass Leandros wieder da sei. Linus wirkt zögerlich. Die Mutter streift Linus die Mütze vom Kopf und gibt sie ihm in die Hand. Ole sei auch schon da, sagt die Mutter. Linus überreicht Deborah seine Mütze. „Tschüss, mein Schatz!“, sagt die Mutter zu Linus. Dieser läuft ohne eine Erwiderung in die Gruppe. Die Mutter ruft ihm noch mehrmals „tschüss“ hinterher. Linus dreht sich schlussendlich noch einmal zur Mutter um, allerdings weiterhin ohne eine erkenntliche Erwiderung. Die Mutter geht, und Linus macht sich auf den Weg zur Garderobe. (Einrichtung 2, Beobachtung 4)

Katharinas Mutter lässt sich Zeit, um ihrer Tochter trotz der einschränkenden Bedingungen zum Abschied liebkosende Worte zuzurufen und sie zu umarmen. Rosalies Mutter schaut eine Zeitlang durch das Fenster, bevor sie geht. Sie hat dafür gesorgt, dass das für die Gruppe mitgebrachte Obst schon gewaschen ist, worin ebenfalls eine fürsorgliche Handlung zu sehen ist. Linus’ Mutter nimmt sich die Zeit, um zu prüfen, ob sie alles dabeihaben. Im letzten Abschnitt scheint Linus innerlich schon in der Gruppe zu sein, aber die Mutter stellt sicher, dass er den Abschied markiert. Zudem verweist sie ihn an seinen Freund Ole, um ihm eine Brücke zur Gruppe zu bauen.

Neben der Fürsorge erweist sich das *Gewähren von Autonomie* als weiteres Thema:

Die Mutter berichtet, dass Emma nicht so gut geschlafen habe. Sie sei oft wach gewesen und habe viel Körperkontakt gesucht. Sie sei sich nicht sicher gewesen, ob sie Emma in die Kita bringen sollte. Emma habe aber dauernd: „Kita, Kita“, gerufen. „Wenn du dann auch noch im Urlaub bist“, sagt sie zu Aaron (Fachkraft), da habe sie gedacht, dass sie sie doch bringen würde. Emma hat sich derweil schon auf den Weg in die Gruppe gemacht. Aaron sagt zu ihr, dass sie schon mal etwas kochen könne. Die Beobachterin geht davon aus, dass sie an der aufgebauten Küche spielt. Ihre Mutter und sie können Emma von ihren Positionen aus nicht sehen. Emmas Mutter erzählt noch, dass sie ein Knusperbrot gefrühstückt habe. Sie erhebt sich, um sich zu verabschieden. Aaron lässt Emma wissen, dass ihre Mutter jetzt gehe. Sie kommt aber nicht mehr aus der Gruppe heraus. Aaron macht der Mutter Platz, so dass diese einen Blick in die Gruppe werfen kann. „Tschüss, Emma, bis nachher“, sagt sie und winkt kurz. Die Beobachterin kann Emmas Reaktion nicht sehen. Dann verabschiedet sich die Mutter auch von ihr und verlässt die Einrichtung. (Einrichtung 1, Beobachtung 5)

Die Mutter ist im Zweifel, ob es gut war, Emma heute zu bringen, da sie schlecht geschlafen hat, gibt aber doch dem drängenden Wunsch der Tochter nach, die unbedingt in die Kita und zu ihrem Bezugserzieher will. Emma setzt ihren Wunsch sofort um, indem sie unmittelbar in die Gruppe marschiert. Sie wirkt zielstrebig, zeigt keine Trennungsangst und braucht keinen Abschied.

Nicks Mutter steht weiterhin an der Eingangstür, da Konstantin mit seinem Vater noch bei der Übergabe ist. Sie ruft Nick und sagt, dass Aaron (Fachkraft) am Fenster sei. Sie fragt, ob er ihm winken wolle. Sie erzählt, leicht erschöpft wirkend, dass er gestern ganz schlecht eingeschlafen sei. Nick habe viel geweint und gesagt, dass er Schmerzen habe. Es habe sich aber nicht eruieren lassen, was die Ursache war. Dann habe er die Nacht durchgeschlafen, und jetzt gehe es ihm anscheinend gut. Kathrin (Fachkraft) möchte wissen, ob er schon etwas gegessen habe. Es entwickelt sich eine Art Ratespiel zwischen Nick und Kathrin – indem Kathrin zu raten versucht, was er gefrühstückt hat. Bei „Waffeln?" stimmt Nick zu. Die Mutter widerspricht jedoch und sagt, sie hätten Toasties gegessen. Kathrin teilt Nick mit, dass es auch noch Porridge gebe, wenn er Lust habe. Die Mutter fragt Nick, ob er mit Hausschuhen oder barfuß in die Gruppe gehen wolle. Nick entscheidet sich für barfuß. Kathrin möchte die ungefähre Abholzeit noch wissen, dann verabschiedet sich die Mutter. (Einrichtung 1, Beobachtung 2)

Die Mutter weist Nick auf den am Fenster stehenden Erzieher Aaron hin, stellt also sofort einen persönlichen Außenbezug für ihn her. Nachdem die Beschwerden der vergangenen Nacht offengelegt wurden, wird Nick in anstehende Entscheidungen mit einbezogen: von der Fachkraft Kathrin in Bezug darauf, ob er noch frühstücken möchte, und von der Mutter in Bezug darauf, ob er barfuß oder mit Schuhen in die Gruppe gehen möchte.

Zwei Beispiele für die Hintergründe *emotional angespannter Abschiede* sind:

Es ist 8:25 Uhr. Noch während der Übergabe von Ryo ist Minna mit ihrer Mutter gekommen. Minna sitzt bei der Garderobe. Die Mutter zieht ihr die Straßenschuhe aus, aber keine Hausschuhe an. Dann begeben sich die beiden zur Gruppenraumtür. Minna betritt die Gruppe eigenständig, bleibt aber weiterhin in der Nähe der Tür. Sie hält ein helles Baumwollwindeltuch in den Händen. Die Mutter sagt, an Alex (Fachkraft) gerichtet, dass alles gut sei. Minna habe nur viel getrunken und brauche wahrscheinlich recht schnell eine neue Windel. Entschuldigend sagt sie, sie wisse, dass sie neue Wechselklamotten mitbringen müsse. Wahrscheinlich werde sie auch zum Abholen kommen, aber sicher sei es noch nicht, sagt sie abschließend. Die Beobachterin hat, wie beim letzten Mal, das Gefühl, dass die Mutter ziemlich gestresst oder gehetzt ist. Sie verabschiedet sich und geht. Von Minna findet keine weitergehende Verabschiedung statt. Kurz darauf hört die Beobachterin, wie Alex sagt, dass Minna aufhören solle, weil sie Leonie so trete und an der Ecke könne das ganz schön wehtun. (Einrichtung 3, Beobachtung 2)

Die Mutter verkündet, dass alles gut sei. Dem steht gegenüber, dass sie vergisst, ihrer Tochter die Hausschuhe anzuziehen, nicht an die Wechselkleidung gedacht hat, noch nicht weiß, wer Minna abholen wird, und auf die Beobachterin, wie schon bei der letzten Beobachtung, sehr angespannt wirkt. Bei jener fragte sie, was sie schon wieder falsch gemacht habe, als sie auf die noch fehlende Einverständniserklärung für die Beobachtung angesprochen wurde. Möglicherweise hat sie von sich das Bild, den Ansprüchen einer fürsorglichen Mutter und den Erwartungen der Einrichtung nicht gerecht zu werden. Sie verabschiedet sich nicht explizit von ihrer Tochter, und diese scheint ihre Frustrationsaggression an ein anderes Kind weiterzugeben.

Maximilian ist in der Zwischenzeit mit seiner Mutter vom Händewaschen[8] zurück. Er wirkt mürrisch und mustert die Beobachterin. In seinen Händen hält er ein Rettungsschlauchboot. An ihn gewandt äußert die Beobachterin, dass sie heute erneut zu Besuch sei. Die Mutter, die sie noch nicht kennt, da beim letzten Mal die Oma Maximilian brachte, fragt ihn, ob er sich noch an sie erinnern könne. Maximilian antwortet ihr nicht. Die Mutter fragt ihn, ob er ihr noch am Fenster winken wolle, da würde sie sich drüber freuen. Außerdem sei sie gespannt, was die Kinder zu seinem Boot sagen würden. Gemeinsam gehen die beiden zu der geschlossenen Gruppenraumtür. Die Mutter fragt Maximilian, ob er klopfen wolle. Er schlägt einmal mit Wucht gegen die Tür. Das sei laut gewesen, stellt die Mutter fest. Alex (Fachkraft) öffnet die Tür und begrüßt die beiden. Maximilian schmiegt sich an die Mutter und diese nimmt ihn jetzt auf den Arm. Er kämpft mit den Tränen und scheint nicht von ihrem Arm zu wollen. Alex bietet an, ihn auf den Arm zu nehmen. Die Mutter redet auf ihn ein. Sie sagt, sie müsse jetzt zur Arbeit und wenn sie ihn abholen komme, dann würden sie planschen gehen. „Das ist ja toll", sagt Alex. Maximilian weint. Die Mutter spricht ihn jetzt nur noch mit „Engelchen" an. Maximilian schreit: „Nein, nein, nein!" und krallt sich mit seinem Boot in der Hand an den langen Haaren der Mutter fest. Diese sagt, dass es ihr wehtue, wenn er sich an ihren Haaren festhalte. Weitere Eltern und Kinder haben mittlerweile den Flur betreten, u. a. auch Fabricio mit seinem Vater. Sabine (Fachkraft) kommt dazu und fragt, ob Hilfe benötigt werde. Sie stellt sich hinter die Mutter, um ihre Haare aus Maximilians Griff zu lösen, dabei bemerkt sie, dass das Boot sich in den Haaren verheddert hat. Maximilian klammert sich weiter weinend an die Mutter. Sabine sagt zu ihm, dass er der Mama so wehtue und dass sie jetzt sein Boot aus ihren Haaren entwirren werde. Scherzhaft äußert sie, dass eine Schere nicht schlecht wäre, und auch Fabricios Vater kommentiert kurz darauf, dass man die Haare am besten einfach abschneiden solle. Als es Sabine endlich gelingt, Haare, Boot und Kind zu trennen, schafft die Mutter es, wenn auch mühsam, Maximilian an Sabine zu übergeben. Sie verabschiedet sich und verlässt die Einrichtung. Alex hatte sich zwischenzeitlich aus der Situation herausgezogen. Die Gruppenraumtür wird geschlossen. Die Beobachterin hört Maximilian noch kurz weinen, dann wird es ruhiger hinter der Tür. (Einrichtung 3, Beobachtung 2)

Maximilian kommt mit Missbehagen an und die Versuche der Mutter, ihn aufzuheitern und auf den Abschied vorzubereiten, scheitern. Er klammert sich an sie und verstrickt sich mit seinem Rettungsboot in ihren Haaren. Die Szene stellt sich so dar, als ob Mutter und Sohn so ineinander verwickelt wären, dass sie sich nur schwer entwickeln lassen. Sie schaffen es nicht allein, sondern brauchen Hilfe. Sabines Idee, die Haare abzuschneiden, könnte symbolisieren, dass sie die Trennung als angstbesetzt und schmerzhaft erleben. Sie brauchen die Fachkraft als dritte Person, die einen Ausweg zeigt und „rettet".

Aus dem Kontextwissen zu Maximilians und Minnas familiärer Situation lässt sich entnehmen, dass die Mütter sehr beunruhigt, belastet und mit sich beschäftigt sind, was es ihnen erschweren könnte, sich (beim Abschied) auf die Bedürfnisse des Kindes einzustellen bzw. sich abzugrenzen.

8 In Einrichtung 3 wurden aufgrund der Corona-Pandemie alle Eltern gebeten, mit den Kindern im Bad die Hände zu waschen, bevor das Kind den Gruppenraum betritt.

4.1.2 Ankommenssituationen mit Vätern

Auch bei den Vätern ließ sich das Thema *Fürsorge* identifizieren. Anders als in den Mutter-Kind-Interaktionen stand es aber in Verbindung mit emotionaler Resonanz, ohne dass dem Aspekt der praktischen Fürsorge eine besondere Bedeutung zukam.

„Mama", gibt Theo von sich. Stimme und Intonation wirken auf die Beobachterin sehnsüchtig. Der Vater streichelt ihm über den Kopf. Wieder hört die Beobachterin die Worte „Casa" und „Mama" aus dem, was der Vater auf Italienisch zu Theo sagt. Aaron (Fachkraft) erkundigt sich, wie es den beiden gehe und wie Theo geschlafen habe. Es gehe ihnen gut, erwidert der Vater auf Deutsch. Er berichtet noch einmal, dass Theo elf Stunden geschlafen habe. Aaron äußert eine scherzhafte Bemerkung, dass er immer nur sieben Stunden schlafe. Theos Vater macht Aaron auf zwei Bücher aufmerksam, die Theo heute dabeihabe. Der Vater erhebt sich vom Regal und hält Theo auf dem Arm. Theo erzählt etwas von Flugzeugen und der Vater antwortet ihm erneut auf Italienisch. Das Aufstehen des Vaters scheint das Verabschieden einzuläuten. Theo klammert sich an ihn. Aaron sagt zu Theo, dass er glaube, dass sie oben auch Flugzeuge hätten, da könnten sie ja später mal nachschauen gehen. Das scheint Theos Interesse zu wecken und das Loslösen vom Vater leichter zu machen. Denn er streckt nun seine Arme in Richtung Aaron aus. Der Vater drückt ihm noch kurz einen Kuss auf den Kopf. Seine Maske lässt er dabei auf. Dann nimmt Aaron ihn auf den Arm. Aaron möchte noch kurz vom Vater wissen, wann dieser komme. Gegen 13 Uhr, gibt der Vater an. Er verabschiedet sich. Aaron und Theo machen sich auf den Weg in die Gruppe. (Einrichtung 1, Beobachtung 3)

Theo ist traurig beim Abschied vom Vater, und er fragt nach seiner Mutter. Die Trennung scheint ihm schwer zu fallen. Der Vater wirkt liebevoll und zugewandt. Er stellt Körperkontakt her und greift tröstend Theos Sehnsucht nach der Mutter auf. Er streichelt ihm über den Kopf, hält ihn auf dem Arm und küsst ihn, bevor er geht. Sie sprechen in ihrer Familiensprache, wirken vertraut. Der Erzieher Aaron knüpft an Theos Erzählen über Flugzeuge an, indem er in Aussicht stellt, dass sie in der Einrichtung nach Flugzeugen schauen werden. Daraufhin kann sich Theo vom Vater lösen. Die Atmosphäre wirkt warm.

„Ziehst du die Gummistiefel aus, Mäuschen?", fragt er die Tochter. Im Verlauf der Beobachtung erfährt die Beobachterin, dass der Name des Mädchens Angelina ist. Sie wolle erst Bilder gucken, hört sie sie sagen. Es klingt nuschelig, weil sie einen Schnuller im Mund hat. „Erst Bilder gucken", wiederholt der Vater und geht mit der Tochter zum Monitor, wo sie abgespielt werden. Angelina kommentiert die Bilder, die Beobachterin kann sie aber nicht verstehen. Gemeinsam bewegen sich die beiden dann zurück zur Garderobe. Angelina zieht ihre Stiefel aus, und der Vater sortiert Kleidung aus einem Stoffbeutel in das Fach über der Garderobe ein. Dann begeben sich die beiden zur Gruppenraumtür. Der Vater klopft und öffnet. Die Beobachterin hört die Stimme von Alex (Fachkraft), die die beiden begrüßt. Der Vater kniet sich vor Angelina hin und kündigt an, jetzt gehen zu wollen. Dann zieht er seine Maske ab, nimmt Angelinas Schnuller aus dem Mund und küsst sie. Danach steckt er den Schnuller zurück in Angelinas Mund, zieht seine Maske wieder hoch und erhebt sich. Die Beobachterin hört, wie Alex fragt, ob Angelina die Haare geschnitten habe. „Nur den Pony. Hinten wollen wir noch nicht ran", antwortet der Vater lachend. Er verabschiedet sich noch einmal und verlässt die Einrichtung. (Einrichtung 3, Beobachtung 1)

Der Beginn der Szene wird dadurch charakterisiert, dass der Vater Angelina mit einem Kosewort („Mäuschen") anspricht und ihrem Wunsch, Bilder anzuschauen, nachkommt. Dann erledigt er eine Fürsorgetätigkeit, indem er ihre Wechselwäsche einsortiert. Beim Abschied übernimmt er die Initiative, um einen Kuss vorzubereiten. Er vermittelt einen zugewandten Eindruck. Eingeleitet durch die Fachkraft kommt es zu einer Kommunikation über Angelinas Haarschnitt. Offen bleibt an dieser Stelle, warum Angelinas Haare hinten noch nicht geschnitten werden sollen. Möglicherweise geht es um ein traditionell mädchenhaftes Erscheinungsbild (lange Haare). Oder aber die Eltern möchten Angelinas Haare kürzen und nehmen Rücksicht darauf, dass sie sich vielleicht die Haare nicht gerne schneiden lässt.

Fabricio und sein Vater gehen zur Gruppenraumtür. Fabricio hat einen Laster dabei, der beim Fahren Geräusche macht. Fabricio scheint sich verstecken zu wollen und stellt sich an die Wand neben der Tür, sodass man ihn aus der Gruppe heraus nicht sehen kann. Der Vater klopft an die Gruppenraumtür und Elena (Fachkraft) öffnet. Mit gespieltem Erstaunen fragt Elena, wo denn das Kind sei. Mit einem: „Wahhh!" kommt Fabricio sichtlich erfreut hervorgesprungen, und Elena tut so, als würde sie sich erschrecken. An den Vater gerichtet fragt sie, ob alles gut sei. Der Vater bestätigt das und erzählt, dass Fabricio heute einen Keks gegessen, aber keine Milch getrunken habe. Die Beobachterin versteht ihn so, dass Fabricio keine Milch bekommen habe, damit er in der Gruppe noch etwas esse. Elena versichert sich noch einmal, dass er nur einen Keks gegessen hat, und der Vater bestätigt das erneut. Pipi habe Fabricio auch schon gemacht, aber noch kein Pupu. Der Vater kniet sich zu Fabricio, zieht seine Maske herunter und küsst Fabricio zum Abschied auf die Wange. Dazu sagt er noch etwas, die Beobachterin kann die Sprache jedoch nicht identifizieren (spanisch, italienisch?). Der Vater verlässt die Einrichtung. (Einrichtung 3, Beobachtung 2)

Sowohl der Vater als auch die Fachkraft lassen sich auf Fabricios Erschreckspiel ein und integrieren sich in seine Gestaltung der Abschiedssituation, in der er spielerisch das Thema Wegsein und Wiederkommen in Szene setzt. Möglicherweise bringt Fabricio in diesem Spiel ambivalente Gefühle zum Ausdruck, die die morgendliche Trennungssituation begleiten. Der Vater gibt Auskunft über das Frühstück und die Verdauung des Sohnes und verabschiedet sich zugeneigt und mit Körperkontakt. Darüber hinaus fällt auf, dass Fabricio mit dem lauten Laster ein Spielzeug mitbringt, das in der hegemonialen Geschlechtersymbolik eher Jungen zugeschrieben wird, auch wenn Geschlechtersymboliken zunehmend vielfältig geworden sind.

Bei den Vätern waren, anders als bei manchen Müttern, keine affektiv aufgeladenen Abschiede vom Kind zu beobachten. Im Vordergrund stand eher *Abgrenzung,* zum Teil auch eine Forcierung des Abschieds.

Der Vater stellt Konstantin auf das Regal. „Flip, Flip", ist von Konstantin zu hören. Die Beobachterin muss schmunzeln, da Konstantin das schon bei ihrer letzten Beobachtung mehrmals sagte. Der Vater erläutert, dass sie auf dem Weg hierher die Mama und Philip rausgeschmissen hätten und dass Konstantin das nicht lustig gefunden habe. Kathrin möchte wissen, seit wann Konstantin wach sei. „Ca. 7:20 Uhr", antwortet der Vater. Zwischen Kathrin und dem Vater geht es dann um ein geplantes Elterngespräch, das Corona-bedingt nur mit einem Elternteil oder per Videokonferenz stattfinden könne. Konstantin ist mittlerweile ausgezogen. Der Vater erzählt Kathrin noch etwas von einem Vortrag, den er halten müsse, und dass er aufgeregt sei. Kathrin sagt, „na dann viel Glück", und der Vater verabschiedet sich. Die Beobachterin erinnert sich nicht genau, wie er und Konstantin sich verabschieden. Kathrin geht mit Konstantin zur Magnettafel und hängt sein Bild ins Häuschen, da er selbst das nicht schafft. (Einrichtung 1, Beobachtung 2)

Der Vater sagt, er habe heute Morgen die Mutter und den Bruder Philipp aus dem Auto „rausgeschmissen", was machtvoll klingt. Konstantin habe das nicht „lustig" gefunden – er deutet damit an, dass der Abschied für Konstantin hastig verlaufen sein könnte. Möglicherweise ging es ihm mit der schnellen Trennung nicht gut. Anzunehmen ist, dass der Vater unter Druck steht und nicht weiter von der Familie beansprucht werden möchte, weil er einen Vortrag halten muss. Er ist mit sich beschäftigt.

Sarah und der Vater sitzen sich, jeweils auf einem der kleinen Hocker, gegenüber. „So, drückst du mich noch mal?", fragt der Vater. Zögernd setzt sich Sarah rittlings auf den Schoß des Vaters und lehnt sich an ihn. „Sagst du mir noch tschüss?", fragt er weiter. „Nein", erwidert Sarah und klammert sich an den Vater. Was denn heute los sei, fragt der Vater. Pia (Fachkraft) sagt, dass der Papa bestimmt auch zur Arbeit müsse. Dieser bestätigt das. Als er aufsteht und versucht, Sarah von sich runterzusetzen, klammert sie sich noch mehr an ihn und beginnt zu weinen. Der Vater sagt so etwas wie: „Och Sarah", drückt sie noch einmal und übergibt sie dann, trotz weiteren Widerstands, an Pia. Als der Vater geht und sie auf Pias Arm ist, scheint sie sich auch schon wieder beruhigt zu haben. Pia geht gemeinsam mit Sarah in die Gruppe. (Einrichtung 1, Beobachtung 4)

Der Vater läutet den Abschied ein, indem er Sarah bittet, ihn noch einmal zu drücken und ihm tschüss zu sagen, wobei er hierfür rhetorische Fragen wählt, die Sarah entsprechend auffordern sollen. Er fragt zwar, was heute los sei, und sagt ein tröstendes „och Sarah", als sie weint, lässt aber keinen Zweifel daran, dass er geht. Er handelt zügig, auch wenn Sarah die Trennung schwerfällt.

Im Unterschied zu einzelnen Abschiedsszenen, in denen Mütter ihre Töchter für Selbstständigkeit in alltäglichen Dingen (z.B., sich selbst den Hosenverschluss zu öffnen) loben, tritt das bei Vätern nicht auf, weder bei Mädchen noch bei Jungen. Im folgenden Protokollauszug ist es die Tochter, die gegenüber dem Vater auf dem Einhalten von Ordnungsnormen besteht:

Angelina und ihr Vater kommen. Angelina hat ihren Schnuller im Mund und trägt ziemlich viele Kuscheltiere vor sich her. Sie braucht beide Arme, um ihre Besitztümer festzuhalten. Sowohl Angelinas Kleidung als auch die Kuscheltiere sind überwiegend in Pink- und Rosatönen gehalten. Die Beobachterin äußert, dass sie ganz schön viel Gepäck dabeihabe. Der Vater erwidert freundlich, dass sie das alles habe mitnehmen müssen. „Komm Mäuschen, Jacke ausziehen", sagt er zu Angelina und scheint zu wollen, dass

Angelina sich zur Garderobe begibt. Diese stellt sich jedoch vor das große Spiegeldreieck und schaut sich im Spiegel an, während sie ihre Jacke auszieht. Dann möchte Angelina ihre Jacke allein aufhängen. Der Vater unterstützt sie dabei, indem er ihr den Garderobenhaken festhält, da dieser sich immerzu dreht, während Angelina versucht, die Jacke aufzuhängen. Anschließend möchte der Vater zum Händewaschen gehen. Angelina möchte aber erst noch ihre Gummistiefel wegräumen. (Einrichtung 3, Beobachtung 3)

Angelina kommt mit ihrem Schnuller im Mund und mit vielen rosaroten Kuscheltieren an. Während sie damit einerseits klein und weich erscheint, wirkt sie auch stark: Sie hat durchgesetzt, dass sie all ihre Tiere mitnehmen darf, und hat so kräftige Arme, dass sie alle tragen kann. Ebenso behauptet sie gegenüber ihrem Vater selbstbewusst, dass sie selbst ihre Jacke aufhängen und ihre Gummistiefel wegräumen möchte. Sie zeigt Selbstbehauptungswillen ebenso wie eine verinnerlichte Normorientierung.

Die folgende Szene thematisiert die Kommunikation zwischen Mariella, Mariellas Vater, Fabricio und Fabricios Vater, in der eine *verweiblichende Objektsetzung* inszeniert wird:

Es ist 8:15. Mariella und ihr Vater betreten die Einrichtung. Nachdem sie beim Händewaschen waren, setzt sich der Vater auf die Garderobenbank und nimmt Mariella auf seinen Schoß. Mariella fragt nach ihrem „Mausi". Der Vater händigt ihr ein Mickymaus-Schnuffeltuch aus. Mariella schmiegt sich an ihn und er fragt sie, ob sie noch ein bisschen kuscheln wolle. Fabricio und sein Vater betreten die Einrichtung. Der Vater begrüßt Mariellas Vater und sagt dann überschwänglich in Mariellas Richtung: „Oh, kleine Principessa!" Er fordert Fabricio auf, seine Nachbarn doch auch mal zu begrüßen. Fabricio drückt sich am Bein des Vaters herum und grüßt Mariella schüchtern. Fabricio und sein Vater gehen ins Bad. Mariellas Vater hebt sie mit beiden Händen vor sich hoch. Er schnüffelt an ihrem Po, um festzustellen, dass noch alles frisch sei. „Papi", sagt Mariella und klammert sich an ihn. Der Vater fragt, ob sie bei ihm bleiben wolle. Er fügt an, dass er aber arbeiten gehen müsse. Fabricio und der Vater sind zurück aus dem Bad. Sie sprechen über Fahrzeuge, die Fabricio mit in die Krabbelstube gebracht und dann nicht wieder mit nach Hause genommen habe. Heute hat Fabricio einen großen Zug bzw. eine S-Bahn dabei. Fabricio setzt sich auf die Garderobenbank und der Vater hockt sich vor ihn. Mariella und ihr Vater halten sich auch noch bei der Garderobe auf. Fabricios Vater sagt zu Mariellas Vater, dass er geile Adidas-Schuhe für Fabricio bestellt habe, dann aber ärgerlicherweise die Nachricht bekommen habe, dass sie nicht mehr vorrätig seien. „Kleine Prinzessin, wann legst du denn deinen Schnuller ab?", sagt Fabricios Vater an Mariella gerichtet. Es folgt eine Unterhaltung der beiden Väter über Schnuller, während der hauptsächlich Fabricios Vater berichtet, wie sie den Schnuller von Fabricio losgeworden sind. (Einrichtung 3, Beobachtung 3)

Mariella tritt mit einem Schnuffeltuch auf und wird von ihrem Vater gefragt, ob sie noch kuscheln möchte. Er riecht an ihrer Windel und hebt sie dazu hoch. Fabricios Vater spricht sie mit „Principessa" an. Später fragt er, wann sie auf den Schnuller verzichten werde. Mariellas Vater lässt die Einlassungen von Fabricios Vater stehen. Es wirkt, als ob sie als Objekt behandelt würde, das beobachtet, begutachtet, bewertet wird, womit sie der Gefahr der Beschämung ausgesetzt ist. Außerdem erscheint sie als süß, klein, kuschelig, anhänglich, und die Anrede „Principessa" ist weiblich romantisierend. Objektsetzung und Vergeschlechtlichung greifen ineinander.[9] Während sich also die beiden Väter – entgegen dem traditionellen Geschlechterklischee – über Erziehungs- und Fürsorgetätigkeiten (Kinderschuhe kaufen, Schnuller abgewöhnen) unterhalten, enthält die Szene gleichzeitig deutliche geschlechterstereotype Merkmale. Dazu gehört zudem, dass Fabricio wieder mit einem technischen Spielzeug ankommt, das Kraft und Stärke ausdrückt und in der tradierten Geschlechtersymbolik männlich codiert ist. Die letzten Male waren es Laster und Feuerwehrauto, dieses Mal ist es ein Zug. Mariella hat ein Schnuffeltuch dabei, also ein weiches Objekt, wobei zu berücksichtigen ist, dass sie jünger ist als Fabricio (sie ist 19 Monate alt, Fabricio 36 Monate).

Aus dem weiteren Protokoll geht hervor, dass sich Mariella auch nach dem Abschied ihres Vaters als bedürftig zeigt. Sie bringt zum Ausdruck, dass sie nach Hause möchte zu ihrer Mama. Die Fachkraft Alex nimmt sie auf den Schoß. Als Alex Fabricio fragt, ob er auch auf ihren Schoß möchte, verneint er mit der Begründung, dass er ein Junge sei (vgl. Kapitel 4.2.4). Hier reinszeniert sich der geschlechtersymbolische Hintergrund der Ankommensszene und wird von Fabricio auf den Punkt gebracht, obwohl er in anderen Situationen durchaus körperlichen Trost in Anspruch nimmt.

Zusammenfassung: Fürsorge braucht kein Geschlecht

Bei Müttern ebenso wie bei Vätern gibt es Abschiede, die von Fürsorge und hoher emotionaler Resonanz oder auch von konflikthaften Anteilen gekennzeichnet sind. Bei der Beobachtung der Mutter-Kind-Abschiede zeigte sich indes wiederholt die Besonderheit, dass Sorge und Fürsorge einen emotional-verkörperlichten Charakter haben. Er drückt sich in kleinen Gesten aus wie z. B. das Gesicht abwischen, eincremen, die Nase putzen, sich wegen der schlechten Nacht um das Wohlbefinden des Kindes sorgen, was nicht bedeutet, dass sie ihrem Kind keinen autonomen Abschied ermöglichen würden. Bei den Vätern zeigen sich mitunter Tendenzen von pragmatischer Abgrenzung und Forcierung des Abschieds. Diese Unterschiede sind nicht als kategorisch zu erachten, weil es viele individuelle Überschneidungen gibt. Zugleich zeigen die Szenen, dass Beziehung, Versorgung und Fürsorge nicht an ein Geschlecht gebunden sind (vgl. Krüger-Kirn 2021).

9 Jessica Benjamin (1990) problematisiert in ihrer psychoanalytischen Arbeit „Die Fesseln der Liebe" die fehlende Anerkennung, die damit einhergeht, wenn Mädchen vom Vater im Wesentlichen als „ein liebenswertes, süßes kleines Ding" (ebd.: 131) gesehen werden.

Die Variante der emotional-verkörperlichten Sorge und Fürsorge von Müttern lässt die Frage aufkommen, ob sie mit dem Erleben der körperlichen Veränderungen während der Schwangerschaft, der Geburt und eventuell dem Stillen und Abstillen zu tun hat, die auf die Findung ihrer Mutterrolle einwirken. Die Einnahme ihrer fürsorgenden Rolle erfolgt im Kontext gesellschaftlicher Mutterbilder, deren Normen die körperlichen Voraussetzungen manifestieren. Zwar bildet sich beim Übergang zur Elternschaft auch bei Vätern eine neue psychische Struktur (die Rolle des Vaters), aber sie erleben keine körperlichen Veränderungen, und ihre direkte leibliche Beziehung zum Kind beginnt erst postnatal. Daniel Sterns (2006) Konzept der aus vier Grundthemen bestehenden so genannten „Mutterschaftskonstellation“ entwirft diese als eine kulturell hergestellte Antwort auf Schwangerschaft und Elternschaft: „Sie stellt innerhalb eines bestimmten kulturellen Settings eine Reaktion auf die Schwangerschaft und die Aufgabe, ein Baby zu versorgen, dar“ (ebd.: 225). Erfasst werden die Themen „Leben und Wachstum“, „primäre Bezogenheit“, „unterstützende Matrix“ und „Reorganisation der Identität“ (ebd.: 213 ff.). Kritische Weiterentwicklungen seines Konzepts zu einer „Elternschaftskonstellation“ betonen, dass die Grundthemen der Mutterschaftskonstellation auch für Väter bedeutsam sein können (King 2010; Frey/Nakhla 2014). So sei z. B. das Thema „Leben und Wachstum“ (kann ich sicherstellen, dass das Kind körperlich wächst und gedeiht) sowohl Müttern als auch Vätern ein Bedürfnis, ebenso das Thema der „primären Bezogenheit“, also dass eine tiefe emotionale Beziehung entsteht (Frey/Nakhla 2014: 130). Jedoch erschienen die Grundthemen der Elternschaft bei Müttern zunächst stärker körperbasiert, während die Rolle der Väter, insbesondere, wenn sie auf eine Ernährungsfunktion hin ausgerichtet ist, möglicherweise mehr Distanz mit sich bringe, was einer Traditionalisierung der Geschlechterrollen Vorschub leiste (ebd.). Im Hinblick auf unser Material ist festzustellen, dass die Tendenzen einer emotional-verkörperlichten Fürsorge von Müttern, die wir in den Ankommensszenen fanden, darauf hinweisen könnten, dass die Sorge um das Wohlergehen des Kindes bei ihnen zunächst stärker körperbasiert oder -orientiert ist als bei den Vätern. Gleichzeitig aber ist mit Flaake (2022: 392) zu problematisieren, dass die Annahme von besonderer körperlicher Nähe zwischen Mutter und Kind das Konstrukt einer kulturellen Bewertung z. B. des Stillens ist, während auch Väter innige und körperliche Situationen mit dem Kind herstellen können, obgleich sie nicht stillen.[10] Auch wenn Mütter durch Schwangerschaft und Geburt vorerst eine „engere leibliche Bindung“ (Flaake 2014: 293) an das Baby haben, können Väter eine zärtliche und körperlich nahe Verbundenheit schaffen, vorausgesetzt, dass dem Elternpaar eine ausgewogene Beziehung zum Neu-

10 Zu den Konfliktpotenzialen des Stillens in Bezug auf Geschlechterbeziehungen siehe auch Rose/Tolasch (2022).

geborenen gelingt (ebd.). Die Praxen der Fürsorge von Vätern und Müttern sind also als kulturell hergestellt und als prinzipiell kontingent zu verstehen.[11]

Die analysierten Szenen weisen auf drei Aspekte hin, die auch in den folgenden Kapiteln immer wieder auffallen: Es gibt einen Wandel der Geschlechterpraktiken (in den bisherigen Szenen z. B., dass Mütter wie Väter Versorgungs- und Fürsorgeaufgaben übernehmen). Zugleich tritt die Binarität der Geschlechterverhältnisse zutage: durch geschlechtsbezogen markierte Anrufungen („Mäuschen“, „Principessa“) und durch mitgebrachte Objekte, die im Alltagsverständnis schwerpunktmäßig Mädchen bzw. Jungen zugeordnet werden. Bei den Mädchen waren es weiche Gegenstände wie Puppen, Kuscheltiere, Tücher, bei den Jungen sachliche Objekte wie Laster, Auto, Zug, Boot.

4.2 Interaktionen zwischen weiblichen Fachkräften und Kindern

Der überwiegende Teil der Beobachtungen beinhaltet Alltagssituationen, in denen weibliche Fachkräfte anwesend waren. Die folgende Betrachtung fokussiert deshalb die Interaktionen zwischen ihnen und den Kindern. Aus dem Datenmaterial konnten sieben übergreifende Praxisdimensionen rekonstruiert werden: Aktivitäten anbieten und begleiten; loben, ermuntern, bestärken; Reglementierungen; Körperkontakt; Affektregulierung; körpernahe Care-Aktivitäten; Attribuierungen. Entlang dieser Punkte wurde untersucht, wie Geschlecht bedeutsam gemacht wurde oder auch nicht. Den Interaktionen zwischen den männlichen Fachkräften und Kindern widmet sich Kapitel 4.3.

4.2.1 Aktivitäten anbieten und begleiten

Die Aktivitäten, die die Fachkräfte den Kindern anbieten oder in denen sie sie begleiten, gleichen sich bei Mädchen und Jungen weitgehend. Es geht um Vorlesen, Singen/Musizieren, Spielobjekte anbieten, Rollenspiel, körperliche Aktivitäten, Basteln.

Auf das *Vorlesen* entfallen bei Mädchen und bei Jungen die meisten Sequenzen. Es erfolgt überwiegend in geschlechterübergreifenden Konstellationen. Bei den meisten Szenen lässt sich aus den Beobachtungsprotokollen nicht

11 Flaakes Aussagen liegt eine psychoanalytische Interviewstudie mit dem Titel „Neue Mütter – neue Väter“ (2014) zugrunde, in die zwölf Familien (Väter, Mütter, Söhne und Töchter im Alter zwischen 13 und 27 Jahren) einbezogen wurden.

ausmachen, ob es ein aktives Angebot durch die erwachsene Person ist oder vom Kind eingefordert wird.

Für Mädchen und Jungen gilt, dass das *Singen und Musizieren* seitens der Fachkräfte Angebote mit einem heiteren, vergemeinschaftenden und verbindenden Charakter sind. Häufig gehen sie mit Körperkontakt einher. Im Wesentlichen erfolgt das Singen auf Initiative der Fachkraft, wobei in gemeinschaftlichen Sing-Aktionen sowohl Mädchen als auch Jungen ihre Wünsche einbringen. Bei einzelnen Jungen fielen auch Szenen auf, bei denen das Singen die Funktion von Trost und Ablenkung hatte, z. B.:

Fabricio sitzt weiterhin auf Tinas (Fachkraft) Schoß. Er scheint immer unzufriedener zu werden. Er greint nach seiner Mama. Tina streichelt über seinen Rücken und sagt, er solle sich da jetzt aber nicht so reinsteigern. Sie bietet ihm an, ein Lied zu singen. Fabricio wünscht sich ein Lied von Affen und einem Krokodil. Das könne sie leider nicht, sagt Tina. Nathalie (Fachkraft) scheint das gehört zu haben und versichert sich bei Fabricio, dass er das Lied meine, an das sie denke. Dann beginnt sie gemeinsam mit Xenia (Fachkraft) zu singen. Alle Kinder kommen dazu oder halten in ihrem Spiel inne, um zuzuhören. (Einrichtung 3, Beobachtung 5)

Das direkte *Anbieten von Spielobjekten* lässt sich schwerpunktmäßig bei Jungen finden. Zumeist geht es darum, Impulse in andere Bahnen zu lenken oder Emotionen und deren Ausdruck zu beruhigen. Die Objekte werden als Alternative oder Ablenkung angeboten:

Alenas Rufe scheinen sich an Leandros zu richten, der vor der Hochebene steht. Maria (Fachkraft) geht hin und sagt, dass Leandros doch gar nichts mache. Dieser ist aber schon dazu übergegangen, beim Tisch Stühle umzuwerfen. Maria folgt ihm, hebt die Stühle auf und sagt, dass das nicht gehe. Anstatt der Stühle wirft Leandros jetzt ein hölzernes Geschicklichkeitsspiel umher. Maria geht erneut zu ihm und sagt, dass, wenn er etwas werfen wolle, er etwas Weiches nehmen solle. Sie holt kurzerhand einen großen, weichen Ball und gibt ihn Leandros. Leandros wirft den Ball und rennt ihm hinterher. (Einrichtung 2, Beobachtung 4)

Leandros wird hier aufgefordert, seinem körperlichen Agieren in einem regelkonformen Rahmen nachzugehen, also mit einem weichen Gegenstand zu werfen anstatt mit einem harten bzw. mit Stühlen. Die Motive für sein Handeln bleiben offen. In einer weiteren Situation wird ihm ein Puzzle angeboten:

Leandros steht zwischen Deborah (Fachkraft) und Maria (Fachkraft) und weint. Katharina kommt zu ihm und scheint ihn trösten zu wollen, aber Leandros schubst sie weg. Maria sagt zu ihm, dass Katharina ihn nur habe trösten wollen und dass er sie nicht schubsen müsse. Leandros schaut zu Maria auf. Er scheint auf ihren Arm zu wollen. Maria legt ihm ein Puzzle auf den Tisch. Leandros widmet sich kurz dem Puzzle. Er beruhigt sich etwas. Das ist aber nur von sehr kurzer Dauer, dann fängt er erneut an zu weinen. „Arm!", sagt er zu Maria. Diese antwortet ihm, dass sie ihn nicht tragen werde. Er könne ihre Hand halten, wenn er wolle. Das scheint er aber nicht zu wollen. Weinend wendet er sich ab und läuft ziellos wirkend in der Gruppe umher. (Einrichtung 2, Beobachtung 4)

Leandros steht weinend zwischen zwei erwachsenen Personen, die zunächst nicht auf ihn reagieren. Stattdessen wird ein anderes Kind, nämlich Katharina, aktiv, um ihn zu trösten. Sie wird von Leandros aber weggeschubst. Anzunehmen ist, dass er von einer der Fachkräfte getröstet werden möchte. Die Fachkraft Maria reagiert erst, nachdem dieser Konflikt zwischen den beiden Kindern entstanden ist. Ihre Intervention erscheint nicht tröstend, sondern rügend. Ihre Aussage, dass Katharina ihn nur habe trösten wollen, impliziert, dass sie weiß, dass Leandros Trost sucht. Sie äußert mit ihrer Aussage indirekt eine Anerkennung gegenüber dem tröstenden Kind (Katharina) und eine Reglementierung gegenüber Leandros. Leandros macht deutlich, dass er auf Marias Arm möchte. Maria kommt seiner Bitte nicht nach, sondern bietet ihm ein Puzzle an, mit dem er sich allein beschäftigen soll. Offenbar soll das Sachangebot (ein kantiges Material, das systematisch geordnet werden muss) seinen Gefühlsaufruhr absorbieren. Leandros kommuniziert erneut, dass er auf Marias Arm möchte. Das Angebot, dass er stattdessen ihre Hand halten darf, drückt Asymmetrie und körperliche Distanz aus. Die Fachkraft Maria gewährt Leandros also keinen bzw. einen distanzierten körperlichen Trost und intendiert stattdessen, dass er sich mit Hilfe eines Sachgegenstands (Puzzle) selbst beruhigt. Sein Nähebedürfnis wird nicht beantwortet.

Die wenigen Situationen, in denen Mädchen ein Spielobjekt angeboten wird, stehen nicht im Kontext der Beruhigung von Emotionen, sondern einer gemeinsamen Beschäftigung, z. B.:

> Vanessa (Fachkraft) setzt sich mit Louisa und Katharina an den Tisch, um zu puzzeln. Katharina bleibt nicht lange dabei, sondern geht dazu über, gemeinsam mit Leif Stühle aneinander zu schieben. Vanessa bleibt mit Louisa am Tisch, kommuniziert aber auch mit den anderen Kindern. (Einrichtung 2, Beobachtung 5)

Bei den *Rollenspielen* handelt es sich um eine Aktivität, die mehr bei Mädchen zu beobachten war als bei Jungen. Sie folgen weitestgehend nicht geschlechtertradierten Relevanzsetzungen. Der thematische Schwerpunkt liegt vornehmlich auf allgemeinen Alltagsthemen: telefonieren, Bus fahren, Essen verteilen, Handwerker*in spielen, Arzt*Ärztin spielen. Rollenspiele werden von den Erwachsenen im Wesentlichen nicht initiiert, sondern begleitet. In den Situationen, in denen sich die Fachkräfte ins Spiel einbringen, sind Momente des *undoing gender* in der Form beobachtbar, dass Tätigkeiten der Kinder, die nicht einem Geschlechterstereotyp entsprechen, von der Fachkraft verstärkt werden (Vogt 2021a: 98). So wird z. B. nicht nur Ole, sondern auch Alena als Handwerker*in adressiert:

> Ole und Alena setzen ihr Handwerker*innenspiel fort. […] Vanessa (Fachkraft) erteilt ihnen den Auftrag, ihre Küche zu reparieren, weil die Spüle kaputt sei, sie müsse dringend repariert werden. Erfreut begeben sich die beiden zur Kinderküche und beginnen mit ihrer „Arbeit". (Einrichtung 2, Beobachtung 5)

Der Aktivität *Basteln* kommt eine randständige Rolle zu. Sie wird sowohl mit Mädchen als auch mit Jungen durchgeführt.

Für Mädchen wie für Jungen gilt, dass *körperliche Aktivitäten* insgesamt wenig Raum erhalten. Wenn sie unterstützt werden, erfolgt das in der Form, dass Materialien wie Kletterelemente, Matten, Tunnel, Fahrzeuge, Bälle oder auch der Turnraum oder der Flur zur Verfügung gestellt werden. In Bezug auf Mädchen fallen Situationen auf, bei denen das Thema Sicherheit bzw. körperliche Unversehrtheit im Mittelpunkt steht:

Louisa balanciert auf der Umrandung der Kuschelecke und brabbelt dabei vor sich hin. „Pass schön auf, Louisi", sagt Vanessa (Fachkraft), als sie mit Leif zurück in der Gruppe ist. (Einrichtung 2, Beobachtung 5)

Die Fachkraft macht sich offensichtlich Sorgen, dass Louisa stürzen könnte, als sie sie beim Balancieren sieht. Denkbar wäre auch gewesen, Anerkennung für ihren Mut bzw. ihre Geschicklichkeit zu äußern.

In einem weiteren Protokollauszug bleibt das Bemühen eines Mädchens unerfüllt, in eine Nestschaukel zu steigen:

Dann macht sich Mariella (19 Monate) auf den Weg zur Nestschaukel, wo Maximilian (36 Monate) und Leonie (31 Monate) von Tina (Fachkraft) angeschubst werden. Mariella gibt zu erkennen, dass sie auch in die Schaukel möchte. Tina versucht, Mariella Hilfestellung zu leisten. Es gelingt Mariella aber nicht, sich hineinzusetzen. Neben der Schaukel steht ein kleiner Holzklotz. Maximilian und Leonie hatten diesen zuvor dort positioniert, um in die Schaukel einsteigen zu können. Dies war ihnen auch gut gelungen. Mariella scheint jedoch zu klein und unsicher zu sein, um über ihn die Schaukel zu erklimmen. Stattdessen geht sie jetzt dazu über, die Schaukel anzuschubsen. Als Tina sich ein kleines Stück entfernt, folgt ihr Mariella. (Einrichtung 3, Beobachtung 4)

Tina versucht, Mariella beim Einstieg in die Schaukel zu helfen, aber die gemeinsame Bemühung führt nicht zum Erfolg. Während die etwas älteren Kinder Maximilian und Leonie über den Holzklotz allein die Nestschaukel besteigen konnten, wird die jüngere und unsicher wirkende Mariella nicht dazu motiviert, sich – mit der Begleitung der erwachsenen Person – in dieser „waghalsigen" Aktion auszuprobieren, um ihr Ziel, sich in die Schaukel zu setzen, doch noch zu erreichen. Sie wird in ihrem motorischen Bedürfnis nicht wirklich unterstützt. Zu berücksichtigen ist hier der Altersunterschied der Kinder. Vielleicht spielt auch der pädagogische Anspruch eine Rolle, dass die Kinder möglichst selbsttätig sein sollen.

Als Kontrast dazu eine Situation, in der zugunsten des Bewegungsbedürfnisses eines (älteren) Jungen extra der Essbereich umgestellt wird, damit ihn Sicherheitsaspekte nicht einschränken:

Als Kathrin (Fachkraft) mitbekommt, dass Theo (35 Monate) im Essbereich klettert, bittet sie ihn, kurz innezuhalten. Sie wolle ihm die Tische erst umbauen. Sie geht in den Essbereich und dreht die Tische um. Jetzt ist die auf dem Boden aufliegende Fläche der

Tischbeine größer, sodass die Tische nicht mehr so leicht kippen können. (Einrichtung 1, Beobachtung 2)

Dass weibliche Fachkräfte ihren eigenen Körper einsetzen und ein körperbetontes Spielangebot machen, zeigt sich nicht häufig. In einer Szene hat sich die Fachkraft mit mehreren Kindern in einen Spieltunnel begeben und tobt dort mit ihnen. Es finden sich kaum Szenen, in denen die Fachkräfte mit den Kindern gemeinsam rennen, toben, balgen oder aktiv expansive Bewegung befördern. Das gilt in Bezug auf Mädchen ebenso wie in Bezug auf Jungen. In einer Szene mit Maximilian zeigt sich eine deutliche Absage bezüglich körperlicher Aktivitäten seitens der erwachsenen Person:

Maximilian fragt Leyla (Praktikantin), ob diese mit ihm ins Gebüsch kommen wolle. Aber das möchte sie nicht. Sie schlägt vor zu rennen. Das scheint Maximilian auch gut zu finden und er rennt den kleinen Berg hinauf. Dann schaut er sich verwundert um und sagt, dass Leyla auch rennen solle. Leyla sagt, dass sie nicht rennen werde, sie habe gemeint, dass Maximilian rennen solle, nicht sie. Maximilian wirkt ein bisschen enttäuscht auf die Beobachterin. (Einrichtung 3, Beobachtung 2)

Zusammenfassung: *Doing* und *undoing gender*

Die Spielgestaltung erscheint als ein Bereich, der weitgehend den Kindern überlassen bleibt. Die Angebote, die die Fachkräfte machen, wirken situativ angelegt. Beim Begleiten von Rollenspielen kommen Aspekte des *undoing gender* zum Tragen, wenn Fachkräfte Spielideen der Kinder aufgreifen und verstärken, die nicht herkömmlichen Geschlechterattribuierungen entsprechen. In anderen Situationen zeigten sich auch Praktiken, die im Sinne traditioneller Geschlechterzuweisungen als *doing gender* bezeichnet werden können, wenn z. B. einem Jungen (Leandros) Spielobjekte (weicher Ball, Puzzle) angeboten werden und es dabei um die Abfuhr affektiver Impulse oder das Regulieren eines Trostbedürfnisses geht. Die Objekte dienten als Alternative, Ablenkung, Ersatz, als ob ein Junge zwar motorisch aktiv, aber nicht traurig oder bedürftig sein dürfte, wodurch geschlechterstereotype Vorstellungen umgesetzt werden. Zugleich kann in der Aufforderung, dass er nicht wild, sondern „gezähmt" spielen soll, ein *undoing gender* gesehen werden.

Mädchen werden wenig zu risikofreudigen körperlichen Aktivitäten ermutigt bzw. darin begleitet. Im Vordergrund stehen Sicherheit und körperliche Unversehrtheit. Auch Hunger (2015) beschreibt in ihrer qualitativen Studie „Geschlechterbezogene Bewegungssozialisation in der frühen Kindheit",

dass Eltern auf die Bewegungsideen von Mädchen eingehen, indem sie sich beispielsweise auf ihr Bewegungstempo einlassen, sie ermuntern, ihre Bewegungsideen zu variieren, ohne jedoch den Anreiz zur Überbietung, zum Risiko oder der Bewegungsintensivierung explizit zu geben. (ebd.: 52)

Die für Eltern gefundenen Muster gelten nach Hunger ebenso für Fachkräfte (ebd.: 51). Ein weiterer empirischer Hinweis auf die Tendenz, Mädchen vor vermeintlichen körperlichen Risiken schützen zu wollen, wurde für die mittlere Kindheit (sieben bis zehn Jahre) in einer ethnographischen Studie von Ramona Schneider (2022) vorgelegt. Im Gegensatz zu Jungen werden Mädchen bei erlebnispädagogischen Aktivitäten wie Klettern von den Sozialpädagog*innen gestützt, obwohl sie die Hilfe nicht anfragen. Ihnen wird qua Geschlecht eine besondere Verletzlichkeit zugeschrieben (Schneider 2022: 203 f.). Jungen wird dagegen durch das Ausbleiben von Hilfestellungen das Selbstbild von Stärke, Mut und Risikofreude vermittelt (ebd.: 219). Diese geschlechterdifferenten Praktiken, von denen anzunehmen ist, dass sie sich auf das Körper- und Selbstbild des Kindes auswirken, sind offenbar ein wesentliches Element in der Begleitung von Kindern, zumindest in der frühen und mittleren Kindheit (vgl. auch Kapitel 7.2).

4.2.2 Loben, ermuntern, bestärken

Das wohlwollende sprachliche Hervorheben von Aktivitäten und Eigenschaften im Sinne von Lob und Ermunterung ist im Rahmen der Interaktionen von (weiblichen) Fachkräften mit Mädchen und Jungen eine etablierte Praxis, die aber zugleich nicht alltagsbestimmend ist. Alltagsbestimmender sind Reglementierungen (Kapitel 4.2.3). Die Praxisdimension „loben, ermuntern, bestärken" kann in die Handlungsthemen prosoziales Verhalten, motorische Fähigkeiten und Kraft, Hygiene, musische Aktivitäten bzw. Fähigkeiten, Spielideen, Selbstbehauptung/-verteidigung sowie Einhalten von Regeln eingeteilt werden. Damit ist das Spektrum der Bezüge, zu denen Ermutigung und Lob ausgesprochen wird, breit aufgestellt.

Die Analyse der Szenen erweckt den Eindruck, dass es in den Einrichtungen keine konzeptionelle Abstimmung darüber gibt, welche Verhaltensweisen oder Tätigkeiten der Kinder positiv hervorgehoben werden sollen. Das Äußern von Lob und Ermunterung erscheint, ähnlich wie das Anbieten von Aktivitäten (vgl. Kapitel 4.2.1), als individuell und situativ angelegt. Lediglich die motorische Fähigkeit „Treppensteigen" wird über unterschiedliche Beobachtungen und Fachkräfte hinweg wohlwollend sprachlich gewürdigt.

Bei den Mädchen zeigt der Blick auf das Loben und Bekräftigen von *prosozialem Verhalten,* dass überwiegend Praktiken wie z. B. Fürsorglich-Sein oder Teilen hervorgehoben werden. Exemplarische Protokollauszüge hierfür sind:

> Alex (Fachkraft) scheint beim Frühstück nichts essen zu wollen, aber Elena (Fachkraft). Sie bittet Alex, ihr die Milch herüberzureichen. Angelina sagt, dass sie das machen wolle. Angelina muss sich dabei weit über den Tisch lehnen, um Elena die Milch zuzuschieben. Es gelingt ihr. Angelina sieht stolz aus und Alex lobt sie. (Einrichtung 3, Beobachtung 1)

Freya spielt weiter in der Küche. Leandros läuft zwischen Freya und Leif hin und her. Es kommt zu einer kurzen Interaktion zwischen ihm und Leif. Die beiden räumen Ketten, die auf dem Tisch verteilt liegen, gemeinsam in eine Schüssel. Freya kommt zu den beiden und gibt ihnen einige von ihren Ketten ab. Das sei aber lieb von ihr, kommentiert Deborah (Fachkraft) das Geschehen. (Einrichtung 2, Beobachtung 4)

Beim Bekräftigen *motorischer Fähigkeiten* fällt auf, dass insbesondere alltagspraktische motorische Entwicklungsleistungen im Zusammenhang mit funktionaler Selbstständigkeit in Erscheinung treten (z. B. sich allein an- und ausziehen). Beispielhafte Szenen sind:

Leonie schafft es, ihr T-Shirt allein auszuziehen, und Nasrin (studentische Aushilfskraft) meldet ihr zurück, dass sie das ganz super gemacht habe. (Einrichtung 3, Beobachtung 4)

„Wollen Wasser", gibt Alena von sich. Vanessa (Fachkraft) schiebt ihr eine der kleinen Wasserkaraffen in Greifnähe. Sie solle doch einmal selbst versuchen sich einzuschenken. Schwungvoll greift Alena die Karaffe und es sieht einen Moment so aus, als ob sie ihr Glas zum Überlaufen bringen werde. Ein banges: „Woooh" ist von Deborah (Fachkraft) zu vernehmen, die Alenas Einschenken von der Seite begutachtet. Gerade noch rechtzeitig setzt Alena die Karaffe jedoch ab, sodass weder etwas umfällt noch überläuft. „Super, Alena!", sagt Deborah begeistert. Alena strahlt. (Beobachtung 3, Einrichtung 2)

In beiden Sequenzen handelt es sich um Fähigkeiten, die eine individuelle Entwicklungsleistung markieren, die aber auch geeignet sind, die Fachkräfte im Gruppenalltag zu entlasten.

Ausnahmen sind eine Szene, bei der Mariella für ihre Kraft bei der Fortbewegung eines großen Balls Anerkennung bekommt, eine Szene, in der Freyas Tanz bzw. Schmetterlings-Flugbewegung hervorgehoben wird sowie eine Szene, in der Louisa animiert wird, schnell zu rennen:

Mariella hat sich den großen Pezziball geangelt und versucht, diesen mal vor sich her zu rollen, mal zu tragen. Sie befördert den Ball bis zu Xenia (Fachkraft), die, wie alle anderen Erwachsenen, die meiste Zeit am Boden sitzt. Sie spricht mit Mariella, dass der Ball ganz schön groß sei und dass es toll sei, dass sie ihn so weit bewegt habe. (Einrichtung 3, Beobachtung 5)

Freya läuft, als Schmetterling verkleidet, mit ausgebreiteten Armen im Raum auf und ab und tut so, als ob sie fliegen würde. Vanessa sagt, dass sie das toll mache und bestimmt schon zu Hause geübt habe. (Einrichtung 2, Beobachtung 1)

Louisa beginnt durch die Gruppe zu rennen. Besonders schnell kommt sie allerdings nicht voran. Sie wirkt etwas tollpatschig in ihrem Bewegungsablauf. Vanessa (Fachkraft) feuert sie an, schneller zu laufen. Louisa scheint das zu gefallen. Sie grinst und ist schon wieder auf dem Rückweg zur Kuschelecke. (Einrichtung 2, Beobachtung 5)

In diesen Ausschnitten werden kraftvolles Handeln, Bewegungslust und Geschwindigkeit von Mädchen positiv hervorgehoben. Bei der Szene mit Freya wird vor dem Hintergrund, dass sie als Schmetterling verkleidet war und mit dem Verweis darauf, dass sie zu Hause schon geübt habe, auch auf Grazie und

Eleganz verwiesen. Das Spektrum des beobachteten Bewegungsverhaltens ist breit.

Bei den *Spielideen* gibt es Beispiele für Bekräftigungen, die entlang oder auch abseits von Geschlechterstereotypen erfolgen:

Mariella hat einen kleinen Kinderhandbesen und kehrt damit am Rande des Sandkastens. Larissa (Fachkraft) sagt zu ihr, dass das sehr gut sei, da solle sie mal kehren, da sei sie noch eine ganze Weile beschäftigt. (Einrichtung 3, Beobachtung 4)

Freya hat sich einen gelben Bauarbeiter*innenhelm aufgesetzt und läuft mit einem Spielzeugschraubenzieher durch die Gruppe. „Ja genau, geh mal was reparieren", sagt Vanessa (Fachkraft) zu ihr. Freya macht sich auf den Weg zu einem Heizkörper, und Leandros folgt ihr. (Einrichtung 2, Beobachtung 2)

Festzustellen ist eine Asymmetrie in den Interaktionen. Die Fachkräfte setzen den Rahmen und stellen die Themen heraus, für die ein Lob ausgesprochen wird.

Anders ist es in zwei Szenen in Bezug auf *musische Fähigkeiten* und das *Einhalten von Regeln und Ordnung:*

„Guck, Blume habt malt", macht Alena Vanessa (Fachkraft) auf ihr Bild aufmerksam. „Toll, toll! Gucke gleich. Keine Zeit, keine Zeit", lautet Vanessas Antwort, die aktuell dabei ist, Katharina beim Kleben zu helfen. (Einrichtung 2, Beobachtung 5)

Alena macht zwar auf sich aufmerksam, wird aber von Vanessa vertröstet. In einer weiteren Szene fordert Alena das Lob der Fachkraft für ihr regelkonformes Verhalten erfolgreich ein:

Als Alena das nächste Mal in Richtung Wand fährt, stoppt sie kurz vorher und sagt zu Vanessa (Fachkraft), dass sie jetzt gebremst habe. „Super, Alena!", erwidert Vanessa. (Einrichtung 2, Beobachtung 5)

Darüber hinaus gibt es Lob für nicht körperliche Formen der *Selbstbehauptung bzw. -verteidigung,* als Freya und Katharina sich verbal dagegen wehren, dass Leandros sie beißt oder jagt. Ebenso wird ein Mädchen für korrektes Verhalten in Bezug auf *Hygiene* gelobt:

Sarah schnaubt kraftvoll in das Taschentuch und Pia (Fachkraft) lobt sie, dass sie das sehr gut mache. Sarah sagt, sie habe wieder töröt. (Einrichtung 1, Beobachtung 4)

Im Hinblick auf die Beobachtung von Jungen kann festgestellt werden, dass das wohlwollende sprachliche Hervorheben von Tätigkeiten im Sinne von Lob und Ermunterung zwar auch ein übliches Verfahren ist, ihm aber noch weniger als bei den Mädchen eine hervorgehobene Bedeutung zukommt. Ein weiterer Unterschied ist, dass das Themenspektrum weniger breit ist. Am stärksten wird es im Themenbereich *motorische Fähigkeiten bzw. Kraft* praktiziert. Dabei geht es nicht wie bei den Mädchen um Handlungen alltagspraktischer Art (sich z.B. selbst an- oder ausziehen), sondern um die individuelle Entwicklung mit dem Fokus auf Mut, Kraft und Spannungsabfuhr. Exemplarische Szenen sind:

Ryo hält sich beim Kletterdreieck auf. Mit unsicheren Bewegungen besteigt er das Gerät. „Oben“, lässt er lächelnd verlauten, als er die letzte Sprosse erreicht hat. Xenia (Fachkraft) geht zu ihm und sagt, dass er das ganz toll gemacht habe. (Einrichtung 3, Beobachtung 5)

Bei Alex (Fachkraft) halten sich Ryo und Liam auf. Ryo spielt mit seinem Ball und Liam ist mit den Holzklötzen/Baumstämmen beschäftigt. Er müht sich sichtlich, einen der Klötze zu fassen zu bekommen und hochzuheben. „Schau mal, wie stark Liam ist“, sagt Alex. (Einrichtung 3, Beobachtung 4)

Deborah (Fachkraft) scheint Musik anmachen zu wollen und sucht auf ihrem Handy eine Playlist für Kinder. Sie wird fündig und es ertönt Musik. Leandros beginnt zu tanzen. „Ja, power dich mal richtig aus“, sagt Vanessa lachend, „dann kannst du mal ein paar Aggressionen abbauen!“ (Einrichtung 2, Beobachtung 2)

Es geht um das Erklimmen des Kletterdreiecks, das Heben schwerer Klötze und bei Leandros um Aggressionsabbau. Die Begeisterung für das Tanzen wird nicht mit ihm geteilt. Vielleicht ist der Blick darauf verstellt, weil er mit seinen teilweise aggressiven Verhaltensweisen „stört“. Auch für die Interaktionen mit den Jungen lässt sich grundlegend eine Asymmetrie konstatieren. Die Fachkräfte ermuntern oder loben nach ihren eigenen Vorstellungen, wie auch folgender Ausschnitt zeigt, bei dem Leandros dafür gelobt wird, dass er auf Anweisung *Ordnung* herstellt und *Regeln* befolgt:

Leandros läuft etwas ziellos wirkend mit dem Puzzleteil umher und lässt es dann in der Nähe der Hochebene auf dem Boden liegen. Maria (Fachkraft) bittet ihn, das Puzzleteil aufzuheben und wegzuräumen, wenn er nicht weiter damit spielen wolle. Zögerlich kommt Leandros der Bitte nach und räumt das Puzzleteil zurück ins Regal. „Sehr gut, Leandros!“, lobt Maria ihn freundlich. (Einrichtung 2, Beobachtung 4)

Es gibt jedoch, wie auch bei den Mädchen, Ausnahmen. So fordert Fabricio aktiv lobende Rückmeldungen der Fachkraft ein, z. B., als er auf den Regelverstoß seines Freundes Vin aufmerksam macht:

Fabricio drängt Alex (Fachkraft) schneller zu machen. Er hält sie an einem Finger fest und zieht sie in den Schlafraum. Dort scheint Vin mit seinem Traktor irgendwo drauf- oder hineingefahren zu sein, wo er nicht hinsoll. Alex fordert Vin auf, herauszukommen. „Fabricio zeigt“, sagt dieser stolz und scheint damit zu meinen, dass er Alex auf die Angelegenheit aufmerksam gemacht habe. „Super! Chacka!“, entgegnet Alex amüsiert. (Einrichtung 3, Beobachtung 3)

Das Bekräftigen von *prosozialem Verhalten* trägt Merkmale, wie sie auch bei den Mädchen zu erkennen waren (teilen, trösten):

Liam kommt mit einem Laster in der Hand zu Alex (Fachkraft) und Leonie. Leonie gibt zu erkennen, dass sie den Laster haben möchte, und Liam überlässt ihn ihr. Sie begibt sich damit sogleich zurück in den Sandkasten zu Jutta (Praktikantin) und den anderen Kindern. Alex (Fachkraft) sagt zu Liam, dass es sehr nett von ihm gewesen sei, Leonie den Laster zu überlassen. (Einrichtung 3, Beobachtung 3)

Liam stürzt beim Abstieg vom Wickeltisch und beginnt zu weinen. Nasrin (studentische Aushilfskraft) kniet sich zu ihm hinunter und umarmt ihn. Sie fragt, wo er sich wehgetan habe. Angelina und Maximilian kommen und streicheln Liam zum Trost. Nasrin sagt, dass das sehr lieb von den beiden sei. Liam beruhigt sich. (Einrichtung 3, Beobachtung 4)

Ebenso fällt eine Szene ins Auge, bei der ein Junge für seine Sachkenntnis gelobt wird:

„Das ist ein Mercedes", sagt Theo und Kathrin (Fachkraft) lacht. Er scheint ein Auto aus dem Buch zu meinen. Sie stellt fest, dass er sich aber gut auskenne. (Einrichtung 1, Beobachtung 4).

Zusammenfassung: Motorische Handlungsautonomie versus Selbstständigkeit in alltäglichen Dingen

Innerhalb der Praxisdimension „loben, ermuntern, bestärken" ist bei den Mädchen das Spektrum mit den Themen prosoziales Verhalten, motorische Fähigkeiten/Kraft, Hygiene, musische Aktivitäten, Spielideen, Selbstbehauptung und -verteidigung, Einhalten von Regeln und Ordnung breiter und variantenreicher als bei den Jungen (Einhalten von Regeln, motorische Fähigkeiten/Kraft, prosoziales Verhalten). Bei den Themen „Regeln und Ordnung" sowie „prosoziales Verhalten" lassen sich im Wesentlichen keine geschlechtsbezogenen Differenzen ausmachen. Es geht um Teilen, Fürsorge und das erfolgreiche Einhalten von Regeln. Obwohl das Aussprechen von Lob und Ermunterung sehr situativ stattfindet, steht das Hervorheben von sozialkonformem Verhalten bei allen Kindern im Vordergrund.

An anderen Stellen zeichnet sich ein differenzierteres Bild. Bei den Jungen gibt es im Hinblick auf das Loben von individuellen Entwicklungsfortschritten einen stärkeren Fokus auf Mut, Kraft, kraftvolle Bewegungen und Spannungsabfuhr. Unterstützt wird also ihre motorische Handlungsautonomie. Dagegen wird bei den Mädchen Selbstständigkeit in alltäglichen Dingen, wie z. B. sich selbst an- und ausziehen oder sich selbst einschenken, stärker hervorgehoben. Dabei handelt es sich um Tätigkeiten, die geeignet sind, die Fachkräfte zu entlasten und Anpassungserwartungen zu erfüllen. Von den Jungen scheint diese Versorgungsunabhängigkeit weniger erwartet zu werden.

Bei Mädchen werden ebenfalls kraftvolles Handeln und Bewegungslust gewürdigt. In der Gegenüberstellung kommen aber zum Teil auch genderstereotype Bilder zum Vorschein. Freya wird für ihre schön eingeübten Bewegungen gelobt, während Leandros beim Tanzen seine Aggressionen „rauslassen" soll. Mariella soll schön kehren, während Liam seine Stärke unter Beweis stellen kann. Darüber hinaus wird Sarah für regelkonformes Schnäuzen gelobt, Theo für seine Kenntnis der Automarken. Gleichzeitig gibt es Bekräftigungen von Spielideen, die nicht den gängigen Geschlechterstereotypen entsprechen (vgl. auch Kapitel 4.2.1).

Die in Kapitel 4.2.1 und Kapitel 4.2.2 diskutierten Beobachtungen erinnern teilweise an einen älteren Forschungsüberblick, der von Preissing und Best bereits im Jahr 1985 zusammengestellt wurde. Er berücksichtigt u. a. Arbeiten von Belotti (1975) und Scheu (1977). Ausgeführt wird dort, dass bei Mädchen der Schwerpunkt der Erziehung auf sozialem Verhalten und Selbstständigkeit in alltäglichen Dingen (An- und Ausziehen, Ordnung, Sauberkeit) sowie Bindung an eine Person liege. Jungen würden in ihrem Interesse auf Gegenstände und die Umgebung gelenkt und in ihrer körperlichen Bewegung bekräftigt (Preissing/Best 1985: 26). Obwohl mittlerweile die individuelle Förderung des Kindes jenseits von Geschlechterklischees erklärtes pädagogisches Ziel ist, wie in unseren Interviews mit den Fachkräften (Kapitel 5) ersichtlich wird, scheint deren Umsetzung ambivalent.

4.2.3 Reglementierungen

Bei den Reglementierungen geht es um Handlungsanweisungen oder Unterlassungsaufforderungen durch die Fachkräfte, die zum Ziel haben, das Verhalten der Kinder zu verändern oder anzupassen. Sie erfolgen in der Regel verbal und reichen vom freundlichen Bitten bis hin zu Anweisungen in rauerem Tonfall. Regulierende Interventionen bei Konflikten unter Kindern werden hier nicht berücksichtigt, sondern in Kapitel 4.4.5 dargestellt.

Bei den Jungen lassen sich zwei größere, übergeordnete Themenfelder herausarbeiten, in deren Rahmen Reglementierungen stattfinden: Bewegungsfreudige, intensive, kraftvolle Tätigkeiten beim Freispiel sowie das gemeinsame Essen. Der Komplex *bewegungsfreudige, intensive, kraftvolle Tätigkeiten beim Freispiel* umfasst die Aktivitäten Klettern und Springen; Werfen; auf Dinge hauen, Treten, Klopfen, Hämmern; Rennen, Trampeln, Stampfen. Er macht bei den Jungen den Hauptanteil im Zusammenhang mit Reglementierungen aus. Bei den ausgesprochenen Reglementierungen geht es nicht darum, dass die Tätigkeit als solche nicht ausgeübt werden darf. Es sind andere Gründe, weshalb sie beendet oder anders ausgeführt werden soll. Die Gründe werden nicht immer genannt, sodass zum Teil Vermutungen oder Interpretationen herangezogen werden müssen. Körperliche Sicherheit und Schutz erscheinen bedeutsam. Zum einen geht darum, dass das Kind selbst geschützt wird, z. B. Kingsley vor den Bienen, die er aufscheucht:

Mariella und Kingsley bleiben am längsten bei den Bienen stehen, um diese zu beobachten. Kingsley beginnt mit einem Stock auf die Blumen zu hauen und laut zu brüllen. Nasrin (studentische Aushilfskraft) sagt, dass er damit aufhören solle, weil die Blumen kaputtgingen und sie befürchte, dass die Bienen wütend werden könnten. Kingsley kommt ihrer Aufforderung nach. (Einrichtung 3, Beobachtung 2)

Des Weiteren geht es um den Schutz anderer Kinder, z. B., wenn Kingsley und Fabricio von der Kletterwand springen und nicht auf die Kinder achten, die auf der Matte darunter spielen (Einrichtung 3, Beobachtung 5) oder wenn Theos wildes Rennen geeignet ist, andere Kinder umzuwerfen (Einrichtung 1, Beobachtung 1). Ebenso geht es um den Schutz der Materialien, vielleicht auch den pädagogisch begründbaren Anspruch der Achtsamkeit gegenüber den Dingen und der Natur, wenn beispielsweise Maximilian nicht auf eine Kiste steigen soll, die das nicht aushält (Einrichtung 3, Beobachtung 1), oder wenn Ole nicht auf Bücher springen (Einrichtung 2, Beobachtung 2) und Kingsley, wie im obigen Protokollausschnitt erwähnt, nicht die Blumen auf dem Außengelände beschädigen soll. In einigen Szenen wird versucht, den Jungen eine Alternative anzubieten, bei der die Sicherheitsbedenken Berücksichtigung finden, die Kinder ihrer ursprünglichen Tätigkeit aber nachgehen können (siehe Kapitel 4.2.1: Leandros bekommt statt einem hölzernen Gegenstand einen weichen Ball zum Werfen; für Theo werden Möbel umgestellt, damit sie stabiler sind und ihm beim Klettern mehr Halt bieten).

Den zweiten Themenkomplex stellt das *gemeinsame Essen* dar (Bewegung am Tisch, Essenstempo und -menge, am Tisch sitzen bleiben, laut sein). Hier verdichten sich die Reglementierungen, insbesondere, wenn bedacht wird, dass in unserer Untersuchung nur das Frühstück berücksichtigt wird und dieses im Vergleich zur Freispielzeit eine wesentlich kürzere Zeitspanne umfasst.

Wichtigster Gesichtspunkt rund um das Essen scheint, unabhängig vom Geschlecht der Kinder, die Ruhe zu sein, sowohl in motorischer als auch in akustischer Hinsicht:

> Fabricio und Angelina machen Quatsch miteinander. Sie geben eigenartige Geräusche von sich oder ziehen Grimassen. Alex (Fachkraft) ermahnt die beiden, etwas leiser zu sein. Das sei ihr einfach zu laut. Die beiden scheinen auch schon fertig zu sein mit dem Essen. Kurz darauf lobt Alex sie dafür, dass sie so geduldig am Tisch warten würden, obwohl sie eigentlich schon fertig seien. Fabricio legt seinen Kopf auf Alex' Bein ab und diese streichelt ihn. (Einrichtung 3, Beobachtung 3)

Die Fachkraft bezieht sich mit der Formulierung, dass es ihr persönlich zu laut sei, auf eigene Grenzen. Mit ihrem Lob für das Sitzenbleiben verstärkt sie erwünschtes Verhalten.

Darüber hinaus sind Themen: das Verlassen des Tisches und das Beenden des Essens, das Spielen mit Utensilien und Geschirr sowie das Tempo, in dem gegessen wird. Langsames, konzentriertes Essen in Gemeinschaft ohne körperlich ausladende Bewegungen und ohne zu viele Interaktionen scheint ein wünschenswerter Zustand zu sein:

> Ole verschluckt sich und hustet. Er solle langsam machen beim Essen und außerdem hampele man beim Essen nicht so herum, schiebt Vanessa (Fachkraft) noch hinterher. (Einrichtung 2, Beobachtung 5)

Bei den Mädchen spielen die Themenkomplexe, die bei den Jungen als Reglementierungsanlässe der Fachkräfte hervorzuheben waren (bewegungsfreudige und -intensive Tätigkeiten sowie gemeinsames Essen), ebenso eine Rolle. Während bei den Jungen Reglementierungen bei bewegungsorientierten Tätigkeiten im Vordergrund standen, sind bei den Mädchen Reglementierungen im Kontext des *Essens* (laut sein, Bewegung am Tisch, am Tisch sitzen bleiben, Essenstempo und -menge) der größte zusammenhängende Komplex. Die inhaltliche Ausrichtung ist dabei nicht wesentlich anders als bei den Jungen und betrifft z. B., wie oben dargestellt, das Esstempo:

Louisa verschluckt sich und hustet heftig. Vanessa (Fachkraft) fragt, ob alles okay sei, und sagt dann zu Louisa, dass sie langsamer trinken müsse. Andere Kinder fangen jetzt auch gekünstelt an zu husten. „Ava, Freya, ich glaube, jetzt macht ihr aber Quatsch", ist von Vanessa zu hören. Die beiden Mädchen stellen das Husten ein. (Einrichtung 2, Beobachtung 2)

In der folgenden Sequenz mit Angelina ist zu berücksichtigen, dass bereits mehrere Kinder signalisiert hatten, dass sie das Frühstück gerne beenden und aufstehen würden, die Geduld der Gruppe also bereits strapaziert war:

Vin möchte aufstehen, aber Alex (Fachkraft) bittet ihn, noch einen Moment sitzen zu bleiben. Vin scheint sie zuerst nicht zu verstehen oder verstehen zu wollen und erhebt sich dennoch. Alex bittet ihn erneut. Sie sagt, dass er nichts mehr essen müsse, aber noch kurz am Tisch bleiben solle. Sie sagt ihm, dass sie selbst auch nichts esse, aber auch noch am Tisch sitze. Vin setzt sich wieder. Maximilian zählt laut auf, wie viele Portionen Müsli er schon gegessen habe. Angelina sortiert einzelne Bestandteile ihres Müslis aus und legt sie neben ihre Schüssel. Alex sagt, dass sie den Rest aber essen könne. Angelina wedelt wild mit ihren Armen herum. Alex fordert sie auf, das zu unterlassen, weil das ganze Müsli und die Milch, die sie an ihren Händen habe, durch die Gegend flögen. (Einrichtung 3, Beobachtung 1)

Anzunehmen ist, dass Angelina ihr Müsli sortierte, weil sie nicht mehr hungrig und/oder weil ihr langweilig war, ebenso wie den anderen Kindern. Die Fachkraft versucht also, eine Ordnungsregel durchzusetzen, nämlich „Wir bleiben sitzen und essen auf".

Darüber hinaus gibt es Szenen, bei denen es um die Lautstärke geht:

Katharina klappert mit ihrem Teller auf dem Tisch und Vanessa (Fachkraft) hält sie dazu an, das zu unterlassen. (Einrichtung 2, Beobachtung 5)

Louisa ruckelt mit ihrem Stuhl hin und her. Vanessa (Fachkraft) fordert sie auf, das zu unterlassen, das sei ihr zu laut. (Einrichtung 2, Beobachtung 5)

In Bezug auf das Eingreifen bei *bewegungsfreudigen und -intensiven Tätigkeiten* der Mädchen wurden folgende Tätigkeiten zusammengefasst: Rennen (mit Spielzeug); auf Dinge Hauen, Treten, Klopfen, Hämmern; Werfen, Klettern und Springen. Wie bei den Jungen erschließen sich die Grundlagen, auf denen die Reglementierungen beruhen, nicht immer und können dann nur interpretativ eruiert werden. Beim Eingreifen in das Rennen mit einem Spielzeug in der Hand im folgendem Protokollausschnitt kann vermutet werden, dass es um das Durchsetzen einer Regel geht, die verhindern soll, dass sich die Kinder bei einem eventuellen Sturz verletzen (Sicherheits- und Schutzaspekt). Ava wird deshalb angehalten, sich zwischen dem Spielzeug oder dem Rennen zu entscheiden:

Ava rennt mit einer Kette mit aufgefädelten Knöpfen durch die Gruppe und tritt einen Ball vor sich her. „Fußball", ruft sie dabei immer wieder. Vanessa (Fachkraft) weist sie darauf hin, dass sie das Spielzeug bitte aus der Hand legen solle. Sie wirkt durch ihre Tonlage genervt auf die Beobachterin und sagt, dass sie das dauernd wiederholen müsse. (Einrichtung 2, Beobachtung 3)

Nicht die Freude an der kraftvollen Bewegung steht bei dieser Intervention im Vordergrund, sondern ein einschränkender Hinweis, dessen Schlüssigkeit in der Szene aber nicht wirklich deutlich wird.

Auch der Schutz der Materialien bzw. die Achtsamkeit im Umgang mit Dingen scheint, wie bei den Jungen, ein Beweggrund für Reglementierungen zu sein. Exemplarisch zu erwähnen sind Leonies Trampeln auf dem Sandspielzeug und Minnas Werfen mit Baumrinde:

Leonie ist im Sandkasten und kippt die Kiste mit dem Sandspielzeug um. Sie verlässt den Sandkasten erst einmal wieder. Kurz darauf kommt sie zurück und beginnt auf dem Sandspielzeug herumzutrampeln. Sabine (Fachkraft) ruft ihr augenblicklich mit Bestimmtheit zu, dass sie aufhören solle. Sie wolle das nicht, denn so gingen die Sachen kaputt. (Einrichtung 3, Beobachtung 4)

Im oberen Bereich des Außengeländes halten sich Minna, Maximilian, Angelina, Fabricio und Leonie auf. Minna wirft mit großen Stücken Baumrinde, die dort herumliegen. Elena (Fachkraft) kommt dazu und mahnt, vorsichtig zu sein und nicht an die Fenster zu werfen. (Einrichtung 3, Beobachtung 3)

Neben den genannten Aspekten taucht im Kontext von bewegungsfreudigen oder -intensiven Tätigkeiten wie bereits beim Essen das Thema Lautstärke auf, z. B., als Angelina beim Wickeln unablässig mit dem Deckel auf einen Topf haut:

Nasrin (studentische Aushilfskraft) ruft Angelina zu sich. Angelina hat einen kleinen Topf mit Deckel dabei. Unablässig schlägt sie mit dem Deckel auf den Topf, was ein lautes und scheppperndes Geräusch verursacht. Nasrin sagt, sie solle nicht mit Spielzeug auf den Wickeltisch steigen und nimmt Angelina den Topf während des Aufstiegs ab. Sie legt ihn auf den Wickeltisch. Als Angelina oben angekommen ist, nimmt sie Deckel und Topf wieder an sich und beginnt diese erneut scheppernd aufeinanderzuschlagen. Nasrin erkundigt sich bei Alex (Fachkraft) nach der Windelgröße und bittet Angelina, etwas leiser mit dem Topf zu sein, da es ihr so zu laut sei. (Einrichtung 3, Beobachtung 3)

Ferner gibt es einige Szenen, in denen die Motive, auf deren Grundlagen die Fachkräfte bei Bewegungsaktivitäten intervenieren, unklar sind, und es lassen sich auch keine übergeordneten Strukturen finden. Zum Beispiel wird Leonie, die am Wickeltisch klettert – vermutlich, um beim Wickeln des anderen Kindes zuzuschauen –, von der Fachkraft Larissa weggeschickt. Hier ist nicht klar, ob Larissa selbst Ruhe zum Wickeln benötigt oder ob sie dem zu wickelnden Kind einen geschützten Raum bieten möchte:

Leonie versucht, an der Seite des Wickeltischs hochzuklettern. Larissa (Fachkraft) sagt, dass sie mal weggehen solle. Leonie macht allerdings nicht den Eindruck, sich entfernen zu wollen. „Tschüss, weg!", sagt Larissa leicht genervt wirkend zu Leonie und nun verlässt diese den Wickeltisch und setzt sich zu Fabricio auf den Boden. (Einrichtung 3, Beobachtung 1)

Außer den Themenkomplexen *gemeinsames Essen* und *bewegungsfreudige und -intensive Tätigkeiten* lassen sich keine weiteren Themen erkennen. Einzelaspekte, bei denen Mädchen im Bereich Reglementierungen in Erscheinung treten, betreffen Kleidung, Dinge auf- und ausräumen, Gegenstände in den Mund nehmen sowie weggehen bzw. trotz Aufforderung nicht kommen. Bei genauerer Betrachtung dieser Einzelthemen wurden Szenen identifiziert, bei denen sich Mädchen „widerständig" verhalten, z. B.:

Sabine (Fachkraft) kommt in den Flur, um Vin und seine Mutter zu begrüßen. Die Gruppenraumtür steht offen. Kingsley, Fabricio und Leonie nutzen die Gelegenheit und rennen auf den Flur in Richtung Personalraum. Sabine ruft die drei zurück. Während die beiden Jungen sich augenblicklich zurückbegeben, lässt sich Leonie noch kurz auf einer Matte im Flur nieder. Sabine sagt, dass sie das nicht wolle, und fordert Leonie erneut auf, zurück in die Gruppe zu gehen. Diesmal kommt auch Leonie der Aufforderung nach. Als Leonie zurück in der Gruppe ist, wird die Tür von innen geschlossen. (Einrichtung 3, Beobachtung 3)

Wie bei der oben genannten Situation beim Wickeln kommt Leonie dem Hinweis der Erzieherin erst verzögert nach, als ob sie Grenzen austesten oder sich die exklusive Aufmerksamkeit der Fachkraft sichern wolle. Während sie in der geschilderten Szene dann doch der Aufforderung folgt, gibt es Situationen im Garten, bei denen sie oder Minna wiederholt deutlich machen, dass sie nicht damit einverstanden sind, Kopfbedeckung oder Jacke anzubehalten, wie von einer Fachkraft verlangt:

Ihre Mütze hat Minna sich erneut vom Kopf gezogen. Elena (Fachkraft) hockt sich vor Minna in den Sandkasten, und diese setzt sich ebenfalls hin. Elena beschwört Minna, die Mütze wieder aufzuziehen. Elena lässt nicht locker, bis Minna die Kopfbedeckung anzieht. (Einrichtung 3, Beobachtung 2)

Es ist vornehmlich eine bestimmte Fachkraft, die das Tragen der Kleidung immer wieder forciert. Die zugrunde liegenden Beweggründe bleiben vage und ihre Vehemenz ist in Anbetracht der Temperaturen nicht ganz schlüssig. Möglicherweise möchte sie keine Ausnahmen zulassen, sondern eine Regel auf alle Kinder anwenden, oder sie nimmt den Auftrag, die Kinder im Kontext der Corona-Pandemie vor Erkältungskrankheiten zu schützen, sehr ernst.

Reglementierungen sind eine gängige Praxis und ein fester Bestandteil in der Strukturierung des Gruppenalltags. Sie finden sich im Material gegenüber Jungen etwas häufiger als gegenüber Mädchen. Bis auf wenige Ausnahmen (Leonie, Minna, Angelina) nehmen die Kinder die Reglementierungen klaglos hin und entsprechen ihnen, zumindest für eine gewisse Zeit. Häufig werden keine weiteren Begründungen durch die Fachkräfte gegeben. Dies kann als Verweis auf die zugrunde liegende Machtungleichheit zwischen Kindern und Erwachsenen verstanden werden. In der Kindheitspädagogik wird diese Ungleichheit in den Konzepten der „Agency" und der „generationalen Ungleichheit" thematisiert (Braches-Chyrek 2021: 149–156). Im Konzept der Agency wird von der aktiven Beteiligung von Kindern an ihrem Aufwachsen und an ihrer Erziehung und Bildung ausgegangen (ebd.: 149). Dabei wird die Dominanz der Erwachsenen in Institutionen problematisiert, die sich im Hinblick auf die Machtasymmetrie wenig hinterfragen (ebd.: 152). Das Konzept der „generationalen Ordnung" untersucht die „generativen Praxen", die die Lebenswelt von Kindern konstituieren (ebd.: 153). Zwar könnten Generationendifferenzen nicht aufgelöst werden, jedoch seien Hierarchie- und Machtverhältnisse zwischen Erwachsenen und Kindern kritisch in den Blick zu nehmen (ebd.: 155). Hansen, Knauer und Sturzenhecker (2015: 30 f.) geben als mögliche Gründe dafür, dass häufig weder Kinder noch Erwachsene die Machtungleichheit als problematisch erleben, an, dass Kinder den Erwachsenen, auf deren Fürsorge sie angewiesen sind, mit „vertrauensvoller Hinwendung" begegnen und dass sich in den Strukturen der Einrichtungen „Machtverhältnisse häufig unreflektiert konkretisieren" (ebd.: 30). Es gelte, den schmalen Grat zwischen legitimer Macht und gerechtfertigtem bzw. nicht gerechtfertigtem Zwang differenziert auszuleuchten (ebd.: 35).

Sowohl für Mädchen als auch für Jungen sind die Tätigkeiten Essen[12] und Bewegen beim Freispiel die hauptsächlichen Anlässe, bei denen sie reglementiert werden. Differenzen gibt es in Bezug auf Gewichtung und Ausgestaltung.

Bei den Jungen treten Reglementierungen insbesondere in Bezug auf bewegungsfreudige und -intensive Tätigkeiten beim Freispiel auf, wenn sie sich, andere Kinder oder Materialien gefährden. Auch bei den Mädchen kommen Sicherheitsaspekte zum Tragen, allerdings nicht in Bezug auf den Schutz anderer Kinder, sondern eher zu ihrem eigenen Schutz oder zum Materialschutz. Warum gerade einzelne Mädchen mit einer gewissen Widerständigkeit in Erscheinung treten, kann nur vermutet werden. Möglicherweise hat es damit zu

12 Auch in der BiKA-Studie (Beteiligung von Kindern im Kita-Alltag) wird die hohe Strukturierung und Normierung der Essenssituation in der Krippe problematisiert, die auf Kosten des kindlichen Autonomiebedürfnisses gehe (Hildebrandt, Walter-Laager, Flöter, Pergande 2021: 67 f.).

tun, dass sie damit ebenso wie durch Lautstärke Vitalität, vielleicht auch Aggressivität, mitunter als Reaktion auf an sie gerichtete Anpassungsanforderungen, zum Ausdruck bringen, während Jungen kraftvolle Bewegungen eher als Ventil nutzen.

Reglementierungen im Kontext von gemeinsamem Essen treten bei Jungen und Mädchen gleichermaßen auf, sind aber bei den Mädchen der größte zusammenhängende Komplex. Die Tätigkeitsbereiche jenseits von Essen und Bewegen nehmen bei den Mädchen etwas mehr Raum ein als bei den Jungen und lassen die Reglementierungen kleinteiliger und mitunter diffuser erscheinen. Von ihnen wird mehr Anpassung gefordert.

4.2.4 Körperkontakt

Körperkontakt zwischen Kindern und Fachkräften ist ein fester Bestandteil des Krippenalltags und überall gegenwärtig. Dabei werden Differenzen in Bezug auf Mädchen und Jungen und auf einzelne Kinder sichtbar. Es konnten drei Schlüsselpraktiken herausgearbeitet werden:

- Körperkontakt, der in unterschiedlichen Alltagssituationen stattfindet, wird als „situativer Körperkontakt" bezeichnet. Seine Umstände und Anlässe umfassen ein breites Spektrum. Es kann sich um spielerische Aktivitäten wie „Hoppe Reiter" oder Kitzeln handeln oder um Körperkontakt beim Vorlesen. Dabei spielen begleitend auch Emotionen eine Rolle, wenn Zuneigung und Vertrautheit gezeigt bzw. gesucht oder Schutz geboten bzw. gesucht wird.
- Körperkontakt, der dezidiert in Bezug zu Trost und emotionalem Ausdruck eines Kindes steht.
- Körperkontakt, der abgelehnt oder verweigert wird.

Bei den Mädchen tritt die Schlüsselpraktik *situativer Körperkontakt* in besonderer Weise in Erscheinung. Es gibt zahlreiche Situationen, in denen Mädchen selbst initiativ sind, wobei individuelle Unterschiede bei der Häufigkeit auftauchen.

Einige Szenen haben gemeinsam, dass der Kontakt zwischen der Fachkraft und dem Mädchen sehr vertraut wirkt und dass in der Interaktion auch Kosenamen oder Geschlechtersymboliken eine Rolle spielen, z. B.:

Vanessa (Fachkraft) nimmt Freya auf den Arm und sagt: „Mein Mäuschen, mein Schatz!" (Einrichtung 2, Beobachtung 2)

Maja sitzt unterdessen auf den Beinen von Mara (Fachkraft). Ihre Gesichter sind einander zugewandt. „Ja genau, ein Armband", sagt Mara mit begeisterter Stimme. Der Beobachterin fällt ihre Tonlage auf, die deutlich verändert klingt. Zuvor war sie sehr ruhig, beobachtend und in ihrem Ausdruck eher gleichbleibend. Die Interaktion der beiden scheint sich darum zu drehen, dass Maja ein Armband hat und dass sie entdeckt, dass Mara ebenfalls ein Armband trägt. Zudem hat die Beobachterin den Eindruck, dass sich Mara auch an der sprachlichen Ausdrucksweise bzw. der Benennung der Gegenstände durch das Mädchen erfreut. (Einrichtung 1, Beobachtung 1)

Nathalie (Fachkraft) und Xenia (Fachkraft) unterhalten sich auf dem Außengelände mit dem Mädchen der Gruppe 2, das auf Nathalies Schoß sitzt, über Nagellack. Das Kind hatte sich eine neue Farbe für Nathalies Nagellack gewünscht. Nathalies Fingernägel sind kurz und grau lackiert. Nathalie hält ihre Hände mit gespreizten Fingern nach vorne und erklärt, dass sie erst wieder zu der Frau gehen müsse, die ihr die Nägel neu mache. Gemeinsam überlegen sie eine Farbe, in der Nathalie ihre Nägel beim nächsten Mal lackieren könnte. Die Farben Grün und Gelb sind im Gespräch, und die beiden Frauen scherzen ironisch, dass das bestimmt toll aussehen würde. (Einrichtung 3, Beobachtung 4)

Das auf dem Schoß der Erzieherin Nathalie sitzende Mädchen wird in das Gespräch der beiden Frauen zum Schönheitsattribut Fingernägel einbezogen. Sowohl der verweiblichende Kosename in der Sequenz mit Freya als auch die Interaktion über das Armband mit Maja bzw. über den Nagellack laden zur „typisch“ weiblichen Geschlechtsidentifikation ein.

Die körperlichen Berührungen der Schlüsselpraktik „situativer Körperkontakt“ umfassen, dass die Mädchen auf dem Schoß sitzen, auf den Arm genommen werden, der Arm um sie gelegt wird oder sie auf dem Bein der Fachkraft sitzen. Es gibt aber auch nähere Formen wie anschmiegen, küssen, kuscheln und streicheln:

Angelina kommt zu Alex (Fachkraft) und schmiegt sich an sie. Alex erwidert die Umarmung und küsst sie auf den Kopf. (Einrichtung 3, Beobachtung 1)

Sarah lehnt sich an Charlotte (Fachkraft) und diese äußert: „Na, willst du kuscheln?“ Das nimmt Sarah zum Anlass, sich noch etwas mehr an Charlotte anzuschmiegen. (Einrichtung 1, Beobachtung 3)

Nasrin (studentische Aushilfskraft) sitzt auf der Kante der Kinderküche und liest vor. Das Buch heißt: „Das Grüffelokind“. Minna, Leonie und Angelina stehen um sie herum und hören zu. Angelina nestelt an Nasrins nacktem Arm herum. (Einrichtung 3, Beobachtung 2)

Freya geht zu Maria (Fachkraft) und kuschelt sich an diese. Maria nimmt Freya auf den Schoß. Die Gesichter haben sie einander zugewandt. Maria holt sich bei Freya die Erlaubnis, eine ihrer Haarspangen wieder ordentlich in ihrem Haar zu befestigen. Freya gestattet ihr das. Freya nestelt an Marias Schal herum und schiebt diesen zur Seite. Sie streicht leicht über Marias Brust und stellt fest, dass Maria Brüste habe. Maria bestätigt das. Dann lässt sie Maria wissen, dass sie die Brüste von der Mama auch immer anfassen wolle. Deborah (Fachkraft) wirkt amüsiert und macht einen Kommentar, dass Freya ein „Kracher“ sei. (Einrichtung 2, Beobachtung 3)

Bei der letzten Szene kommt die Fachkraft Maria Freyas Wunsch nach körperlicher Nähe nach, indem sie das Kind auf ihren Schoß setzt. Beide haben Blickkontakt und Maria ordnet mit Hilfe einer Haarspange deren Haare, nachdem sie Freyas Erlaubnis dazu eingeholt hat. Freya schiebt Marias Schal beiseite, um ihre Brust zu berühren, so wie sie es bei ihrer Mutter auch mag. Sie sucht darüber aktiv eine sehr vertraute körperliche Verbindung. Die Fachkraft Deborah scheint überrascht über Freyas Unmittelbarkeit. Ihr Ausdruck „Kracher“ kann als eine Bezeichnung verstanden werden, die markiert, dass etwas nicht ganz den gängigen Normen entspricht. Man lässt Freyas Handlung geschehen, markiert sie aber als nicht konform. Darüber hinaus bietet die Berührung eine Möglichkeit zur Geschlechtsidentifikation, da Freya ein Geschlechtsmerkmal erfühlt, das die Mutter und die Pädagogin gemeinsam haben.

Die Schlüsselpraktik *Bezug zu Trost und emotionalem Ausdruck* fällt bei den Mädchen weniger ins Gewicht als der situative Körperkontakt. Die in Trostsituationen der Mädchen auftauchenden Themen sind Sehnsucht nach der Mutter, körperliche Verletzungen und Schmerzen, Müdigkeit, Streit und Angst oder Erschrecken. Exemplarische Szenen sind:

Kathrin (Fachkraft) sitzt auf dem Boden vor dem Essbereich und Tom hat sich ein wenig von ihr entfernt. Er steht gemeinsam mit Elian-Sam und Konstantin beim Spiegelregal. Emma nutzt die Gelegenheit und setzt sich bei Kathrin auf den Schoß. „Deine Mama abholen“, sagt sie zu Kathrin. Diese bestätigt Emma und sagt, die Mama werde sie später abholen. (Einrichtung 1, Beobachtung 2)

Alex (Fachkraft) setzt sich wieder auf einen der Stühle am Tisch. Mariella fragt weiter nach ihrer Mami. Alex breitet die Arme aus und fragt, ob Mariella zu ihr kommen wolle. Mariella läuft auf Alex zu und diese nimmt sie auf den Schoß. (Einrichtung 3, Beobachtung 3)

Alena, die vor den Kletterelementen steht, weint. Deborah (Fachkraft) begibt sich zu ihr. Sie kniet sich neben Alena, umarmt sie und fragt in sanftem Tonfall, was los sei. Alena schluchzt, gibt ihr aber keine Antwort. Eine Traube Kinder steht um Deborah und Alena herum. Ava meldet sich zu Wort und sagt, dass Alena aus Versehen den großen Ball abbekommen habe. Deborah fragt Alena, ob das stimme, und diese nickt. Sie scheint sich beruhigt zu haben. Deborah bedankt sich bei Ava für den Hinweis und gibt Alena noch mit auf den Weg, ein bisschen aufzupassen. (Einrichtung 2, Beobachtung 1)

In den ersten beiden Szenen verbalisieren die Mädchen klar ihr Verlangen nach ihrer Mutter, in der dritten geht es darum, dass das Kind sich wehgetan hat.

In der Regel sind es die Fachkräfte, die auf die Mädchen zugehen und diesen beim Trösten aktiv Körperkontakt anbieten. Er besteht überwiegend darin, die Kinder auf oder in den Arm oder auf den Schoß zu nehmen. Mehrheitlich wird der Anlass, aus dem Trost bzw. Schutz gewährt oder gesucht wird, zusätzlich auch verbal zwischen der Fachkraft und dem Mädchen thematisiert. Insgesamt scheint es, als ließen sich die Mädchen in den Situationen schnell beruhigen. Die Interaktionen seitens der Fachkräfte wirken routiniert und unaufgeregt.

Zur Schlüsselpraktik *Körperkontakt verweigern und ablehnen* finden sich bei den Mädchen nur einige wenige Szenen. Die Erwachsenen verweigern den Körperkontakt nicht, wenn Mädchen Trost suchen, sondern situativ, z. B., wenn die Fachkraft Tina nicht möchte, dass Angelina während des Essens den Kopf auf ihr Bein legt (Einrichtung 3, Beobachtung 4). Ein Beispiel der Verweigerung seitens eines Kindes ist, dass Mariella lieber zur vertrauten Praktikantin Jutta auf den Arm will als zu Tina, die neu ist (Einrichtung 3, Beobachtung 4). Ihre Ablehnung gilt nicht dem Körperkontakt, sondern der unvertrauten Person. Ein weiterer Grund kann sein, dass die Fachkraft mit ihrem Angebot nicht das wirkliche Bedürfnis des Kindes aufgreift. Die folgende Szene ereignet sich im Garten:

Minna (31 Monate) verlangt weiterhin nach ihrem Fläschchen. An Elena (Fachkraft) und Alex (Fachkraft) gerichtet fragt die Beobachterin, ob Minna das Fläschchen haben wolle, wenn sie müde sei. Alex bestätigt, dass das auf jeden Fall so sei, sie überlegten aber auch, ob es noch andere Gründe gebe. Da es nur eine Wasserflasche sei, man ihr aber alternativ auch kein Wasser in einem Becher geben könne, gehe es in jedem Fall eher um das Saugen und Nuckeln. Es sei vermutlich eine Form der Selbstregulierung oder Stressreduktion. Allerdings müsste Minna in ihrem Alter schon raus sein aus diesem Nuckelbedürfnis, fügt Alex noch an. Minna kauert mittlerweile weinend im Sand. Ihr Anblick erinnert die Beobachterin ein wenig an eine Schildkröte mit eingezogenem Kopf. Minna wird für einen Moment sich selbst überlassen. Dann geht Alex zu ihr. Sie stellt sich breitbeinig über die zusammengekauerte Minna und fragt, ob diese mal zu ihr kommen wolle. Minna reagiert nicht auf sie. Alex fragt sie erneut. Minna reagiert aber auch darauf nicht. „Willst du jetzt weiter jammern oder zu mir kommen?“, fragt Alex sie abschließend. Minna scheint nicht zu ihr kommen zu wollen und so erklärt Alex, dass sie dann auch nichts machen könne. (Einrichtung 3, Beobachtung 2)

Die Beobachterin assoziiert Minna mit einer Schildröte. Dieses Gedankenbild drückt aus, dass Minna in einer regressiven Verfassung ist. Sie wirkt frustriert. (Aus dem Kontextwissen ist bekannt, dass Minnas Familiensituation belastet ist – vgl. Kapitel 4.1.1.) Alex vermutet zwar, dass sie Beruhigung sucht und deshalb nach ihrer Flasche verlangt, nimmt aber Minnas Regressionsbedürfnis nicht auf. Minna bekommt ihre Wasserflasche zum Nuckeln nicht. Sie soll groß sein. Daraufhin nimmt Minna Alex' Tröstungsversuch (zu ihr zu kommen) nicht an und verbleibt in ihrer Frustration.

Bei den Jungen treten, anders als bei den Mädchen, vor allem Körperkontaktsituationen in Erscheinung, die der Schlüsselpraktik *Bezug zu Trost und emotionalem Ausdruck* zuzuordnen sind. Einzelne Jungen sind besonders oft vertreten, andere Jungen gar nicht. Anlässe sind auch bei ihnen körperliche Verletzungen und Schmerzen, Streit, Unwohlsein, Unzufriedenheit, Verlangen nach der Mutter oder dem Vater. Abgesehen von den körperlichen Verletzungen und Schmerzen sind die Anlässe in den Sequenzen interpretativ zu erschließen. Ein Grund dafür könnte sein, dass z. B. die Sehnsucht nach Mutter oder Vater als vertraute Personen von den betreffenden Jungen (noch) nicht verbalisiert werden (können):

Kathrin (Fachkraft) hat sich mit Tom (14 Monate) auf dem Schoß auf den Stufen der Hochebene niedergelassen. Sie singt leise und streicht über seinen Rücken. Toms Weinen wird weiterhin nur von sehr kurzen Pausen unterbrochen. (Einrichtung 1, Beobachtung 3)

Tom befindet sich seit mehreren Wochen im Übergang aus der Familie in die Einrichtung. Ihm fällt die Trennung von der Mutter, die ihn morgens bringt, nach wie vor sehr schwer.

Nico sitzt allein im hinteren Bereich. „Nico, brauchst du was?", fragt Charlotte (Fachkraft) ihn. „Ja", sagt dieser. Charlotte bietet ihm erneut an, auf ihren Schoß zu kommen. Nico geht rüber in den Essbereich und setzt sich bei Charlotte auf den Schoß. (Einrichtung 1, Beobachtung 3)

Für Nico, der bereits seit zwei Jahren die Krippe besucht, war es am Morgen schwierig, sich von seiner Mutter zu trennen, nachdem er einige Zeit wegen Krankheit zu Hause war. Charlottes Ansprache könnte vorausgehen, dass sie seine Körperhaltung und seinen Gesichtsausdruck als traurig wahrnimmt.

Darüber hinaus fallen Szenen auf, in denen einzelne Jungen, wie Leandros, zurückhaltend getröstet werden, z. B.:

Leandros, der sich mittlerweile ebenfalls bei der Stuhlreihe aufhält, rutscht ab und fällt. Dabei landet sein Kopf auf der Kante eines weiteren Stuhls. Er fängt augenblicklich an zu weinen. Deborah (Fachkraft) zögert einen Moment und setzt Linus, der auf ihrem Schoß sitzt, ab, um zu Leandros zu gehen. Besonders eilig erfolgt dies nach Wahrnehmung der Beobachterin nicht. Sie hebt Leandros vom Boden auf und tröstet ihn. Er beruhigt sich schnell. Das passiere, wenn man nicht aufpasse, gibt Deborah Leandros noch mit auf den Weg. (Einrichtung 2, Beobachtung 2)

Die Fachkraft handelt eher abwartend und äußert einen verärgert wirkenden Kommentar. Eine weitere Szene wird unter der Schlüsselpraktik „Körperkontakt verweigern" aufgegriffen.

In allen drei Einrichtungen finden sich Beobachtungen, bei denen sich bei einzelnen Jungen das Thema Körperkontakt in Bezug auf Trost und emotionalem Ausdruck über längere Passagen hin erstreckt. Bei Tom und Nico (Einrichtung 1) geht es um Trennungsängste und Verlassenheitsgefühle. Bei Leandros (Einrichtung 2) waren zahlreiche Szenen beobachtbar, in denen seine Nähe- und Trostbedürfnisse nur verhalten beantwortet werden. Bei Fabricio (Einrichtung 3) wird im Abschnitt „Affektregulierung" (Kapitel 4.2.5) gezeigt, dass er zwar Körperkontakt bekommt und abgelenkt wird, sein eigentlicher Konflikt aber nicht benannt wird.

Die Kontexte, in denen sich *situativer Körperkontakt* zeigt, sind bei den Jungen hauptsächlich die Suche nach Sicherheit und Nähe nicht direkt in, sondern im Anschluss an krisenhafte Situationen, wie z. B. nach Abschieden, darüber hinaus beim Vorlesen:

Ryo hält sich seit seiner Ankunft bei Nasrin (studentische Aushilfskraft) auf. Während sie die gesamte Zeit über auf der Bank gesessen hatte, geht sie nun mit ihm an der Hand hinüber zum Sandkasten. Nasrin lässt sich am Rand des Sandkastens nieder, und Ryo setzt sich vor sie in den Sand. Gemeinsam mit Nasrin befüllt er einen Eimer. (Einrichtung 3, Beobachtung 4)

Nico sitzt beim Vorlesen auf Charlottes Schoß, Maja sitzt neben ihr. Charlotte lädt Theo ein, zum Lesen dazuzukommen, und Theo folgt ihrer Einladung. (Einrichtung 1, Beobachtung 3)

Ein Teil der situativen Körperkontakte wird durch die Jungen initiiert, z. B.:

Die Kinder der Gruppe 2 werden aufgerufen reinzugehen. Fabricio kommt zu Larissa (Fachkraft) und umarmt sie. Larissa erwidert seine Umarmung. (Einrichtung 3, Beobachtung 4)

Bei weiteren Situationen lässt sich aus den Beobachtungsprotokollen nicht entnehmen, auf wessen Initiative hin sie stattfanden. Die überwiegende Form des situativen Körperkontakts besteht darin, dass die Jungen auf dem Schoß einer Betreuungsperson sitzen.

Für die Schlüsselpraktik *Körperkontakt verweigern und ablehnen* ist eine Szene mit Fabricio prägnant, in der er es verschmitzt ablehnt, auf den Schoß der Fachkraft zu kommen, weil er ja ein Junge sei:

Mariella läuft auf Alex (Fachkraft) zu, und Alex nimmt sie auf den Schoß. Fabricio schaut Alex an und diese fragt ihn, ob er auch auf ihren Schoß kommen wolle. „Nein, ich bin doch ein Junge", sagt er amüsiert und verschwindet im Schlafraum. Alex ruft ihm ebenfalls amüsiert hinterher: „Na und? Und was bin ich dann?" Darauf reagiert Fabricio aber nicht mehr. (Beobachtung 3, Einrichtung 3)

Für Fabricio bedeutet also Junge-Sein den Verzicht auf Körperkontakt (ein Junge kuschelt nicht) und er lässt sich auch durch die Fachkraft, die seine geschlechtsbezogene Begründung scherzhaft hinterfragt, nicht beirren. In einer weiteren Situation verweigert er den Trost einer neuen Fachkraft, die ihm noch nicht vertraut ist.

Szenen, in denen Jungen keinen bzw. nicht den gewünschten Körperkontakt erhalten, obwohl sie darum bitten, betreffen überwiegend Leandros, z. B.:

Brabbelnd läuft Leandros zu Maria (Fachkraft) und scheint bei ihr auf den Arm zu wollen. Sie sitzt immer noch auf einem der Stühle. Sie lässt Leandros wissen, dass sie ihn jetzt nicht auf den Arm nehmen wolle. Er lehnt sich an sie. Das scheint in Ordnung für sie zu sein. Leandros möchte aber erneut auf ihren Arm. Deborah (Fachkraft) sagt zu Leandros, dass sie doch mal Musik anmachen könnten. Leandros kommt zu ihr gelaufen. Deborah packt ihr Handy aus und sucht nach Kinderliedern. Leif macht wippende Tanzbewegungen, noch bevor Musik ertönt. (Einrichtung 2, Beobachtung 4)

Leandros' Wunsch, von Maria auf den Arm genommen zu werden, wird nicht entsprochen. Er darf sich lediglich anlehnen und soll durch ein Bewegungsangebot (Tanzen), das ihm eine andere Fachkraft macht, abgelenkt werden. Dies erinnert an eine Sequenz unter der Praxisdimension „Aktivitäten anbieten und begleiten" (Kapitel 4.2.1), in der Leandros nicht tröstend auf den Arm genommen, sondern durch ein Puzzle abgelenkt wird und nur die Hand der Fachkraft halten darf sowie an die oben wiedergegebene Szene, in der er nach einem Sturz erst verzögert getröstet wird (Schlüsselpraktik „Bezug zu Trost und emotionalem Ausdruck").

Zusammenfassung: Innigkeit zwischen weiblichen Fachkräften und Mädchen versus tendenzielle Distanz gegenüber Jungen

Festzustellen ist, dass auf Seiten der Jungen Szenen zur Schlüsselpraktik Körperkontakt im Kontext von Trost und emotionalem Ausdruck deutlich stärker ins Gewicht fallen als bei den Mädchen. Die Verteilungen bei den restlichen körperkontaktbezogenen Themen (situativer Körperkontakt, Ablehnung/Verweigerung) sind hingegen ähnlich.

In Bezug auf den Körperkontakt im Kontext von Trost und emotionalem Ausdruck sind die Szenen bei den Mädchen eindeutiger, während die Themen bei den Jungen interpretationsbedürftiger erscheinen. Möglicherweise spielt eine Rolle, dass bei unseren Beispielen die Mädchen ihre Nöte und Bedürfnisse deutlicher verbalisieren (können). Das zeigt sich insbesondere, wenn Emma und Mariella bei der Suche nach Körperkontakt klar nach ihrer Mutter fragen, während bei Tom und Nico die Sehnsucht nach der Mutter bzw. nach Nähe und Geborgenheit implizit ist. Zudem überwinden die Mädchen die krisenhaften Situationen schneller, während sich bei einzelnen Jungen einige Krisen über längere Passagen ziehen. Die Formen des Körperkontakts sind im Hinblick auf Mädchen und Jungen identisch: auf den Schoß oder Arm nehmen, umarmen, streicheln.

Was den situativen Körperkontakt angeht, sieht die Verteilung bei Jungen und Mädchen zwar ähnlich aus, dennoch zeigt sich eine interessante Differenz hinsichtlich der Form. So sind die Arten des Körperkontakts zwischen Mädchen und Fachkräften vielfältiger und wirken inniger als zwischen Jungen und Fachkräften. Die Jungen sitzen in den meisten Szenen auf dem Schoß, u. a. beim Vorlesen (auch wenn es Beispiele wie umarmen oder über den Rücken streicheln gibt). Bei den Mädchen ist die Bandbreite des Körperkontakts größer. Es finden sich auch Formen wie Küssen, Kuscheln, Anschmiegen, Gespräche auf dem Schoß, verbunden mit der Verwendung von Koseworten wie „Mäuschen" und „Schatz" durch die Fachkräfte. Es zeigen sich also nahe und körperlich innige Kontakte zwischen Mädchen und weiblichen Fachkräften, die bei den Jungen nicht in der gleichen Form zu beobachten waren. Das Berühren der Brust der weiblichen Fachkraft sowie Körperkontakt in Verbindung mit verweiblichenden Kosenamen und Gesprächen über Accessoires wie Schmuckstücke oder Nagellack stellen Nähe, Verbundenheit und Geschlechtsidentifikation her.

Darüber hinaus ist erkennbar, dass sowohl bei den Jungen als auch bei den Mädchen einige Kinder, unabhängig vom Kontext, in Bezug auf Körperkontakt sehr präsent sind und andere kaum bis gar nicht in Erscheinung treten. Es scheint, als ob sich sowohl die Bedürfnisse als auch die Fähigkeit, diese auszudrücken, ebenso wie Sympathien und Antipathien deutlich auf Qualität und Quantität von Körperkontakten auswirken.

Dass Körperkontakt durch Fachkräfte oder Kinder verweigert wird, ist eher die Ausnahme. Die Kinder haben jedoch die Möglichkeit, ihn oder einzelne Personen abzulehnen. Ihre Entscheidung wird von den Fachkräften respektiert. In einem Beispiel (Fabricio) wird der Körperkontakt vom Kind zurückgewiesen, um sein Junge-Sein zu markieren. Gerade weil die Verweigerung von Körperkontakt durch Fachkräfte selten vorkommt, fällt die Ablehnung bzw. zögerliche Gewährung von Leandros' Wünschen besonders auf, wie auch im folgenden Abschnitt deutlich wird.

4.2.5 Affektregulierung

In der Praxisdimension „Affektregulierung" wurden vornehmlich unangenehme oder negativ konnotierte Gefühle wie Angst, Wut, Ärger, Traurigkeit, Enttäuschung, Frustration erfasst, da auf sie eher Reaktionen seitens der Fachkräfte erfolgten als auf positive Gefühlsäußerungen wie Freude. Eine Besonderheit der Erfassung besteht darin, dass nicht auf die Gefühle selbst, sondern lediglich auf einen Gefühlsausdruck (z. B. Weinen) Bezug genommen werden kann. Um welches Gefühl es geht, ist mitunter unklar und bedarf einer Interpretation.

Die Schlüsselpraktiken gliedern sich wie folgt und finden sich geschlechterübergreifend: Sachinformation und Ablenkung, Körperkontakt anbieten, Gefühlsausdruck absprechen, nachfragen, Gefühlsregungen benennen/spiegeln. Die Praxen greifen häufig ineinander und überschneiden sich. Sie alle gehen zumindest teilweise mit Körperkontakt einher. Er spielt in den Reaktionen auf die Gefühle bzw. Gefühlsausdrücke der Kinder eine große Rolle. Zugleich wurde die Einordung „Körperkontakt anbieten" noch einmal gesondert vorgenommen, wenn das Angebot von Körperkontakt als eigenständige Antwort auf die Gefühle bzw. Gefühlsausdrücke erfolgt.

Bei den Mädchen finden sich in Bezug auf die Praxis *Sachinformation und Ablenkung* einige Szenen, in denen einzelne Kinder (insbesondere Mariella, einmal auch Emma) nach der Mutter fragen und damit möglicherweise eine Trennungsangst ausdrücken:

Mariella kommt zur Beobachterin. In der Hand hat sie eine kleine Plastiktasse. „Nudeln", sagt sie. Die Beobachterin fragt, ob sie die Nudeln gekocht habe. „Papa Nudeln", sagt sie und die Beobachterin fragt weiter, ob der Papa Nudeln koche. Das bejaht sie. „Mami", sagt sie. Die Beobachterin fragt, ob ihre Mama auch Nudeln koche. Mariella antwortet nicht mehr und fragt jetzt immer wieder nach ihrer Mami. Jutta (Praktikantin), die nicht weit entfernt im Sandkasten sitzt, kommt dazu. Sie versucht Mariella abzulenken und fragt, ob sie gemeinsam einen Kuchen backen wollen. Doch das möchte Mariella nicht. Jutta fragt, ob sie vielleicht einen Kuchen für die Mami backen wollen.

Aber auch das möchte Mariella nicht. Sie wiederholt weiterhin nur: „Mami". Die Mama komme sie bald abholen, versichert ihr Jutta und zählt auf, was sie zuvor noch machen würden. Die beiden lassen sich am Rande des Sandkastens nieder. (Einrichtung 3, Beobachtung 3)

Bei Leonie geht es darum, dass sie beim Frühstück einen anderen Sitzplatz fordert:

Leonie scheint mit dem Sitzplatz bzw. dem Stuhl, der für sie vorgesehen ist, nicht zufrieden zu sein. Sie möchte sich auf den Stuhl neben Alex (Fachkraft) setzen. Alex spricht mit Leonie und sagt, dass sie sich jetzt genau gegenübersäßen, das wäre auch gut, denn dann könnten sie sich auch viel besser anschauen. Leonie scheint sich mit ihrer Platzierung zu arrangieren. (Einrichtung 3, Beobachtung 1)

Leonie verlangt, neben der Fachkraft Alex zu sitzen. Möglicherweise hat sie einen Exklusivitätsanspruch, oder sie möchte ihre Sympathie bekunden, oder sie sucht die Nähe der Fachkraft. In beiden Szenen (mit Mariella bzw. Leonie) werden die Äußerungen durch die Fachkräfte aufgenommen, und es wird auf sie eingegangen. Die Antworten zielen auf Ablenkung ab (z. B. über eine gemeinsame Aktivität wie Kuchen backen) oder auf eine sachliche Ebene wie das Aufzählen von Tagesordnungspunkten, bevor die Mutter zum Abholen kommt, oder auf die Anordnung von Sitzplätzen. Die subjektiven Gefühle, die hinter der Frage nach der Mutter oder dem Wunsch, neben der Erzieherin sitzen zu wollen, stehen könnten, werden nicht gespiegelt. Die Bemerkung der Fachkraft, dass sie einander besser sähen, wenn sie sich gegenübersäßen, stellt indes eine indirekte Thematisierung von Leonies Wunsch nach Aufmerksamkeit dar und berücksichtigt ihren Beziehungswunsch.

In der folgenden Szene im Garten bleibt das Empfinden des Mädchens, dass sie kalte Hände hat, in der Fachkraft-Kind-Interaktion unerwähnt.

Paulina kommt mehrmals zu Pia (Fachkraft), weil sie den Schnee an den Händen als unangenehm zu empfinden scheint. Sie ist weinerlich. Pia macht ihr vor, wie man den Schnee von den Händen abklopfen kann, indem man in die Hände klatscht oder diese an der Hose abwischt. Paulina imitiert die Bewegungen, scheint aber mit dem Ergebnis nicht zufrieden zu sein. Immer wieder streckt sie Pia die Hände entgegen, damit diese sie säubern soll. Einmal klopft Pia Paulinas Hände ab, dann fordert sie diese wieder auf, es selbst zu machen. (Einrichtung 1, Beobachtung 4)

Die Reaktion der Fachkraft lässt erkennen, dass sie Paulina rasch zu einer autonomen Handlung (Schnee abklopfen) motivieren möchte.

Hinsichtlich der Schlüsselpraktik *Körperkontakt anbieten* spielen bei den Mädchen körperlicher Schmerz sowie Streitigkeiten und Ängste eine Rolle. In der Regel sind es die Fachkräfte, die auf die Mädchen zugehen und den Körperkontakt anbieten. Meist geht das Angebot damit einher, dass die Mädchen weinen. Die überwiegenden Formen sind, dass sie auf den Schoß oder Arm genommen werden. Verbunden mit dem Anbieten des Körperkontakts durch die Fachkräfte ist eine Anerkennung des Gefühlsausdrucks der Kinder.

In der folgenden Sequenz erschrecken sich zwei Mädchen, weil ein ihnen fremder Mann kommt und handwerkliche Tätigkeiten ausführt. Sie werden getröstet, indem die Fachkräfte sie auf den Arm nehmen bzw. räumlich schützen:

Ein Mann in Handwerkermontur und mit einer kleinen Leiter kommt um die Ecke. Nach einer kurzen Begrüßung bleibt er unter einer der Deckenlampen stehen und stellt seine Leiter auf. Rosalie und Freya fangen an laut zu weinen. Sie scheinen Angst vor dem Mann zu haben. Maria (Fachkraft) nimmt die beiden zu sich. Vermutlich wegen des lauten Weinens kommt Deborah (Fachkraft) auch in den Flur und erkundigt sich, was los sei. Maria schildert ihr kurz die Lage. Deborah nimmt Rosalie daraufhin auf den Arm. Sie sagt, sie müsse sowieso noch etwas holen gehen und verschwindet mit Rosalie auf dem Arm um die Ecke. Freya beruhigt sich nicht, sodass Maria ihr vorschlägt, zu Vanessa in die Gruppe zu gehen. Das macht Freya auch sogleich. (Einrichtung 2, Beobachtung 2)

In weiteren Szenen (Schlüsselpraktik *Gefühlsausdruck absprechen)* zeigt sich, dass es nicht selbstverständlich ist, dass der kindliche Gefühlsausdruck als legitim erachtet wird. Es gibt zu dieser Schlüsselpraktik nicht viele Szenen, aber in jeder Einrichtung mindestens eine.

Paulina wirkt immer unzufriedener und weinerlicher. Pia (Fachkraft) kniet sich zu ihr hinunter. Sie hält sie an beiden Armen fest und sagt, sie solle sich mal beruhigen. Es sei jetzt gut. Gleich würden sie reingehen. Paulina beruhigt sich aber nicht. Pia lässt sie los und richtet sich wieder auf. Sie lässt Paulina wissen, dass sie keine Lust habe, sich so von ihr anschreien zu lassen. An die Beobachterin gerichtet sagt Pia, das sei nur so ein Aufmerksamkeitsding von Paulina, da wolle sie nicht so drauf eingehen. Pia entfernt sich kurz ein Stückchen. Paulina beruhigt sich etwas. Pia kündigt an, dass wir jetzt reingehen werden. (Einrichtung 1, Beobachtung 4)

Paulina, die bereits in einer vorherigen Sequenz deutlich machte, dass sie den Schnee an ihren Händen nicht mag, erreicht die Fachkraft Pia mit ihren Signalen des Unbehagens emotional nicht und wird zurückgewiesen. Ihr Gefühl könnte sein: Ich kann mich nicht verständlich machen oder sie mag mich nicht.

Die Schlüsselpraktik *nachfragen* umfasst Sequenzen, in denen sich die Fachkräfte bei den Mädchen erkundigen, was der Grund für ihren Gefühlsausdruck sein könnte. Es handelt sich entweder um offen gemeinte Fragen oder darum, dass konkrete Annahmen über bestimmte Gefühle geäußert werden.

Mara (Fachkraft) geht auf die Toilette. Als Emma das sieht, entgleisen ihr erneut die Gesichtszüge, die Mundwinkel zucken, sie fängt an zu weinen. „Mama!", platzt es aus ihr heraus. Tatjana (Fachkraft) nimmt sie auf den Arm. „Denkst du an die Mama?", fragt sie. Das bejaht Emma schluchzend. (Einrichtung 1, Beobachtung 1)

Emmas Gefühlsäußerung weist auf Verlassenheitsängste hin, die dadurch aktiviert werden, dass eine bestimmte Fachkraft den Raum verlässt. Mit ihrer Frage: „Denkst du an die Mama?", reagiert die zweite Fachkraft auf der kognitiven Ebene.

Offen gemeinte Fragen führen meist nicht zu weiterführenden Antworten der betroffenen Kinder. In der Regel erschöpft sich damit auch das Aufklärungsbemühen der Fachkräfte:

Vanessa (Fachkraft) geht mit Louisa auf dem Arm zur Garderobe. Vanessa fragt Louisa noch mal, warum sie heute Morgen denn so viel geweint habe. Eine Antwort bekommt sie darauf nicht. (Einrichtung 2, Beobachtung 5)

In den Szenen, bei denen das *Benennen und Spiegeln der Gefühlsregungen* im Vordergrund stehen, werden von den Fachkräften Vermutungen angestellt, welche Gefühle die Kinder haben könnten.

Beim Rennen stößt Theo mit Maja zusammen. Der Aufprall wirkt nicht besonders stark, bringt Maja aber so aus dem Gleichgewicht, dass sie hinfällt. Sie schreit und beginnt zu weinen. Kathrin (Fachkraft) kommt zu ihr, um sie zu trösten. Sie fragt: „Tut's weh oder ärgerst du dich so?" Maja bejaht, dass sie sich ärgert. „Posy", sagt sie. Kathrin erfragt, ob sie noch mal „Pip und Posy" lesen wolle. Maja bestätigt. (Einrichtung 1, Beobachtung 2)

Maja scheint sich in einem der von der Fachkraft gemachten Deutungsangebote (hier, dass sie sich ärgere) zutreffend gespiegelt zu fühlen, und macht selbst einen Vorschlag, um sich mit Hilfe der Fachkraft zu regulieren (gemeinsam ein bestimmtes Buch lesen). Ein weiterer Protokollauszug entstammt dem morgendlichen Ankommen:

Charlotte (Fachkraft) resümiert an Maja gerichtet, dass ja ganz schön was bei ihr los sei. „Und einen Löwen hast du auch mitgebracht?!" Maja hält einen kleinen Stofftierlöwen in der Hand. „Dann darfst du mal zu mir fliegen", fährt Charlotte fort. Die Mutter beginnt daraufhin, Schaukelbewegungen mit Maja zu machen. „1, 2, 3 …", zählen die beiden Frauen gemeinsam, und bei drei übergibt die Mutter Maja mit Schwung an Charlotte. Das gelingt nicht so richtig, denn Maja beginnt zu weinen und versucht, sich an die Mutter zu klammern. Charlotte fragt sie, ob sie sich ärgere. Auf Charlottes Arm beruhigt sich Maja allerdings noch, bevor die Mutter gegangen ist. (Einrichtung 1, Beobachtung 3)

Maja wird erfolgreich getröstet. Auch hier wird „Ärger" als Deutung angeboten. Gleichzeitig stellt sich die Frage, ob das „Fliegen" für Maja zu forciert erfolgt, da sie sich an die Mutter klammert. Wenn man das Anklammern als Angstreaktion deutet, erscheint die Interpretation ihres Gefühls als Ärger durch die Pädagogin als nicht kongruent.

In den Sequenzen mit Jungen umfassen die Reaktionen der Fachkräfte, die sich in Bezug auf die Schlüsselpraktik *Sachinformation und Ablenkung* finden, Körperkontakt sowie die sprachliche Bezugnahme auf eine sachliche Ebene. Dazu zählt z. B., Regeln zu erklären:

Angelina nimmt sich eine Bauplatte samt Steck-Steinen, die vor dem Tisch steht, und beschäftigt sich damit. Wenige Augenblicke später kommt Fabricio dazu und moniert, dass das sein „Kuchen" gewesen sei. Angelina sitzt mittlerweile am Tisch, die Steck-Steine liegen vor ihr. Sie dreht sich von Fabricio weg, so dass dieser nicht an die Steine herankommt. Er wird immer aufgebrachter und beginnt zu weinen. Alex (Fachkraft) erklärt ihm, dass die Steine einfach auf dem Boden gelegen hätten, als Angelina sie sich genommen habe. Fabricio weint weiter. Alex bittet Fabricio, zu ihr zu kommen. Fabricio ist bei Alex angekommen und sie nimmt ihn auf den Schoß. Sie erklärt ihm noch einmal, dass die Spielsachen in der Krabbelstube für alle da seien und dass er die Steck-Steine am Boden eine ganze Weile nicht benutzt habe, so dass Angelina sie genommen habe. (Einrichtung 3, Beobachtung 1)

Die Fachkraft Alex appelliert an Fabricios Einsicht, dass die Spielzeuge für alle Kinder da sind. Sein Gefühl der Frustration oder Empörung darüber, dass ein anderes Kind mit Utensilien spielt, mit denen er zuvor gespielt hat, ist nicht Gegenstand ihres Dialogs. Wie aus dem Protokoll hervorgeht, beruhigt Fabricio sich erst, als eine weitere Fachkraft ihn einlädt, einen neuen Kuchen zu backen, ihm also die Realisierung seines Wunsches in veränderter Form ermöglicht.

Wie bereits im Abschnitt „Aktivitäten anbieten/begleiten" (Kapitel 4.2.1) in einer Sequenz mit Leandros ausgeführt, erhält bei Jungen das Anbieten von Aktivitäten oder Gegenständen als Ablenkung von einem Gefühlsausdruck ein besonderes Gewicht:

Fabricio lässt sich auf Tinas (Fachkraft) Schoß nieder und sagt, dass Leyla (Praktikantin) weg sei. Tina bestätigt das und sagt, dass Leyla jetzt wieder in die Schule gehe. Fabricio macht einen etwas weinerlichen Eindruck auf die Beobachterin. Quengelig sagt er, dass ihm langweilig sei und dass er eigentlich doch spazieren gehen wollte. Tina fragt Fabricio, ob er Kacka in der Windel habe. Fabricio bejaht das, dennoch möchte Tina erst einmal nachschauen. Da sei kein Kacka, stellt Tina fest, nachdem sie in die Windel geschaut hat. Das sei nur heiße Luft gewesen. In weiterhin quengeligem Tonfall lässt Fabricio sie erneut wissen, dass es ihm langweilig ist. Tina erhebt sich, nimmt Fabricio auf den Arm und sagt, dann müssten sie sich nochmal auf die Suche nach etwas zu spielen machen. Xenia (Fachkraft) schlägt vor, den Tunnel herauszuholen. Einige Kinder freuen sich und scharen sich um Xenia. Fabricios Begeisterung scheint sich jedoch in Grenzen zu halten. Er bleibt bei Tina auf dem Arm. (Einrichtung 3, Beobachtung 5)

Die Szene findet im Turnraum statt. Fabricio vermisst die Praktikantin Leyla und bereut, dass er nicht mit der anderen Teilgruppe spazieren gegangen ist (die Kinder hatten nach dem Frühstück die Wahl, entweder spazieren oder in den Turnraum zu gehen). Aus dem Protokoll ist bekannt, dass in dieser anderen Teilgruppe sein Freund Vin ist, den Fabricio nicht überzeugen konnte, sich auch für den Bewegungsraum zu entscheiden. Die Fachkraft geht zunächst nicht auf die inhaltliche Seite seiner Äußerung, dass ihm langweilig sei, ein, sondern prüft seine Windel. Dann nimmt sie seine Aussage, dass ihm langweilig sei, auf, indem sie ihn auf dem Arm trägt, um gemeinsam etwas zum Spielen zu suchen. Seine Gefühle, nämlich dass er Vin und Leyla vermisst, werden nicht gespiegelt. Die Fachkraft agiert auf der Handlungsebene.

An späterer Stelle benennt sie sein Problem gegenüber ihrer Kollegin Xenia (dass er doch lieber mit der anderen Teilgruppe rausgegangen wäre), dabei wird aber nicht mit, sondern über Fabricio gesprochen:

Xenia fragt, was bei Fabricio los sei, und Tina erläutert ihr, dass Fabricio seine Entscheidung, in die Turnhalle zu gehen, gerne revidieren wolle. Tina sagt, dass man es aber auch mal aushalten müsse, wenn man sich für etwas entschieden habe, dabei zu bleiben. Tina fragt Fabricio erneut, ob er eine Idee habe, was sie tun könnten. Fabricio sagt, dass er sich einen Traktor aus dem Gruppenraum wünsche. Tina entgegnet, dass die Traktoren aber im Gruppenraum bleiben und nicht mit in die Turnhalle genommen werden sollten. Fabricio schlägt einen Zug vor und Tina wiederholt ihre Antwort, dass das auch für Züge gelte. Fabricio wird wieder weinerlicher. Er sagt, ihm sei heiß und er wolle in die Gruppe oder spazieren gehen. (Einrichtung 3, Beobachtung 5)

Die Aussage, dass er es „aushalten müsse“, klingt abstrakt. Tina fragt ihn, ob er eine Idee habe, was sie tun könnten, und er macht Vorschläge. Diese werden jedoch aufgrund bestehender Regeln nicht ermöglicht. Seine Lösungssuche läuft ins Leere und seine Affekte dauern an. Offen bleibt, warum seine Enttäuschung, sich für den Turnraum entschieden zu haben, nicht direkt mit ihm kommuniziert wird.

Bei Theo finden sich Szenen, in denen er unruhig und frustriert wirkt. Ihm werden dann alternative Tätigkeiten angeboten, um ihn in seiner Frustrationsaggression einzugrenzen:

Mit dem Schal unterm Arm und dem Daumen im Mund sitzt Nico jetzt auf Charlottes (Fachkraft) Schoß. Zwischen Theo und Konstantin kommt es kurz zu Unstimmigkeiten. Theo möchte anscheinend auch mal den Löffel als Schlegel für das Glockenspiel ausprobieren. Als er den Löffel hat, hält er diesen einfach nur fest. Das scheint Konstantin zu ärgern. Charlotte lässt Theo wissen, dass das nicht ausprobieren sei, was er da mache. Daraufhin wirft Theo Kastanien durch den Raum. Charlotte fordert ihn auf, damit aufzuhören. Theo reagiert nicht auf sie, sondern tritt die Becher um, mit denen Kathrin (Fachkraft) zuvor einen Turm für Tom (Eingewöhnungskind) gebaut hatte. Charlotte setzt Nico von ihrem Schoß herunter und geht hinter Theo her. Sie hält ihn an und sagt, dass das nicht gehe mit dem Werfen. Sie bietet Theo eine Aktivität im Essbereich an. Gemeinsam mit Theo geht sie zum Essbereich. Theo sagt, er wolle mit der Schere schneiden. Charlotte holt Scheren und buntes Papier und lässt sich mit Theo an einem der Tische nieder. (Einrichtung 1, Beobachtung 3)

Theo und Konstantin streiten sich um einen Löffel, um den es aber eigentlich nicht geht, denn Theo nutzt ihn nicht für das Glockenspiel. Die Fachkraft interveniert, indem sie ihn reglementiert. Theo drückt weiterhin seinen Unmut aus, indem er mit Kastanien wirft. Er wird wieder von der Fachkraft begrenzt (er soll damit aufhören). Daraufhin stößt er Becher um, und die Fachkraft bekräftigt ihre Begrenzung, indem sie aufsteht und zu ihm geht. Um eine weitere Eskalation zu verhindern, macht sie ihm zur Ablenkung ein Beschäftigungsangebot. Die Szene zeichnet sich dadurch aus, dass die Fachkraft versucht, den Ausdruck der Wut des Kindes zu begrenzen und über eine Aktivität abzulenken. Sein Gefühl (Wut, Frustration) wird nicht benannt.

In allen Sequenzen, in denen primär oder ausschließlich *Körperkontakt* als Reaktion angeboten wird, weinen die Jungen. Es scheint, als gäbe es einen Konsens unter den Fachkräften, dass man sich weinender Kinder annimmt, egal, ob Mädchen oder Jungen. Eine Ausnahme bildet Leandros (vgl. Kapitel 4.2.4).

Beispiele für die Schlüsselpraktik *Gefühlsausdruck absprechen* sind:

Tina (Fachkraft) trägt Fabricio durch den Raum. Sie streichelt ihn und sagt, dass er aufhören solle zu weinen, denn es sei gar kein Grund da. (Einrichtung 3, Beobachtung 5)

Tinas Äußerung erfolgt im Kontext der bereits erwähnten Situation, dass Fabricio eigentlich lieber mit seinen Freund*innen spazieren gegangen wäre, anstatt im Turnraum zu bleiben. Er erhält hier eine doppelte Botschaft: Der Körperkontakt zeigt die Anerkennung seines Gefühlsausdrucks, es wird ihm aber verbal vermittelt, dass es keinen Grund gäbe, unglücklich oder unzufrieden zu sein.

Bei der Kuschelecke kollidiert Katharina mit Leandros. Dieser fällt auf sie und Katharina beißt ihm in den Finger. Alena nutzt die Chance und schnappt sich das Handy. Leandros weint. Maria (Fachkraft) sagt, an ihn gerichtet, dass er jetzt mal sehen könne, wie das sei. Sie geht zu ihm, schaut sich den Finger an und resümiert, dass es nicht so schlimm sei. Leandros hört auf zu weinen. (Einrichtung 2, Beobachtung 4)

Leandros wird durch ein anderes Kind (Katharina) Schmerz zugefügt, aber er bekommt von der Fachkraft zu hören, dass er kein Recht auf Leiden habe, weil er ja auch andere Kinder beiße, und sein Schmerz wird relativiert.

Das *Nachfragen* der Fachkräfte bezieht sich darauf, dass die jeweiligen Jungen von den Fachkräften nach ihrem Befinden gefragt werden. In einigen Sequenzen suchen sie Kontakt zu den Fachkräften oder machen auf sich aufmerksam:

Deborah (Fachkraft) verlässt die Gruppe, um etwas zu trinken zu holen. Als sie zurückkommt, kommt Leif auf sie zugelaufen und signalisiert mit erhobenen Armen, dass er auf den Arm genommen werden möchte. Deborah nimmt ihn auf den Arm und fragt ihn freundlich, was los sei. (Einrichtung 2, Beobachtung 4)

In anderen Situationen ist der Körperausdruck oder das Weinen ausschlaggebend dafür, dass nachgefragt wird:

Vin liegt bäuchlings auf einem Stuhl am Tisch und greint. Elena (Fachkraft) fragt ihn, was los sei. (Einrichtung 3, Beobachtung 2)

Zur Schlüsselpraktik *Gefühlsregungen benennen/spiegeln* finden sich etliche Szenen, in denen die Fachkraft die Gefühlsregungen des Jungen zutreffend interpretiert, verbalisiert und ihn tröstet. Auch wird das Geschehen einfühlsam und zugewandt wirkend mit ihm rekapituliert, wobei auch Gefühle (Traurigkeit, Ärger) angesprochen und benannt werden:

Plötzlich schluchzt Theo. Tatjana (Fachkraft) fragt ihn, ob er traurig sei. Das bejaht er, weiterhin schluchzend. Es scheint darum zu gehen, dass er seine Mama vermisst. Tatjana nimmt ihn auf den Schoß. Sie sitzen auf dem Boden. (Einrichtung 1, Beobachtung 1)

Auf der anderen Seite des Sandkastens scheint es zu einem Streit zwischen Fabricio und Angelina gekommen zu sein. Im Zuge dessen stolpert Fabricio und fällt hin. Er weint jetzt und wirkt sehr aufgebracht. Larissa (Fachkraft) kniet sich zu ihm hinunter und umarmt ihn. Sie sagt, dass Angelina aber nichts dafürkönne, dass er hingefallen sei. Dann lässt sie gemeinsam mit ihm noch einmal Revue passieren, was geschehen ist – dass er Streit gehabt habe und dass er dann auch noch hingefallen sei und dass er sich geärgert habe. Fabricio nickt und bejaht Larissas Zusammenfassung schniefend. Als Larissa endet, hat sich Fabricio wieder beruhigt. Munter bricht er wieder in den oberen Teil des Außengeländes auf. (Einrichtung 3, Beobachtung 4)

Als weiteres Beispiel dafür, wie das Gefühl eines Jungen resonant gespiegelt und er getröstet wird, dient eine Sequenz, in der die Fachkraft sein Verlassenheitsgefühl indirekt aufgreift, indem sie ihm durch die Erwähnung seiner Schwester ein vertrautes Bild anbietet, nachdem Ablenkungsversuche mit einem Gegenstand scheiterten:

Charlotte (Fachkraft) hält sich ebenfalls im Essbereich auf. Auf dem Arm trägt sie den weinenden Tom. Mit dem Hin- und Herbewegen und Klimpern eines Schlüssels versucht sie ihn abzulenken. Halb zu sich selbst, halb zu Tom sprechend, stellt sie fest, dass diese Ablenkungsmanöver immer nur für maximal eine Minute funktionierten. Charlotte setzt sich mit Tom auf dem Arm hin. „Schau mich mal an", sagt sie zu ihm. Sie wiederholt das ein paar Mal, bis Tom den Blick zu ihr hält. Dann beginnt sie ihm von seiner älteren Schwester zu erzählen, die früher ebenfalls in der Einrichtung war. Sie erzählt, dass die Schwester auch hier am Tisch gesessen habe und auch im Schlafraum geschlafen habe, mit wem sie befreundet gewesen sei (auch wenn diese Kinder alle nicht mehr da sind). Tom beruhigt sich während Charlottes Erzählung ein wenig. (Einrichtung 1, Beobachtung 5)

Wie bei den Mädchen finden sich bei den Jungen Beispiele, bei denen Gefühlsregungen als Ärger oder Wut gedeutet werden, man aber auch fragen könnte, ob es stattdessen um Traurigsein oder Verzweiflung geht, wie in folgendem Protokollauszug:

Kathrin (Fachkraft) baut einen Turm aus Bechern für Tom. Wie zuvor mit dem Glockenspiel lässt er sich für wenige Sekunden beruhigen, dann beginnt er erneut zu weinen. Die Beobachterin hat das Gefühl, dass er zunehmend verzweifelt ist. Kathrin scheint sein Aufbegehren und Weinen hauptsächlich als Wut zu interpretieren. Jedenfalls ist dies das Einzige, was sie ihm sprachlich anbietet: „Ja, du bist so wütend." (Einrichtung 1, Beobachtung 3)

Zusammenfassung: Affektregulierung und Gender

Die Affektausdrücke der Kinder finden in den meisten Fällen grundsätzliche Anerkennung durch die Fachkräfte, zumindest in dem Sinn, dass eine Reaktion erfolgt. Eine große Rolle spielt dabei der Körperkontakt, der allein oder in Kombination mit anderen Reaktionsformen praktiziert wird.

Auch wenn einzelne Jungen im Hinblick auf schwierige emotionale Situationen besonders in Erscheinung treten (Theo, Leandros, Fabricio), gibt es wesentliche Gemeinsamkeiten in den Antworten der Fachkräfte auf die Affektäußerungen von Jungen und Mädchen. So gibt es sowohl gegenüber Mädchen als auch gegenüber Jungen Beispiele für eine stimmig wirkende Antwort auf die Affektqualität des Kindes. Ebenso fallen Situationen auf, bei denen keine Spiegelung, sondern Ablenkung, Antworten auf der Sachebene oder Zurückweisung des Gefühls bzw. Bedürfnisses fokussiert werden.

Bei Mädchen wie bei Jungen finden sich Situationen, in denen ihnen Ärger, Wut, Angst und Traurigsein zugestanden werden. Dies spricht für eine Haltung der Fachkräfte, Gefühle nicht nach Geschlecht zuzuschreiben. Unterschiede bestehen darin, dass bei Jungen auffällig oft Ablenkungen durch das Anbieten von Gegenständen oder Aktivitäten genutzt werden, sodass Objektbezug und Externalisierung bei manchen von ihnen eine hohe Relevanz bekommen.[13]

13 Aus entwicklungspsychologischer und kindheitspädagogischer Sicht ist das Thema „Affektregulierung" insofern sehr bedeutsam, als das Mentalisierungskonzept (Fonagy/Gergely/Jurist/Target 2004/2018) eine gelingende Affektspiegelung als Grundlage für die Entwicklung des eigenen Selbst und von Mentalisierung betrachtet. Als Mentalisierung wird die Fähigkeit bezeichnet, bei sich und anderen die „mentalen Zustände des Wünschens, Fühlens und der Aufmerksamkeit als Gründe oder Ursachen von Handlungen" (Dornes 2006: 168) zu sehen: „Unter Mentalisierung wird indes nicht nur die Fähigkeit verstanden, hinter Verhalten seelische Zustände zu vermuten, sondern auch die weitergehende Fähigkeit, die vermuteten mentalen Zustände selbst wieder zum Gegenstand des (Nach-)Denkens zu machen" (ebd.). Zur Entwicklung dieser Fähigkeit, die mit etwa vier Jahren entstehe, bedürfe es der Erfahrung des Kindes, in seinen eigenen mentalen Zuständen angemessen „gespiegelt" zu werden (ebd.: 169). Fonagy et al. (2004/2018: 184 f.) führen dazu aus, dass das Kind erfahren können müsse, dass die Affektspiegelung der Bezugsperson einerseits einen angemessenen Reflex seiner Emotion darstellt (kongruente Spiegelung), aber andererseits auch „markiert", d. h., mild übertrieben wurde. Wenn die Bezugsperson den kindlichen Affekt kongruent spiegelt und dabei zu erkennen gibt, dass sie sich zwar einfühlt, den Affekt aber nicht teilt, unterstützt sie das Kind darin, ihn zu assimilieren und die Grenze zwischen dem Selbst und dem anderen zu markieren. „Deviante Stile der Affektspiegelung" (ebd.: 200) hingegen wären zum einen, dass die Bezugsperson den kindlichen Affekt zwar kongruent spiegelt, ihn aber nicht markiert, z. B., weil sie von ihm selbst „überwältigt" ist (ebd.). Die Folge davon ist, dass das Kind den Affekt nicht von der Bezugsperson loslöst und nicht als eigenen verinnerlicht. Das führt zu einer „defizienten Selbstwahrnehmung und affektiven Selbstkontrolle" (ebd.: 201). Eine weitere Form der devianten Affektspiegelung wäre, dass die Spiegelung zwar markiert, aber nicht kongruent, also nicht in der Affektkategorie des Kindes erfolgt. Dann passen die Antworten nicht zu seiner Gefühlslage und zu seinen Bedürfnissen. Das Kind fühlt sich nicht richtig wahrgenommen (ebd.: 201 f.). Dazu gehört z. B., von der Angst oder dem Trostbedürfnis abzulenken, indem diese in ein Bedürfnis nach Unterhaltung, Spiel oder Schlaf umgedeutet werden (Dornes 2006: 177). Das Kind kann sich mit der Antwort nicht identifizieren, und es wird in seiner Emotionsregulierung nicht angemessen unterstützt (ebd.). Zur Kritik des Mentalisierungskonzepts aus kultursensitiver Sicht vgl. Keller (2021: 48).

4.2.6 Körpernahe Care-Aktivitäten und interdependente Unterscheidungen

Das körpernahe Caring umfasst die vier Tätigkeitsschwerpunkte Anziehen, Ausziehen, Umziehen; Haare richten; Wickeln, auf die Toilette gehen; Hände und Gesicht säubern, Nase putzen, Fieber messen.

Das *An-, Aus- und Umziehen* bezieht sich auf folgende Situationen: das Ausziehen der Straßenkleidung beim morgendlichen Ankommen, das An- bzw. Umziehen für das Rausgehen auf das Außengelände, das An- oder Umziehen, wenn Kleidung von Fachkräften als nicht funktional oder angemessen erachtet wurde, das Umziehen vor dem Mittagsschlaf und den Kleidungswechsel bei nasser oder verschmutzter Kleidung.

Ein Thema, das bei den Mädchen mehrfach auftaucht, ist das Ausziehen von nicht funktionaler, zu enger Kleidung:

Larissa (Fachkraft) hat sich mit Mariella auf den Boden gesetzt. Sie sagt, dass sie ihr jetzt mal ihre Jeans ausziehen werde, weil diese so eng sei. Tatsächlich sitzt die Jeanshose sehr eng und scheint die Bewegungsfreiheit von Mariella einzuschränken. Unter der Jeanshose kommt noch eine dicke Strumpfhose zutage. Larissa stellt fest, dass das reiche. (Einrichtung 3, Beobachtung 1)

Dysfunktionalität von Bekleidung spielt auch in einer Szene mit Ava eine Rolle, in der die Riemchen der Hausschuhe von der Fachkraft angepasst werden müssen, damit Ava nicht herausrutscht (Einrichtung 2, Beobachtung 2).

Die Thematik, dass Kleidung angelassen oder ausgezogen werden soll, kommt insbesondere in mehreren Szenen auf dem Außengelände auf, in denen die Mädchen dazu angehalten werden, Mütze oder Jacke anzubehalten (siehe auch Abschnitt „Reglementierungen“, Kapitel 4.2.3):

Angelina und Minna haben sich ihrer Kopfbedeckung entledigt. Elena (Fachkraft) weist sie an, dass Mützen oder Hüte auf dem Kopf bleiben müssten, und setzt ihnen diese wieder auf. (Einrichtung 3, Beobachtung 2)

Zudem fallen Attribuierungen wie „süß“ im Zusammenhang mit Kleidung auf, z. B. als die Fachkraft Maria Freyas Faschingskostüm kommentiert:

Maria (Fachkraft) ist damit beschäftigt, Freya aus der Straßenkleidung zu helfen. Dabei kommt zum Vorschein, dass Freya als Schmetterling verkleidet ist. Ihre Verkleidung ist in Schwarz und Rot gehalten und könnte auch ein Marienkäfer sein. Auf dem Rücken trägt sie rote Tüllflügel. Freya hat helle Haut und ihre Haare sind aschblond und zu einem losen Zopf gebunden. Hin und wieder wirft sie der Beobachterin einen Blick zu, schaut dann aber immer wieder schnell in die andere Richtung. Maria erfragt bei Freya, ob sie ihre Strickjacke anbehalten wolle, und sagt ihr, dass sie ganz süß aussehe in ihrem Kostüm. Die beiden begeben sich in die Gruppe. (Einrichtung 2, Beobachtung 1)

In den genannten Protokollausschnitten wird das An-, Aus- oder Umziehen jeweils auf unterschiedliche Weise wertend bedeutsam gemacht: Beseitigung von unpassender Bekleidung, Reglementierung, Attribuierung. Darüber hinaus gibt es Sequenzen, in denen die Situationen des An- und Ausziehens flüchtig und vom Charakter her eher neutral wirken:

Pia (Fachkraft) teilt Kathrin (Fachkraft) mit, dass sie Paulina jetzt ins Bett bringen werde, da diese total fertig und müde sei. Sie zieht Paulina am Spiegelregal aus. Es scheint noch eine Unklarheit zu geben, wie viel Kleidung sie beim Schlafen anbehalten soll. Kathrin sagt, sie habe im Schlafraum geheizt, Paulina müsse also nicht so dick angezogen sein. Mit einem Body und einer Hose bekleidet, nimmt Pia Paulina mit in den Schlafraum. (Einrichtung 1, Beobachtung 4)

In jeder Einrichtung findet sich zumindest eine Szene, in der einem Mädchen die *Haare* geordnet werden. Die Tätigkeit des Richtens der Haare (z. B. lockere Haarspangen feststecken, Zöpfe binden) wird durch die Fachkräfte als selbstverständliche körpernahe Sorgearbeit unter Frauen bzw. Mädchen gestaltet. In Kapitel 4.2.4 wurde eine Szene geschildert, in der die Fachkraft Maria Freyas Haare mit einer Haarspange feststeckt, nachdem Freya sich an sie gekuschelt hat. Eine weitere Szene ist:

Tina (Fachkraft) kommt zu Mariella und versucht, einen kleinen Zopf, der dazu zu dienen scheint, ihr die Haare aus dem Gesicht zu halten, wieder in Form zu bringen. Die Palme sei nicht mehr ganz in Form, kommentiert sie ihre Handlung. Dann fragt sie Mariella, wer ihr den Zopf gemacht habe. „Mama", lautet Mariellas Antwort. „Wenn ich deine schönen Haare hätte", sagt Tina. (Einrichtung 3, Beobachtung 5)

Der manifeste Fokus beider Sequenzen liegt auf dem ordentlichen Erscheinungsbild der Mädchen. Gleichzeitig vermittelt sich eine warme, vertraute Atmosphäre zwischen den Frauen und ihnen. Hinsichtlich der Szene mit Tina und Mariella ist hervorzuheben, dass die Aussage der Fachkraft, „Wenn ich deine schönen Haare hätte", als anerkennende und freundliche Äußerung zu sehen ist, mit der sie gleichzeitig die Bedeutung der Haarpracht für die weibliche Attraktivität betont. Vor dem Hintergrund der Tatsache, dass Mariella Afro-Haare hat (signifiziert durch den Ausdruck „Palme", den die Fachkraft verwendet), können darin auch Ansätze einer Exotisierung und Betonung des Andersseins gesehen werden.

Im folgenden Ausschnitt verwehrt sich ein Mädchen dagegen, eine Haarspange zu tragen, weil sie nicht ihr gehöre. Zugleich erfährt sie durch den Hinweis der Fachkraft, dass sie nun endlich Haare habe, an denen Haarspangen befestigt werden können, eine implizite normative Vorstellung vom „richtigen" Aussehen von Mädchen:

Pia (Fachkraft) fragt Emma, ob sie eine von Paulinas Haarspangen auf ihren Kopf machen sollen. Noch bevor Emma sich äußern kann, hat Pia eine kleine lila Spange in Emmas Haaren befestigt. Emma tastet nach der Spange. Sie sagt, dass es Paulinas Spange sei und dass diese wieder abgemacht werden solle. Pia kommt Emmas Wunsch nach. Sie stellt dabei fest, dass es jetzt wenigstens möglich sei, die Spange auf Emmas Kopf zu befestigen. Denn bis vor ein paar Monaten seien da noch gar keine Haare gewachsen. (Einrichtung 1, Beobachtung 4)

Beim Thema *auf die Toilette gehen* gibt es eine Szene mit mehrschichtigem Sinngehalt:

Vanessa (Fachkraft) fordert Alena auf, auf die Toilette zu gehen. Alena geht eigenständig ins Bad gegenüber. Alena ruft aus dem Bad, dass sie es nicht allein schaffe. Vanessa fragt, was los sei, bekommt aber keine weiterführende Antwort und geht zu Alena ins Bad. Aus dem, was die Beobachterin hört, schließt sie, dass Alena Probleme hatte, ihre Hose allein herunterzuziehen. Vanessa sagt, dass sie nicht verstehe, warum ihr die Mutter immer so enge Hosen anziehen müsse. Kurz darauf kehrt Vanessa in die Gruppe zurück. (Einrichtung 2, Beobachtung 5)

Die Fachkraft erscheint der Beobachterin in dieser Situation angespannt, wobei berücksichtigt werden muss, dass sie aufgrund von Personalausfällen allein mit den Kindern ist. Offensichtlich gibt es die Erwartung an Alena, den Toilettengang selbstständig zu bewältigen, was ihr aber nicht gelingt. Vanessas Äußerung in Bezug auf die Kleidungsauswahl (enge Hose) von Alenas Mutter wirkt geringschätzend und vorwurfsvoll. Auch wird mit ihr Alenas Mutter adressiert und nicht der Vater. Unklar bleibt, ob die Fachkraft weiß, wie in der Familie die Sorgearbeit aufgeteilt wird, oder ob es sich um eine Zuschreibung handelt. Alena wird vermittelt, dass die Mutter zuständig sei.

Wickelszenen liegen ausschließlich aus Einrichtung 3 vor. Hintergrund ist, dass das Wickeln in den drei Einrichtungen unterschiedlich organisiert wurde. Während es in Einrichtung 3 überwiegend im Gruppenraum stattfand, wurde in den anderen beiden Einrichtungen räumlich getrennt in einem Kinderbad gewickelt. Zwar gibt es auch in Einrichtung 3 ein Kinderbad. Es wurde aber vor allem in Fällen genutzt, in denen der Zugang zu fließendem Wasser nötig war oder wenn die Gruppe sich nicht im Gruppenraum aufhielt. Das Anbahnen des Wickelns hingegen konnte in allen drei Einrichtungen beobachtet werden.

Im Hinblick auf die sprachliche Begleitung wird deutlich, dass insbesondere motorische Aktivitäten (Po heben und senken) verbalisiert werden. Geschlechtsteile werden kaum benannt.

Mariella liegt auf dem Wickeltisch. Larissa (Fachkraft) trägt durchsichtige Plastikhandschuhe und ist dabei, Mariellas Po abzuwischen. Sie weist Mariella an, den Po nicht ganz so hochzuheben, sonst könne sie diesen nicht gut saubermachen. Mariella rollt ihren Po etwas ab. Larissa wischt ein letztes Mal über Vulva und Po, dann scheint alles gesäubert zu sein. Sie lässt Mariella wissen, dass sie den Po jetzt wieder senken könne. Das macht Mariella auch. Dann drückt Mariella die Füße auf den Wickeltisch und hebt das Becken hoch. So sei der Po wieder oben, begleitet Larissa Mariellas Tun sprachlich. Mariella wiederholt das Auf und Ab ihres Pos noch ein paarmal, und Larissa begleitet sie weiterhin sprachlich. Dann scheint Mariella etwas zu signalisieren, was die Beobachterin weder sehen noch verstehen kann. Larissa fragt sie daraufhin, ob sie auch ein Tuch haben wolle, um sich abzuputzen. Das scheint Mariella zu wollen und Larissa gibt ihr ein Tuch, mit dem Mariella nun versucht, sich selbst abzuputzen. Als sie ihre Beine hochnimmt, pupst sie Larissa an. Larissa dreht sich ein kleines Stück zur Seite, wedelt mit der Hand vor ihrer Nase und sagt: „Uiuiui – das kam von Herzen!" (Einrichtung 3, Beobachtung 3)

Im Vergleich mit dem Wickeln anderer Kinder zeigt sich, dass mit Mariella besonders häufig eine tätigkeitsbezogene verbale Kommunikation stattfindet. In weiteren Szenen wird erkennbar, dass sie gelobt wird, weil sie sich aktiv am Wickeln beteiligt und selbst vom Wickeltisch absteigt, und es finden Attribuierungen statt („süß wie ein Panda"):

Elena (Fachkraft) zeigt Mariella die neue Windel und macht sie darauf aufmerksam, dass Katzen auf der Windel sind. Als Mariella ihren Po allein hochhebt, lobt Elena sie dafür und sagt, wie toll sie das schon mache. „Klasse, super – du bist fertig!", schließt Elena das Wickeln ab. Mariella steigt rückwärts vom Wickeltisch, und auch dafür lobt Elena sie. (Einrichtung 3, Beobachtung 2)

Als nächstes ist Mariella an der Reihe. Schon als sie zu Nasrin (studentische Aushilfskraft) gelaufen kommt, greint sie und fragt nach ihrer Mami. Mariella steigt eigenständig auf den Wickeltisch und legt sich hin. Die ganze Zeit über wiederholt sie: „Mami". Mehrmals erwidert Nasrin, dass sie ihre Mami doch später wiedersehen werde. Nasrin zeigt Mariella eine Windel mit einem Panda darauf. „Guck mal, ein Panda. Wie süß. Genau so süß wie du!" Mariella hält die Windel fest und betrachtet sie. Das scheint sie tatsächlich für einige Momente abzulenken. (Einrichtung 3, Beobachtung 3)

Möglicherweise gibt es mit Mariella besonders viel Kommunikation, weil sie zu den jüngeren Kindern (19 Monate) gehört, sodass neben Sympathie auch die Altersdifferenzierung eine Rolle spielt.

Den Kindern wird ein gewisses Mitspracherecht beim Wickeln eingeräumt. Sie dürfen Grenzen setzen, indem sie mitentscheiden, von wem sie gewickelt werden, und wer zuschauen darf:

Elena (Fachkraft) ruft Angelina (31 Monate) zu sich, um diese zu wickeln. Angelina kommt zu Elena und besteigt den Wickeltisch. Angelina sagt, dass sie nicht möchte, dass ein anderes Kind zuschaue, und Elena schickt ein Kind, das neben dem Wickeltisch steht, weg. Während des Wickelns findet keine verbale Kommunikation zwischen den beiden statt. Elena hebt Angelinas Beine hoch, wenn sie es benötigt. Es geht sehr schnell. Beim Heruntersteigen vom Wickeltisch hält Elena Angelina dazu an, rückwärts abzusteigen. (Einrichtung 3, Beobachtung 2)

Bei den Jungen tauchen bei den Schlüsselpraktiken *An- und Ausziehen* zwei Szenen auf, in denen einzelne als „Nackedei" bezeichnet werden. Nackedei könnte als verniedlichendes, aber geschlechtsneutrales Kosewort verstanden werden.

„Hey, da kommt ein Nackedei", sagt Kathrin (Fachkraft), als Nick nur mit einer Windel bekleidet aus dem Bad kommt. Sie fragt: „Wer darf dich anziehen?", und Nick deutet auf sie. Kathrin beginnt ihn anzuziehen. Der Singkreis geht weiter. (Einrichtung 1, Beobachtung 2)

Zudem wird Nick die Wahlfreiheit gegeben, selbst zu entscheiden, von wem er angezogen werden möchte.

Die Beobachterin hört, wie Tatjana (Fachkraft) „Nackidei" und „Guck mal, was du so für lange Haare hast", sagt. Tatjana befindet sich mit Theo vor dem Spiegelregal im mittleren Raumteil, wo die Kinder ihre Wechselkleidung haben, und hilft ihm, sein Oberteil auszuziehen. Offenbar ist es ihm zu warm. Als sie ihm den Pulli über den Kopf zieht, fragt Tatjana: „Wo ist denn der Theo?“ Theo scheint das witzig zu finden. Um die beiden herum stehen mehrere Kinder. (Einrichtung 1, Beobachtung 1)

In dieser „Nackedei-Szene“ mit Theo wird auch das Thema *Haare* aufgegriffen. In der Art und Weise, wie Tatjana auf die Länge der Haare verweist, wird kein tradiertes Jungenbild konstruiert.

In mehreren Sequenzen regen es die Jungen selbst an, dass sie sich umziehen, wie in der folgenden, als es Theo zu kalt wird:

Mara (Fachkraft) und Tatjana (Fachkraft) verständigen sich, dass nur noch Theo gewickelt werden müsse. Dem scheint mittlerweile kalt zu sein, und er möchte seinen Pulli von vorhin wieder anziehen. Tatjana geht mit ihm zum Spiegelschrank, um einen Pulli aus seiner Kiste zu holen. (Einrichtung 1, Beobachtung 1)

Umziehen aus Funktionalitätsgründen taucht lediglich einmal auf, als die Fachkraft Maria Leandros die Hausschuhe wechselt, weil er mit denen, die er trägt, häufig ausrutscht (Einrichtung 2, Beobachtung 2).

Bei der Schlüsselpraktik *Hände und Gesicht säubern, Nase putzen, Fieber messen* findet sich eine Szene mit einer Symbolik, die auch in einer weiteren Situation, die im Kontext des *Wickelns* stattfindet, bedeutsam ist:

Elena (Fachkraft) springt auf und sagt, dass sie dringend ein Taschentuch brauche. Anscheinend kommt eine große Menge Schleim aus Kingsleys Nase. Alex (Fachkraft) reicht ihr Taschentücher und Elena putzt ihm die Nase. Larissa (Fachkraft) kommentiert, dass es bei Kingsley wohl immer „riesen“ Ladungen seien. Angesichts des Schnupfens misst Alex mit einem Ohrthermometer bei Kingsley Fieber. Er scheint allerdings keine erhöhte Temperatur zu haben. Im weiteren Verlauf des Vormittags misst Alex noch mehrere Male Fieber bei einzelnen Kindern. (Einrichtung 3, Beobachtung 1)

Larissa (Fachkraft) kündigt an, mit Kingsley ins Kinderbad zu gehen, weil er immer so riesige, stark riechende Ladungen in der Windel habe. (Einrichtung 3, Beobachtung 1)

Kingsleys Ausscheidungen werden zweimal als „riesige Ladungen“ tituliert, einmal in Verbindung mit Nasenschleim, einmal in Verbindung mit „stark riechendem“ Kot. Da beide Ausscheidungsformen geeignet sind, unangenehme, abstoßende Empfindungen auszulösen, könnte die zweimalige Äußerung von „riesige Ladung“ vom Kind als beschämend und entwertend empfunden werden. Vielleicht impliziert die Wortwahl, dass es der Fachkraft unangenehm ist und dass sie sich ekelt, die Ausscheidungen zu versorgen. Ihre Äußerung würde somit einem Distanzwunsch Ausdruck verleihen. Die Tatsache berücksichtigend, dass es sich bei Kingsley um ein Schwarzes Kind handelt, birgt sie auch das Potenzial einer ausgrenzenden Bedeutung im Sinne von „du bist uns fremd“, zumal Kingsley während den Beobachtungen als einziges Kind nicht in der Gruppe gewickelt wird. Der Begriff „Ladung“ lässt an etwas Großes und an eine phallische Symbolik denken, als ob etwas Triebhaftes und Unkontrollierbares aus ihm herausschießen würde.

Als Kontrast dazu soll eine Szene angeführt werden, bei der auch im Hinblick auf den Kot eines Weißen Mädchens beschämende Äußerungen fallen:

Deborah (Fachkraft) fragt, ob eines der Kinder Kacka habe. Sie stöhnt wegen des Geruchs, den sie wahrzunehmen scheint. Sie fragt mehrere Kinder, bevor sie Katharina als Verursacherin des Geruchs ausmacht. Vanessa (Fachkraft) sagt, dass sie sich das gedacht habe, weil Katharina sich vorhin in eine Ecke verzogen habe. Maria (Fachkraft) entgegnet, dass sie danach aber nachgeschaut habe und Katharina zu dem Zeitpunkt noch keine volle Windel gehabt habe. Daniel (Fachkraft) kommt zurück in die Gruppe und stöhnt ebenfalls über den Geruch. Deborah nimmt Katharina mit ins Badezimmer. „Freya, ich hab' auch Schmetterlingsflügel", ist von Ava zu hören, die neben Freya sitzt. Es sind die einzigen beiden Kinder, die sich unterhalten. Die anderen Kinder sind relativ ruhig. Maria und Vanessa verteilen Teller und Gläser auf dem Tisch. Mittlerweile steht ein Servierwagen aus Edelstahl neben dem Buffettisch. Deborah kommt mit Katharina zurück und setzt sie wieder an den Tisch. Da sei eine richtige Bombe drin gewesen, lässt sie die anderen wissen, und ahmt das Geräusch nach, das die Windel gemacht habe, als sie diese in den Mülleimer habe fallen lassen. (Einrichtung 2, Beobachtung 1)

Auch Katharina wird mit verbalen und nonverbalen Botschaften wegen ihres Stuhlgangs konfrontiert, die sie als beschämend wahrnehmen könnte. Auch sie wird im Bad gewickelt, was in dieser Einrichtung aber üblich und keine besondere Behandlung ist. In beiden Fällen wird nicht mit, sondern über die Kinder gesprochen. Der Begriff „Bombe" lässt sich mit Eigenschaften wie aggressiv, unkontrollierbar, gewaltig konnotieren, aber er wird nur einmal genannt und nicht so stilisiert verwendet wie der Begriff „riesige Ladungen" bei Kingsley. Es gibt keine erkennbaren Symboliken in Bezug zu Gender oder Race.

Wie bei den Mädchen zeigen sich auch bei den Jungen Unterschiede in Bezug auf das Handling der Fachkräfte beim *Wickeln.* Zum Teil werden die Tätigkeiten sprachlich begleitet und die Jungen werden in die Handlungen einbezogen. Sie können entscheiden, ob sie stehend oder liegend gewickelt werden oder ob sie selbst ihren Po abputzen möchten:

Als Ryo den Wickeltisch über die Stufen erklommen hat, fragt Alex (Fachkraft) ihn, ob er liegen oder stehen wolle. Ryo entscheidet sich für das Stehen. „Kacka", sagt Ryo und Alex erwidert, dass sie mal nachschauen würden. Alex informiert ihn, dass er Pipi in der Windel habe und kein Kacka. Sie bietet Ryo an, sich allein abzuputzen. Das lehnt dieser jedoch ab. Alex warnt ihn, dass das Tuch kalt sei, bevor sie Po und Penis abwischt. Dann bekommt er eine neue Windel. Als Ryo fertig ist, steigt er wieder herunter. (Einrichtung 3, Beobachtung 5)

In einer Sequenz, an der Larissa (Fachkraft) und Vin beteiligt sind, werden auch die Geschlechtsteile benannt. Dies ist die einzige Szene im Material, wo dies geschieht:

Vin liegt immer noch auf dem Wickeltisch. Larissa (Fachkraft) benennt Penis und Hodensack, als Vin sie anfasst. Dann scheint es darum zu gehen, dass Vin wund ist und Larissa fragt, ob sie ihm Creme draufmachen solle. Vin scheint das erst zu bejahen. Als

Larissa tatsächlich Creme auftragen möchte, fängt er allerdings heftig an zu weinen und sagt, dass nur die Mama das machen solle. Als die beiden fertig sind, gibt Larissa an ihre Kolleginnen weiter, dass die Haut unter Vins Achseln eingerissen sei. Das habe er wohl manchmal. Vin habe aber nicht gewollt, dass sie ihm Creme auf die Stellen auftrage. (Einrichtung 3, Beobachtung 1)

Die Fachkraft respektiert eine körperliche Grenze, die Vin setzt, nämlich dass er nicht an wunden Stellen von ihr berührt werden möchte.

Andere Protokollausschnitte zeigen die Herausforderung des Übergangs von einer Spiel- oder Leseaktivität zum Wickeln und die Bedeutung des Alters der Jungen für die Kommunikation dabei.

Elena (Fachkraft) fragt Vin, ob sie ihn wickeln dürfe. Vin ist immer noch dabei, mit Leyla (Praktikantin) und Mariella ein Buch zu lesen. Er möchte nicht gewickelt werden. Elena bietet Vin alternativ an, dass er auch von Alex gewickelt werden könne. Das scheint Vin auch nicht zu wollen. Elena sagt, dass sie ihn dann wickeln werde, weil er gewickelt werden müsse. Auch nachdem Vin auf dem Wickeltisch liegt, weint er noch ein wenig, dann scheint er sich allerdings etwas zu entspannen. Elena fragt Vin etwas, es geht um zu Hause. Darüber hinaus sprechen sie nicht miteinander. Vin hebt seine Beine allein hoch, als Elena ihn abputzt. Er steigt auch eigenständig vom Wickeltisch ab, als Elena ihn fertig gewickelt hat. (Einrichtung 3, Beobachtung 2)

Vin wird aus einer gemeinsamen Aktivität mit anderen (Buchlesen) herausgenommen. Ihm wird zwar eine Auswahlmöglichkeit eröffnet, indem er gefragt wird, von wem er gewickelt werden möchte, aber die Möglichkeit selbst zu wählen erschöpft sich schnell, da er nicht darüber entscheiden kann, ob er gewickelt wird oder nicht. Eigentlich geht es hier auch nicht um die Person, die wickelt, sondern darum, dass der Übergang von einer vorherigen Aktivität zum Wickeln unfreiwillig stattfindet, was sich auch in einer weiteren Szene andeutet:

Elena (Fachkraft) sagt an, Kingsley wickeln zu wollen, und löst ihn aus seinem Spiel. Etwas abwesend wirkend, besteigt Kingsley den Wickeltisch, wobei er mit seinen Blicken Leonie verfolgt, die sich mit den Steck-Steinen auf den Weg zum Tisch gemacht hat. Elena spricht nicht mit Kingsley. Sie wirft einen Blick in seine Hose, erst an der einen, dann an der anderen Seite. Dann verkündet sie, dass Kingsley ausgelaufen sei, und Alex (Fachkraft) erklärt sich bereit, mit ihm ins Kinderbad zu gehen. Elena hebt ihn vom Wickeltisch und Alex geht mit Kingsley an der Hand aus der Gruppe. (Einrichtung 3, Beobachtung 2)

Auffallend ist hier, dass erneut nicht mit, sondern über Kingsley gesprochen wird, und die Wortwahl „ausgelaufen“ klingt nicht wertschätzend. Wieder wird er außerhalb gewickelt.

In anderen Szenen sind es die jüngeren Jungen (Ryo und Liam, beide 18 Monate alt), mit denen freundlich und spielerisch kommuniziert wird und die für ihre motorischen Fähigkeiten gelobt werden. In beiden folgenden Sequenzen regen die Jungen eine Kommunikation an.

Nun ist Ryo an der Reihe mit dem Wickeln. Als er auf dem Wickeltisch liegt, sagt er mehrere Male: „Kacka!“ Elena (Fachkraft) erwidert mehrfach in freundlichem Tonfall, dass er nur Pipi gemacht habe. „Miau“, sagt Ryo, als Elena eine neue Windel herausholt. Elena sagt, dass das stimme, und zeigt auf mehrere kleinen Katzen, die auf der Windel abgebildet sind. Als er die neue Windel anhat, setzt Elena Ryo ohne seine Hose auf den Boden. Ryo wirkt irritiert. Elena scheint das zu bemerken und sagt, er könne die Hose auslassen. Ryo wirkt nun erfreut über seine nackten Beine und bewegt sich gutgelaunt aus dem abgetrennten Spielbereich hinaus. (Einrichtung 3, Beobachtung 2)

Liam soll nun gewickelt werden. Nasrin (studentische Aushilfskraft) ruft ihn, und er steigt eigenständig auf den Wickeltisch. Er wird von Nasrin für seinen Aufstieg gelobt. Sie fragt ihn, ob er Pipi oder Kacka habe, aber Liam antwortet ihr nicht. Liam hebt beim An- und Ausziehen von Hose und Windel eigenständig die Beine. Kurz bevor Nasrin fertig ist, beginnt Liam ein Guck-Guck-Spiel mit ihr, indem er sich die Augen zuhält und Nasrin darauf eingeht, indem sie so tut, als könne sie ihn jetzt nicht mehr sehen. (Einrichtung 3, Beobachtung 3)

Zusammenfassung: *Doing difference* über körpernahe Sorgearbeit

Körpernahe Sorgearbeit findet sich in unterschiedlichen Formen und ist in den beobachteten Tagesabläufen der Einrichtungen sehr präsent. Dabei lassen sich an einigen Stellen Differenzierungspraktiken aufzeigen, auch wenn diese mitunter sehr subtil wirken und das Alltagsgeschehen nicht dominieren.

Im Kontext geschlechterdifferenzierender Praxen erscheint vor allem das Thema „Haare“ bedeutsam. Hier zeigt sich in den Interaktionen zwischen Mädchen und weiblichen Fachkräften mitunter eine genderbezogene Herstellungspraxis, die auf Seiten der Jungen keine Entsprechung findet. Dabei können Rückschlüsse auf tradierte Geschlechterbilder gezogen werden: ordentlich und hübsch aussehen (Freya), (lange) Haare haben (Emma). Zudem deutet sich mit dem Beispiel einer (freundlich) feminisierenden Exotisierung in Bezug auf Mariellas (Afro-)Haare eine Verschränkung mit der Differenzierungslinie Race an. Bei der Exotisierung geht es nicht um Herabwürdigung oder Exklusion (Velho 2016: 202), aber ein Körpermerkmal, hier die Haarstruktur, wird als Zeichen des Andersseins bedeutsam gemacht.

Die Verschränkung von Gender und Race ist auch bei Kingsley in Erwägung zu ziehen. Bezogen auf ihn findet ein „Othering“ hinsichtlich des Umgangs mit seinen Ausscheidungen (Nasenschleim und Kot) statt, indem diese als „riesige Ladungen“ bezeichnet werden und er zweimal beim Wickeln separiert wird. Zwar ist das Aufsuchen des Kinderbads aufgrund des Wasseranschlusses bei großen Mengen Stuhlgang praktisch begründbar. Aus der Perspektive des Kindes ist jedoch zu beachten, dass Kingsley das Vorgehen als eine absondernde Behandlung gegenüber den Kindern erleben könnte, die im Gruppenraum gewickelt werden. Und auch, wenn dies von der Fachkraft nicht bewusst beabsichtigt wurde, wirkt ihre Wortwahl herabwürdigend und trägt vor dem Hintergrund seines männlichen Geschlechts und seines Schwarz-Seins maskulinisierend-stigmatisierende ebenso wie alltagsrassistische Züge. Im Unterschied dazu stehen beschämende Botschaften zum Stuhlgang eines Weißen Mädchens nicht in einem gender- oder rassismusrelevanten Zusammenhang.

Hier muss angemerkt werden, dass diese Schlussfolgerungen Kontextualisierungen der Forscher*innen darstellen und dass es sich im Rahmen unserer Studie um Einzelbeispiele handelt. Sie sind aber insofern zu beachten, als im Afro-Zensus des Jahres 2020 die „Rassifizierung Schwarzer Körper" im Kindergarten als ein wiederkehrendes Muster aufgeführt wird (Aikins/Bremberger/Aikins/ Gyamerah/Yildirim-Caliman 2021: 176). Alltagsrassismus wird von Mecheril und Melter (2010: 158) als alltägliche „Handlungspraxen in Institutionen, Strukturen und Diskursen" ebenso wie „als individuell praktizierte, subtile, schwer erkennbare Form von Rassismus in Alltagssituationen" thematisiert, inklusive des Zusammenhangs zwischen Gender und Race (ebd.). Rassismus sei eine „symbolische Ordnung", durch die Kategorien der Über- und Unterordnung, Herabwürdigung und Ausgrenzung erzeugt werden (ebd.: 150). Neben „körperlichen Merkmalen (wie Hautfarbe, Haarfarbe, physiologische, genetische Daten)" würden ebenso soziale und kulturelle Dimensionen „für rassistische Unterscheidungen genutzt" (ebd.: 152).

Im Rahmen der körpernahen Sorgearbeit (Anziehen und Wickeln) zeigen sich auch Attribuierungen bzw. das Benutzen von Kosenamen durch die Fachkräfte. Während bei den Mädchen die feminisierende Attribuierung „süß" (Freya und Mariella) verwendet wird, zeigt sich mit der Bezeichnung „Nackedei" bei den Jungen (Nick und Theo) eine eher genderneutrale Benennung. Dabei fällt auf, dass die Titulierung als „Nackedei" bei Jungen, anders als die Zuschreibung „süß" für Mädchen, den Körper in den Vordergrund stellt, und das auf eine nette ebenso wie neutrale (nicht vergeschlechtlichende) Art und Weise (vgl. Kapitel 7.2).

Das Tragen dysfunktionaler, insbesondere zu enger Kleidung kam bei Mariella (vgl. auch Kapitel 4.2.7) und Ava vor, bei Jungen fiel es nicht auf. Die Hintergründe hiervon bleiben offen. Festzustellen ist aber, dass die beiden Mädchen zwar „süß" aussehen, ihre Bewegungsfreiheit jedoch eingeschränkt wurde.

Eine weitere erkennbare Differenzierungspraktik bezieht sich auf das Alter der Kinder. Mit den jüngeren Kindern, egal ob Junge oder Mädchen, wird beim Wickeln mehr kommuniziert, und sie bekommen eher Lob, während das Wickeln mit den älteren Kindern wenig genutzt wird, um mit ihnen in Beziehung zu treten. Vielleicht wird es als beschwerlicher empfunden, sodass die Barriere seitens der Fachkräfte höher ist.[14]

14 Mit dem Wickeln sind in der Praxis der Krippenarbeit vielfältige Ambivalenzen verbunden. Im frühpädagogischen Konzept der Pikler-Pädagogik wird es als Teil der „beziehungsvollen Pflege" konzipiert. Demnach sind Pflegehandlungen Möglichkeiten der Interaktion und Kooperation und des Beziehungsaufbaus zwischen Fachkraft und Kind (Lorber/Hanf 2014: 71).

Ohne Unterschied wird Mädchen und Jungen ermöglicht, Wünsche zu äußern, von wem sie gewickelt werden wollen und in welcher Position. Eine grundsätzliche Ablehnung des Wickelns scheint hingegen nicht möglich zu sein. Sie können aber Grenzen setzen, wer zuschauen darf. Dies bedeutet gleichzeitig, dass Kinder auch die Möglichkeit haben, bei anderen Kindern zuzusehen, wenn diese gewickelt werden, solange dies einvernehmlich geschieht. Ihre gegenseitige Neugierde wird zugelassen.

4.2.7 Attribuierungen und das Zusammenwirken von *gender, race* und *class*

Der folgende Abschnitt differenziert zuschreibende Kosenamen bzw. zuschreibende kritische Ansprachen sowie Äußerungen zur Kleidung von Mädchen und Jungen weiter aus.

Gegenüber Mädchen finden sich *Kosenamen und Ansprachen* mit zuschreibendem Charakter wie „Schnecki“, „Sonnenschein“, „Kröte“, „mein Mäuschen“, „mein Schatz“, „genauso süß wie du“ (bezogen auf ein Panda-Applikation, vgl. Kapitel 4.2.6). Sie bringen meist Zuneigung und eine Verniedlichung zum Ausdruck. In den Ansprachen „großes Mädchen“, „Madame“, „Fräulein“ werden die Kinder jeweils direkt als weibliche Personen angesprochen. „Madame“ und „Fräulein“ haben kontextbezogen eine mahnende Tendenz.

„Louisa, mein Sonnenschein!“, sagt Deborah (Fachkraft) an Louisa gerichtet, als diese den Gruppenraum betritt. „Schön,“ sagt Louisa und zeigt auf ihr eigenes Oberteil. Deborah scheint ein wenig verwundert über den Kommentar, bestätigt Louisa aber dann, dass ihr Oberteil schön sei. (Einrichtung 2, Beobachtung 3)

Der Ausdruck „Sonnenschein“ ist eine Betitelung, die auch gegenüber einem Jungen geäußert werden könnte. Er birgt die Wahrnehmung und Erwartung, dass Louisa fröhlich und offen ist und impliziert die Frage, ob sie auch bockig oder traurig sein darf. Außerdem erfährt Louisa gegenüber anderen Kindern eine positiv hervorgehobene Behandlung. Sie greift die Äußerung der Fachkraft bestätigend auf, indem sie zum Lob ihres Kleidungsstücks auffordert.

Auch die Gruppe 1 macht sich auf den Weg, um vom Aufenthalt im Garten wieder nach drinnen zu gehen. Leonie und Angelina werden von der Fachkraft dazu angehalten, ihre

Das Kind soll die volle Aufmerksamkeit erhalten und sich aktiv beteiligen können. Die Fachkraft kündigt ihre Handlungen an und zeigt die Gegenstände, die sie benutzt. Sie orientiert sich daran, wie das Kind Zeit und Rhythmus vorgibt (ebd.). Indes zeigen Praxisberichte, dass das Wickeln zum Teil als lästig empfunden und routiniert und funktional ausgeführt wird (Bettecken 2013: 232). Dies mag mit der Zeitknappheit in Institutionen zu tun haben, vielleicht aber auch mit der Abwehr von Scham- und Ekelgefühlen der Erwachsenen.

Schuhe mitzunehmen, die sie ausgezogen haben. Sie werden dabei mit „Madame“ und „Fräulein“ angesprochen. (Einrichtung 3, Beobachtung 4)

Leonie und Angelina hatten im Garten unerlaubterweise ihre Schuhe ausgezogen und werden jetzt ermahnt, sich ordentlich zu benehmen und nicht so renitent zu sein. Dies geschieht unter Anrufung ihrer Geschlechtszugehörigkeit und der Nutzung unterschiedlicher Weiblichkeitsformen („Madame“, „Fräulein“). Die Ansprachen wirken alltagsfremd und betonen den von der Fachkraft gesetzten Imperativ.

Eine Anrufung jenseits herkömmlicher Geschlechtervorstellungen findet sich nur einmal:

„Super, du bist ja schon eine richtige Fußballerin!“, sagt Vanessa (Fachkraft). Das Mädchen ist damit beschäftigt, den Ball durch den Raum zu treten. (Einrichtung 2, Beobachtung 1)

Darüber hinaus fallen lobende Äußerungen über das *Aussehen* der Mädchen auf.

Freya kommt zu Deborah (Fachkraft) und diese nimmt sie auf den Schoß. Sie sagt zu Freya, dass sie ein schönes Frühlingskleid anhabe und dass es doch gut zur Musik passe. (Einrichtung 2, Beobachtung 4)

Ava kommt in die Gruppe, und Deborah (Fachkraft) sagt zu Ava, dass sie einen schicken Pulli anhabe. Ava antwortet mit einem knappen Ja. (Einrichtung 2, Beobachtung 3)

Einige Mädchen setzen das Bedeutsammachen von Kleidung proaktiv um, indem sie die Erzieherin oder die Beobachterin auf ihr schönes Kleidungsstück hinweisen, wie oben bei Louisa beschrieben. Sie machen über ihr Aussehen auf sich aufmerksam und spiegeln sich gegenseitig:

Alena macht Deborah (Fachkraft) darauf aufmerksam, dass sie ein schönes Kleid anhabe. „Ich habe auch ein schönes Kleid!“, ruft Freya.

Alena stellt sich vor die Beobachterin. Die Beobachterin lächelt sie an. Alena steht erst einmal nur vor ihr. Dann beginnt sie sich zu drehen, sodass ihr Tüllrock hin und her wogt. „Guck mal“, sagt sie und scheint das auf die Bewegung des Rockes zu beziehen. Die Beobachterin bestätigt ihr, dass sich der Rock ganz toll drehen könne. (Einrichtung 2, Beobachtung 1)

Bei den Jungen gibt es *Ansprachen* wie „Strahlemann“, „Chiller“, „schneller Kerl“, „großer Fußballer“. Sie enthalten eine maskulinisierende Botschaft. Die Kinder werden ausdrücklich in ihrem Jungesein angesprochen.

Mit den Worten: „Guten Morgen, Strahlemann“, begrüßt Alex (Fachkraft) Liam. Der Vater erzählt, dass alles gut sei und dass Liam am Morgen ein Fläschchen getrunken habe. Der Vater übergibt den gut gelaunt wirkenden Liam auf Alex’ Arm. „Was gebt ihr dem, dass der morgens immer so strahlt?“, fragt Alex den Vater. „Der sieht einfach nur uns“, sagt der Vater mit einem Lachen. Das sei eine gute Antwort gewesen, stellt Alex fest. (Einrichtung 3, Beobachtung 3)

Die Bezeichnung „Strahlemann“ kann im Sinne von Frohnatur und als Pendant zum Ausdruck „Sonnenschein“ bei Louisa verstanden werden, wobei „Strahlemann“ klar vermännlichend ist. Mit der Antwort „Der sieht einfach nur uns“ gewinnt der Vater einen kleinen Schlagabtausch mit Alex, der auf einer Witzebene angesiedelt ist.

Die Gruppenraumtür öffnet sich, eine andere Mitarbeiterin steht in der offenen Tür. Theo kommt mit großer Geschwindigkeit auf sie zugerannt. Kaum gebremst rennt er in die Frau. „Du bist ja ein schneller Kerl!“, kommentiert die Mitarbeiterin das. (Einrichtung 1, Beobachtung 1)

Ryo schießt mit einem Ball in eine leere Plastikkiste, die Jutta (Praktikantin) für ihn festhält. Jutta prophezeit ihm eine große Karriere als Fußballer. (Einrichtung 3, Beobachtung 5)

In den beiden oben dargestellten Szenen wird Jungesein mit kraftvoller Motorik verknüpft, in der folgenden mit Bequemlichkeit:

Elian-Sam gibt jetzt eine Art Jaulen von sich. Er wollte anscheinend auf dem Bauch durch das Kletterdreieck durchrobben und scheint jetzt nicht mehr voranzukommen. Seine Beine schauen heraus, und sein Oberkörper liegt unter dem Dreieck. Kathrin (Fachkraft) gibt ihm Instruktionen, wie er sich befreien könne. Es gelingt ihm auch. Kathrin sagt zu Aaron (Fachkraft): „Das ist ein richtiger Chiller, der wollte einfach, dass ich komme und ihn hole.“ (Einrichtung 1, Beobachtung 2)

Auch das *Aussehen* der Jungen wird beachtet und kommentiert, wenn auch weniger häufig als bei den Mädchen. Die verwendeten Adjektive (schick, stylish, cool) tragen keinen vergeschlechtlichenden, sondern eher neutralen Charakter:

Deborah (Fachkraft) begrüßt Max und sagt: „Du hast ja einen Bären auf deinem Pulli. Schick!“ Max antwortet ihr: „Papa kauft.“ Deborah scheint die Antwort zu amüsieren. (Einrichtung 2, Beobachtung 2)

Nasrin (studentische Aushilfskraft) sagt zu Liam, dass dieser ja richtig schick aussehe. Es sei alles passend und stylish, was er trage. Liam trägt eine kurze Jeanshose, ein graues T-Shirt und ein schwarzes Cappy mit einem großen Vans-Logo darauf. (Einrichtung 3, Beobachtung 3)

Liam läuft herum und trägt dabei seine Schuhe in der Hand. Im Vorbeigehen sagt Tina (Fachkraft), dass er eine coole Kappe aufhabe. (Einrichtung 3, Beobachtung 4)

Anders als bei den Mädchen gab es keine Beispiele, in denen Jungen von sich aus auf ihre Kleidung Bezug nehmen.

In Kapitel 4.2.6 wurden Anzeichen einer feminisierenden Exotisierung in Bezug auf Mariellas (Afro-)Haare erörtert. Der Blick auf sie sollte aber differenziert betrachtet werden. Sie erhält zum einen wertschätzende Kommentare für Verhaltensweisen und Aussehen, die als süß, niedlich und feminin gekennzeichnet werden, z. B.:

Mariella lädt Larissa (Fachkraft), indem sie mit der flachen Hand neben sich klopft, ein, sich neben sie zu setzen. Larissa kommt Mariellas Aufforderung nach. „Wie süß!", sagt Larissa und macht Alex (Fachkraft) darauf aufmerksam, dass Mariella sie eingeladen habe, sich neben sie zu setzen. (Einrichtung 3, Beobachtung 1)

Darüberhinausgehende Potenziale gehen hingegen unter:

Mariella geht dem anderen Kind unmittelbar hinterher und nimmt den Ball wieder an sich. Das andere Kind macht keinerlei Anstalten, den Ball zu verteidigen. Mariella bewegt sich mit dem Ball in Richtung Tina (Fachkraft) und fragt nach ihrer Mama. Die Mama komme am Nachmittag, erwidert Tina. „Schnappt", sagt Mariella. „Schnipp schnapp – deine schönen Haare nicht abschneiden. Das wäre so schade", sagt Tina. (Einrichtung 3, Beobachtung 5)

Mariellas Selbstbehauptung, nämlich dass sie gegenüber einem anderen Kind ihren Ball verteidigt, wird hier nicht wahrgenommen. „Schnappt" könnte bedeuten: „Ich habe mir den Ball wieder geschnappt!" Im Kommentar der Fachkraft wird sie dagegen auf die „schönen" Haare reduziert.

Neben diesen zwar geschlechtstypisierenden, aber wertschätzend gemeinten Reaktionen gibt es auch Reaktionen in Bezug auf Vergeschlechtlichung, die als abwertend gelesen werden können. Hierzu gehört die Bezeichnung „Presswurststyle" für ihre zu enge Kleidung:

Die Beobachterin entnimmt aus dem Gespräch der Fachkräfte, dass Mariella immer sehr enge Sachen zu tragen scheint, die ihre Bewegungsmöglichkeiten einschränken. Zuvor habe sie Hausschuhe getragen, in denen sie eigenartig gelaufen sei. Larissa betitelt die Art, wie Mariella häufig gekleidet ist, mit „Presswurststyle". (Einrichtung 3, Beobachtung 1)

In Bezug auf Kingsley wurde im Kapitel 4.2.6 die These diskutiert, dass der Umgang mit seinen Ausscheidungen angesichts seines männlichen Geschlechts und seines Schwarz-Seins maskulinisierend-stigmatisierende sowie alltagsrassistische Anteile zeigen könnte. In den folgenden Szenen wird er zwar nicht stigmatisiert, aber, ebenso wie seine Mutter, auf Distanz gehalten:

Kingsley und seine Mutter gehen nach dem Ankommen zum Händewaschen. Dann trägt die Mutter ihn aus dem Bad zur Garderobe. Dort nimmt sie mit ihm auf dem Schoß Platz. Sie zieht ihm seine Straßenschuhe aus und die Hausschuhe an. Beim Anziehen der Hausschuhe scheint sie etwas Mühe zu haben. Sie spricht leise mit Kingsley. Die Jacke, mit der Kingsley gekommen ist, zieht sie ihm nicht aus. Es ist eine blaue Collegejacke. Mit Kingsley auf dem Arm klopft die Mutter in einem hektischen Rhythmus an die Tür. Sie kichert dabei ein wenig. Es ist Nasrin (studentische Aushilfskraft), die die Tür öffnet. Sie begrüßt Kingsley freundlich. Allerdings wirkt sie auch etwas unsicher auf die Beobachterin. „Alles gut?", fragt sie an die Mutter gerichtet. „Alles gut", wiederholt die Mutter. Dann küsst sie Kingsley, setzt ihn in der Gruppe ab und winkt ihm noch einmal, bevor sie geht und sich die Gruppenraumtür schließt. (Einrichtung 3, Beobachtung 2)

Der Dialog zwischen Kingsleys Mutter und Nasrin ist sehr knapp. Bei Ankommensszenen mit anderen Familien gab es zum Teil mehr Kommunikation, wobei zu berücksichtigen ist, dass Kingsleys Mutter kaum Deutsch, sondern

Englisch mit starkem afrikanischem Akzent spricht. Sie zieht ihm seine Jacke nicht aus, sie wird ihm aber auch von den Fachkräften im Verlauf des Vormittags nicht ausgezogen, obwohl es warm ist. Es hat den Anschein, als ob Kingsley und seine Mutter wenig Beachtung und Aufmerksamkeit bekommen, sie „laufen mit“. In der folgenden Situation dauert das Frühstück schon eine geraume Zeit, bis bemerkt wird, dass er zu weit vom Tisch entfernt sitzt.

Zwischen Kingsley und dem Tisch klafft eine ziemlich große Lücke, sodass er kaum an seine Schüssel kommt. Jutta (Praktikantin) bietet Kingsley Rosinen an. Er möchte sie haben. Sabine (Fachkraft) bemerkt, dass Kingsley recht weit vom Tisch entfernt sitzt, denn sie bewegt sich mit ihrem Stuhl ein Stück näher in Kingsleys Richtung und sagt: „Kingsley, darf ich dich mal ranschieben?“ Dabei handelt es sich um eine rhetorische Frage, denn noch während sie ihn fragt, rückt sie Kingsley auf seinem Stuhl bereits näher an den Tisch. (Einrichtung 3, Beobachtung 5)

Im Turnraum wird festgestellt, dass Kingsley die Fahrtechnik des Dreirads noch nicht beherrscht. Sie wird ihm aber nicht gezeigt. Stattdessen wird das Rad untersucht:

Fabricio, Minna und Kingsley besteigen die Rädchen, als Sabine (Fachkraft) zurück ist. Kingsley fällt mehrfach mit seinem Dreirad hin. Tina (Fachkraft) fordert Kingsley auf, zu ihr zu kommen, weil sie nachschauen wolle, ob mit dem Rädchen alles in Ordnung sei. Sabine kommentiert, dass sie das ruhig machen könne, dass sie aber glaube, dass Kingsley einfach nicht die richtige Fahrtechnik beherrsche. Tina vergleicht zwei Rädchen miteinander, indem sie an allen Teilen rüttelt. Sie kommt zu dem Schluss, dass alles in Ordnung sei. (Einrichtung 3, Beobachtung 5)

Tinas Impuls, das Rädchen zu prüfen, könnte zwar auf der Vorannahme beruhen, dass Kingsley (als Junge und mit seinen 31 Monaten) sicherlich Dreirad fahren kann, er also überschätzt wurde. Sie bleibt jedoch auch nach dem Einwand der Kollegin mit ihrer Konzentration auf dem Rädchen. Anders als bei Mariella entsteht der Eindruck, dass es eine (körperliche) Distanz und den Versuch gibt, sich ihn „vom Leib zu halten“. Er wirkt nicht so „knuddelig“ wie sie und nicht wie der „süße kleine Schwarze“. Aus dem Kontextwissen ist bekannt, dass die Familie in prekären sozioökonomischen Verhältnissen lebt, sodass außer Race und Gender möglicherweise auch die Dimension Class bei der Marginalisierungsdynamik eine Rolle spielt.

Zusammenfassung: Vielschichtigkeit der Zuschreibungen

Die Verwendung der Kosenamen und Ansprachen hat teilweise einen geschlechtersymbolischen Charakter: bei den Jungen im Sinne von motorisch und kraftvoll, bei den Mädchen im Sinne von niedlich und mit der Aufforderung, sich angepasst zu verhalten. Die Kinder werden über die Ansprachen als Geschlechtswesen differenziert markiert und sozial positioniert.

Während Jungen wenig auf (auch seltener geäußerte) positive Aussagen zu ihrer Kleidung reagieren, stoßen solche Aussagen bei den Mädchen auf Resonanz. Sie werden als Unterstützung ihres Selbstwertgefühls erfahren. Ebenso bauen Mädchen und weibliche Fachkräfte durch die Thematisierung von Schönheitsattributen wie Kleidung und weiterer Accessoires (vgl. Kapitel 4.2.4) Vertrautheit und eine gemeinsame Ebene auf. Hier ist zu beachten, dass das positive Körpergefühl eine Reduzierung erfährt, falls nicht auch kraftvolle, mutige und kreative Aktivitäten hervorgehoben werden, wie schnell rennen, mutig klettern oder wunderbar erzählen können. In den Kapiteln 4.2.1 und 4.2.2 wurde gezeigt, dass Mädchen in Bezug auf mutige Bewegungen eher zurückgehalten wurden. Die erweiterten Ausführungen zu Szenen in Bezug auf Mariella und Kingsley demonstrieren überdies die Vielschichtigkeit von Abwertungen im Zusammenwirken von Gender, Race und Class, zu denen bei Kingsley auch (körperliches) Distanzhalten gehört.

4.3 Interaktionen zwischen männlichen Fachkräften und Kindern

Das Datenmaterial der beiden männlichen Fachkräfte ist vom Umfang her wesentlich kleiner als das Material der acht weiblichen Fachkräfte. Im Folgenden werden, entlang der in Kapitel 4.2 entfalteten sieben Praxisdimensionen, exemplarisch einzelne Szenen betrachtet und im Anschluss in den Kontext der Fachdiskussion über die Bedeutung des Geschlechts der Fachkräfte gestellt.

Die Beobachtungen zeigen, dass die beiden männlichen Fachkräfte in der Praxisdimension *Aktivitäten anbieten und begleiten* prinzipiell denselben Betätigungen mit den Kindern nachgehen wie die weiblichen Fachkräfte: Vorlesen, Singen, Spielobjekte anbieten, körperliche/körperbezogene Aktivitäten, Basteln, Rollenspiel (vgl. Kapitel 4.2.1). Das Anbieten und Begleiten von körperlichen bzw. körperbezogenen Aktivitäten konnte während unserer Ethnographie insbesondere bei einem der beiden männlichen Fachkräfte beobachtet werden. Während die weiblichen Fachkräfte in diesem Bereich vor allem Räume und Materialien (Turnraum, Tunnel, Matte) zur Verfügung stellten, fiel bei dem Pädagogen Aaron auch eigener Körpereinsatz auf. Alle drei der folgenden Sequenzen sind mit „Quatschmachen“ und „Abenteuer“ verbunden:

Aaron geht vom vorderen in den hinteren Bereich des Gruppenraums. Theo und Sarah hängen sich dabei an seine Beine. Aaron tut so, als würde er sich wundern, weshalb seine Beine so schwer sind. Als er im hinteren Bereich ist, lassen die Kinder von seinen Beinen ab. „Nochmal“, ruft Sarah, aber Aaron möchte das nicht. (Einrichtung 1, Beobachtung 3)

Aaron sitzt mit ausgestreckten Beinen auf dem Boden. Auf seinen Beinen sitzen Emma und Sarah. Er spielt Hoppe Reiter mit den beiden. Die Kinder machen einen vergnügten Eindruck. Etwa auf der Höhe von Aarons Füßen steht Konstantin und beobachtet das Treiben neugierig. Als die Runde Hoppe Reiter vorbei ist, sagt Aaron, er sei jetzt müde und wolle sich schlafen legen. Er legt sich auf den Rücken und tut so, als würde er schlafen. Emma und Sarah beginnen, auf ihm zu klettern, bis Aaron dann wieder eine sitzende Position einnimmt. (Einrichtung 1, Beobachtung 3)

Direkt am Zaun findet einiges an Interaktion zwischen Aaron und den Kindern der Nachbargruppe statt. Aaron veranstaltet eine kleine Schneeballschlacht mit zweien von ihnen. (Einrichtung 1, Beobachtung 4)

Ins Auge fiel auch das Aufbauen eines komplexen Settings (Höhle, Häuschen) beim Rollenspiel:

Aaron macht Theo, Nick und Sarah das Angebot, mit ihnen eine Höhle zu bauen. Die drei scheinen sehr erfreut. Aaron geht zu dem hölzernen Bücherregal, schiebt es ein Stück von der Wand weg und dreht es dann um. Dabei zeigt sich, dass der hintere Teil des Regals ein weiteres Regal ist, in dem sich Becher und Koch-Utensilien für die Kinder zum Spielen verbergen. Dann nimmt er das Kletterdreieck, entfernt die Rampe und stellt es gegenüber dem Regal auf. Er holt eine Decke, um sie über das Bücherregal und das Kletterdreieck zu legen und so im Zwischenraum eine Höhle entstehen zu lassen. Die Decke ist allerdings zu klein und fällt herunter. Aaron überlegt kurz, nimmt statt der Decke eine der grünen Matten und verschließt mit ihr den Raum, der sich zwischen Regal und Kletterdreieck gebildet hat. Es ist jetzt keine wirkliche Höhle, da es kein Dach gibt, sondern eher ein Häuschen. Theo, Nick und Sarah gehen in das „Häuschen“. Aaron kommt noch auf die Idee, den dreien Theos Lampe zu geben. „Und ist es jetzt gemütlich?“, fragt er sie. Dann wünscht er ihnen viel Spaß. Aaron setzt sich zurück auf die Hochebene. (Einrichtung 1, Beobachtung 2)

Im Kontext der Praxisdimension *Loben, Ermuntern, Bestärken* liegt eine Szene vor, in der die Fachkraft Daniel Freya auf ihren Wunsch hin dafür lobt, dass sie ihr Brot selbst schmiert, was einer Bestärkung von Selbstständigkeit in alltäglichen Dingen entspricht:

Rosalie, Ava, Alena, Ole und Freya bekommen zu ihrem Brot ein Messer mit etwas Butter daran. Sie dürfen sich das Brot selbst schmieren. Rosalie lässt Daniel wissen, dass es gut klappe mit dem Brot schmieren. „Super!“, meldet Daniel ihr zurück. (Einrichtung 2, Beobachtung 3)

Die vorliegenden Szenen zu *Reglementierungspraktiken* ereignen sich beim Frühstück:

Emma kippelt mit ihrem Teller und Aaron weist sie an, den Teller stehen zu lassen. (Einrichtung 1, Beobachtung 5)

Leif klappert mit seinem Teller und Daniel hält ihn dazu an, es zu unterlassen. (Einrichtung 2, Beobachtung 1).

Deutlich wird wieder, wie bei den Szenen mit den weiblichen Fachkräften (vgl. Kapitel 4.2.2), dass beim Essen auf motorische und akustische Ruhe Wert gelegt wird – offenbar unabhängig vom Geschlecht der Fachkräfte und der Kinder. Die Alltagssituation Essen erscheint normiert und geprägt von kulturellen Konventionen.

Ferner gibt es einige Beispiele, in denen Aarons Bezugskind Emma, aber auch weitere Kinder, aktiv situativen *Körperkontakt* bei ihm suchen, z. B.:

Aaron nimmt Paulina aus dem hinteren mit in den vorderen Bereich des Gruppenraums. Sie lassen sich dort am Spiegelregal nieder, um ein Buch zu lesen. Es dauert nicht lange, bis sich Emma und Sarah zu den beiden gesellen. Emma setzt sich auf Aarons Schoß. (Einrichtung 1, Beobachtung 3)

Aaron sitzt im vorderen Bereich am Boden. Emma lässt sich auf seinem Schoß nieder. Sie hebt einen Arm und krault Aarons Bart. Die beiden machen einen vertrauten Eindruck. (Einrichtung 1, Beobachtung 2)

Ebenso stellt Aaron von sich aus Körperkontakt zur Verfügung, z. B., um einem Kind eine interaktive Brücke zu bauen. So bietet er Theo, der seiner ersten Einladung, am Singkreis teilzunehmen, nicht nachkam, bei der zweiten Einladung an, sich beim Singen auf seinen Schoß zu setzen:

Theo wünscht sich das Luftballon-Lied. „Kommst du dann zu mir?", fragt Aaron ihn. Theo setzt sich zu Aaron auf den Schoß, bleibt dort aber nicht lange. (Einrichtung 1, Beobachtung 4)

Exemplarische Protokollausschnitte im Kontext der Praxisdimension *Affektregulierung* beschreiben die Reflexion der Fachkraft auf körperlichen Schmerz, Traurigsein und Furcht eines Kindes:

Rosalie, Ava und Freya springen von den Kletterelementen. Dabei kommt es zu einer Kollision, und Ava scheint heruntergestürzt zu sein. Jedenfalls verursacht ihr Aufprall ein lautes, dumpfes Geräusch. Daniel (Fachkraft) geht schnell hin, nimmt Ava auf den Arm und tröstet sie. Sie beruhigt sich rasch und es wird vereinbart, dass nur noch einzeln gesprungen werden darf. (Einrichtung 2, Beobachtung 1)

Schmerz erscheint als Anlass für Trost, der körperlich begleitet wird.

Daniel kommt mit Katharina auf dem Arm zurück in die Gruppe. Er sagt, dass sie in letzter Zeit immer so traurig aussehe und doch mal lachen solle. Er zwickt sie mehrmals sanft in den Bauch und animiert sie zu lachen. Seine Bemühungen scheinen Wirkung zu zeigen, denn jetzt lächelt Katharina. Vanessa (Fachkraft) sagt, dass man doch nicht immer lachen könne. „Doch, Kinder schon!", erwidert Daniel. (Einrichtung 2, Beobachtung 3)

Daniel spricht Katharinas Traurigkeit an und möchte sie aufmuntern. Mit seiner Bemerkung gegenüber der Kollegin aber gibt er Katharina nicht zu verstehen, dass er ihr Gefühl ernst nimmt.

Ole steht neben Daniel am Tisch und dieser scheint Ole zum Basteln überreden zu wollen, aber Ole möchte nicht. Daniel sagt, er könne ihm vertrauen, er würde keine Farbe an seine Hände bekommen. Ole wiederholt, dass er nicht mitmachen wolle. Er wirkt ängstlich in seiner ablehnenden Haltung. Daniel zeigt ihm seine ausgeschnittene „Hasenhand" und fragt Ole, ob er so etwas wirklich nicht machen wolle. Ole bleibt bei seinem Nein. (Einrichtung 2, Beobachtung 3)

Daniel versucht vergeblich, Ole zum Basteln zu motivieren. Aus seinem Versprechen, Ole werde keine Farbe an die Finger bekommen, geht hervor, dass er um Oles Furcht davor weiß. Trotzdem wird die Furcht nicht zum Gegenstand der Kommunikation gemacht. Die Antworten der Fachkraft auf die kindlichen Affekte bewegten sich in den drei Sequenzen zwischen zugewandter Fürsorge und dem Absprechen bzw. Übergehen eines kindlichen Gefühlsausdrucks (vgl. dazu 4.2.5).

Bei einer der *körpernahen Care-Aktivitäten* bemüht sich Aaron zunächst herauszufinden, was die Kinder möchten, und unterstützt dann ihr Anliegen:

> Konstantin hat seine Strumpfhose heruntergezogen und Aaron versucht zu ergründen, was Konstantin möchte. Nach einigem Nachfragen scheint er herausgefunden zu haben, dass Konstantin lieber ohne Hose herumlaufen möchte. Das möchte Emma dann auch. „Können wir machen", sagt Aaron. Jetzt laufen Emma und Konstantin mit nackten Beinen umher. (Einrichtung 1, Beobachtung 2)

Im folgenden Ausschnitt verbindet Aaron den Versorgungswunsch eines Kindes mit einer spielerischen motorischen Aktivierung:

> Pia (Fachkraft) sitzt mit Sarah im vorderen Bereich auf dem Boden. Sarahs Nase läuft. Gemeinsam mit Aaron geht sie in den hinteren Gruppenbereich, um ein Taschentuch zu holen. Aaron und Sarah trampeln laut auf ihrem Weg zu den Taschentüchern. Sie tun so, als seien sie Elefanten. Zum Naseputzen geht Sarah wieder zu Pia. (Einrichtung 1, Beobachtung 4)

Auffallend ist, dass der tatsächliche Akt des Naseputzens, also die Versorgungshandlung, dann von der weiblichen Fachkraft eingefordert wird.

Die Verwendung eines *Kosenamens* findet sich nur einmal:

> Auf dem Flur wird Aaron von einem Jungen aus der anderen Gruppe angesprochen. Er wendet seinen Blick in Richtung Gruppe 2 und ruft freudig: „Hallo Muckl!" Der Junge sagt, dass er gerne in die andere Gruppe kommen würde, und Aaron lässt ihn wissen, dass das aufgrund der aktuellen Situation nicht gehe. „Wenn's besser wird, kommst du uns besuchen!", lässt er ihn wissen. (Einrichtung 1, Beobachtung 2)[15]

Ein Junge aus der Nachbargruppe, in der Aaron früher arbeitete, wird von ihm mit „Muckl" angesprochen. Es könnte die Abkürzung von „Pumuckl" sein, einem Kobold aus einer Kinderserie, der als süß, frech und eher geschlechtsneutral erscheint.

15 Aufgrund der Corona-Pandemie und deren Einschränkungen mussten die Gruppen getrennt bleiben.

Zusammenfassung: Geschlechtsbezogene Vorlieben?

Die exemplarischen Sequenzen zeigen, dass sich die Handlungspraxen der männlichen und weiblichen Fachkräfte gleichen. Dabei fallen aber Nuancen ins Auge, die differenziert zu betrachten sind. So ist in Bezug auf einen der beiden männlichen Fachkräfte festzustellen, dass er etwas mehr motorisch-aktivierende Elemente in Verbindung mit Spaß und Abenteuer fördert als seine Kolleginnen. Er trampelt mit Sarah wie ein Elefant, baut eine Höhle bzw. ein Häuschen, lässt sich für spielerische Körperkontakte beanspruchen, geht mit den Kindern in den Garten, während die weiblichen Kolleginnen in der Gruppe bleiben, und macht eine Schneeballschlacht mit den Kindern. Es entsteht ein anderes Bild als bei den Kolleginnen, wo das Vorlesen eine dominante Rolle spielt. Dadurch zeichnen sich Tendenzen des traditionellen Geschlechterbildes im Umgang mit Kleinkindern ab: Die Frauen erscheinen versorgend und passiv-rezeptiv, der Mann sorgt für Spannung und Abwechslung. Hier inszenieren sich in den Interaktionen der weiblichen und männlichen Fachkräfte mit den Kindern offenbar – wenn auch sicher nicht beabsichtigt – geschlechterstereotype Zuordnungen, wie sie in verschiedenen Studien über männliche Fachkräfte in Kitas aufgezeigt wurden (vgl. den Überblick bei Pages 2017: 115). Allerdings ließ sich eine entsprechende Präferenz von motorisch-aktivierenden Praktiken bei dem anderen männlichen Pädagogen in einer anderen Einrichtung nicht beobachten.

Die Dresdner Tandem-Studie, eine Vergleichsforschung zu männlichen und weiblichen Fachkräften, kam zu dem Ergebnis, dass sich männliche und weibliche Pädagog*innen *„in der Qualität ihres professionellen Verhaltens* gegenüber den Kindern *nicht* signifikant unterscheiden (Brandes et al. 2016: 157, Hervorh. i.O.).[16] Es war auch nicht so, dass sich weibliche Fachkräfte eher feinfühlig und bindungsfördernd verhielten und männliche Fachkräfte eher herausfordernd und explorationsfördernd, wie es die Bindungsforschung für elterliches Verhalten klassifiziert (ebd.: 158). Unterschiede ergaben sich hingegen in Bezug darauf, wie die Fachkräfte mit Mädchen und mit Jungen kommunizierten. Mit Jungen war die Interaktion eher „sachlich-gegenstandsbezogen und funktional", mit Mädchen eher „persönlich-beziehungsorientiert" (ebd.: 159). Unterschiede gab es auch hinsichtlich der bevorzugten Materialien, wobei die Vorlieben männlicher Fachkräfte den Vorlieben von Jungen und die Vorlieben weiblicher Fachkräfte den Präferenzen von Mädchen bei der Materialauswahl entsprachen. So bedienten männliche Fachkräfte eher die „Vorliebe von Jungen zu gröberen Materialien, grobmotorischen Aktivitäten und Wettkampf", weibliche Fachkräfte die „Neigung von Mädchen für feinmotorische

16 Die Stichprobe umfasst 41 männliche und 65 weibliche Fachkräfte, die mit Kindern im Alter von drei bis sechs Jahren arbeiten. In quasi-experimentellen Einzelsituationen wurden Einfühlsamkeit, Herausforderung, dialogische Interaktion, Art der Kooperation und Kommunikationsinhalte verglichen (Brandes et al. 2016: 156f.).

Aktivitäten und darstellendes Spiel“ (ebd: 169). Das Geschlecht der Kinder stellte sich als Einflussfaktor auf die Interaktionen heraus. Sie traten mit geschlechtsbezogenen Erwartungen an die Fachkräfte heran, und geschlechtstypische Präferenzen der Kinder und der Fachkräfte verstärkten sich gegenseitig (ebd.: 163 f.). Es sei also nicht unbedingt das Geschlecht der Fachkräfte an sich, das in Bezug auf Unterschiede im Verhalten männlicher und weiblicher Fachkräfte bedeutsam ist (ebd.: 167).

Aus unserer Sicht heißt das, dass die unterschiedlichen Praktiken der Fachkräfte nicht geschlechtsbezogen festgeschrieben werden sollten; wichtig ist vielmehr, nach ihren sozialen Konstruktionsprozessen im pädagogischen Alltag zu forschen und essentialistische Konzeptionen von Geschlecht in Frage zu stellen. Die Verschiedenheit der Präferenzen der beiden männlichen Fachkräfte unserer Studie in Bezug auf motorisch-aktivierende Elemente ebenso wie wesentliche Gemeinsamkeiten in der Gestaltung der Praxisdimensionen mit den weiblichen Fachkräften bestärken diese Schlussfolgerung. Bockstaller (2021: 181) zeigte in einer Videoanalyse am Beispiel von vier männlichen Fachkräften, wie z. B. Berührungen zwischen ihnen und den Kindern Momente sind, in denen unterschiedliche Männlichkeiten hergestellt werden. Hegemoniale Muster (festgemacht am Herunterspielen von Trostbedürfnissen) fanden sich in Kitas, deren Spiel- und Raumangebot stereotyp weiblich konnotiert war. Nichthegemoniale Muster (Fürsorge und Empathie) wurden in Kitas identifiziert, in denen vielfältige Spielmöglichkeiten und damit auch „männlich“ konnotierte Tätigkeiten herstellbar waren (ebd.: 182). Hervorgehoben wird die Bedeutung des Kontexts für die Konstruktionsprozesse von *(un)doing hegemonic masculinity.*

4.4 Interaktionen der Kinder untereinander

Nachdem nun die Interaktionen der Fachkräfte mit den Kindern im Hinblick auf Gender, verschränkt mit weiteren Differenzlinien, betrachtet wurden, geht es in diesem Kapitel um die Gleichaltrigen-Beziehungen, die das Feld ebenso vorstrukturieren wie die Beziehungen zwischen Erwachsenen und Kindern. Die Darstellung geht der Frage nach, welche Bedeutung eigenaktive Prozesse unter Kindern bei der Konstruktion von Geschlecht haben. Dazu wurde der Austausch der Kinder in unterschiedlichen Spiel- und Frühstückssituationen beobachtet und analysiert. Berücksichtigt wurden geschlechtsheterogene und -homogene Interaktionen und ebenso institutionelle Unterschiede im Hinblick auf die zur Verfügung gestellten Spielmaterialien und räumlichen Gestaltungen.

4.4.1 Interaktionen Mädchen – Jungen

Die Analyse der Interaktionen der Kinder untereinander erfolgt entlang der folgenden sechs im Erhebungsmaterial identifizierten Tätigkeitsthemen: gemeinsam mit Spielobjekten spielen, verbale bzw. vokale und nonverbale Kommunikation, Rennen/Trampeln/Springen/Tanzen, Trösten/Helfen/Schlichten, Rollenspiele, Kontakt suchen.

Die Interaktionen, bei denen Jungen und Mädchen *gemeinsam mit Objekten spielen,* ergeben sich überwiegend situativ. Die Kontakte sind fluid und die Spielsituationen wandelbar. Sehr häufig wird paarweise gespielt, vereinzelt auch in größeren Gruppen. Bei den Spielpaaren gibt es bestimmte altershomogene Konstellationen, z. B.:

Sarah (34 Monate) und Nick (35 Monate) spielen weiter mit den Autos. Jetzt fahren sie mit den Autos an dem Tierplakat an der Wand entlang. Das sei ihr „Hasenbiep", lassen sie die Beobachterin wissen. Sie versteht nicht, was sie meinen, und versucht es zu erfragen. Sie erzählen etwas von einem Buch und wirken sehr vergnügt. (Einrichtung 1, Beobachtung 2)

Ole (29 Monate) und Rosalie (25 Monate) haben sich jetzt in dem Weidenkörbchen niedergelassen und spielen dort mit den Plastikketten. (Einrichtung 2, Beobachtung 4)

Ole (29 Monate) und Alena (29 Monate) lassen Bälle von der Rampe der Hochebene kullern. Sie lachen viel und laut und wenn einer der beiden einen Ball herunterrollen lässt, heben sie ihren Daumen und rufen: „Super!" (Einrichtung 2, Beobachtung 5)

Die Verwendung der Spielmaterialien lässt keine Bevorzugung geschlechterstereotyper Symboliken erkennen.[17] Die Kinder nutzen Alltagsgegenstände (Stühle, Schüsseln, Weidenkörbchen), Steckbausteine, Bälle und Luftballons, Stifte, Malutensilien, Knete, Rutschautos, Naturmaterialien (Kastanien, Blätter), wobei eine leichte Tendenz zu Objekten besteht, die eher mit Jungen konnotiert werden (Spielautos und Eisenbahnen sowie Werkzeuge und Werkzeugkasten).

Die *verbale/vokale und nonverbale* Kommunikation der Kinder umfasst u. a. das gemeinsame Quatschmachen, das insbesondere beim Frühstück, aber auch in anderen Situationen auftaucht. Die Sequenzen am Tisch sind oft kurz, da sie von den Erwachsenen begrenzt werden. Dabei fällt auf, dass sich manche Mädchen in Opposition zu den Gleichaltrigen positionieren und zur Ordnung rufen:

Katharina gibt ein kehliges Lachen von sich und wiederholt dies einige Male. Andere Kinder stimmen in das Lachen ein. „Kein Quatsch machen", ruft Ava. Ihr Ausruf bleibt allerdings unerwidert. (Einrichtung 2, Beobachtung 1)

17 In Vogts (2021b: 67) ethnographischer Raumanalyse in 20 deutschschweizerischen Kitas wird von folgenden geschlechtsbezogenen Konnotationen in Bezug auf Spielsachen und Tätigkeiten ausgegangen: Haushalt, Küche, Kinderbetreuung, Malen und Basteln seien weiblich konnotiert; Autos, Bauklötze, Werken seien männlich konnotiert.

Nick möchte Sarah dazu animieren, ihr Lätzchen abzunehmen und auf den Boden zu werfen. So hatte er es eben selbst gemacht. Sarah sagt jedoch mit Bestimmtheit: „Nein!" (Einrichtung 1, Beobachtung 1)

Die Motive für Katharinas und Sarahs Reaktionen erschließen sich nicht direkt. Möglicherweise identifizieren sie sich mit den (weiblichen) Fachkräften und vertreten deren Normen (vgl. auch Kapitel 4.4.5).

Häufig haben die Szenen einen humorvollen Charakter und sind mit Lachen verbunden.

Immer mehr Kinder tummeln sich in der Kuschelecke. Katharina, Max, Linus, Leandros und Ole halten sich dort auf. Sie krähen wie die Raben und amüsieren sich. (Einrichtung 2, Beobachtung 1)

Bei einigen Kindern entstehen auch thematische Gespräche:

Ole und Rosalie wiederholen abwechselnd das Wort „Käse". Daran schließt sich eine Unterhaltung der beiden mit Freya über Käse, Brot und Marmelade an. Die drei machen einen gutgelaunten Eindruck. (Einrichtung 2, Beobachtung 4)

Sarah riecht an der Suppe und meint, dass es Kohlrabi sei. Nico bestreitet das. (Einrichtung 1, Beobachtung 1)

Ebenso finden sich Sequenzen, in denen Differenzen in Alter und Geschlecht thematisiert werden:

Fabricio und Angelina unterhalten sich darüber, dass sie schon groß seien und bald in den Kindergarten kommen würden. Alex (Fachkraft) sagt, dass Angelina noch eine Weile in der Krabbelstube bleiben werde. (Einrichtung 3, Beobachtung 3)

Nick und Theo beginnen, sich selbst mit den Händen an den Kopf zu hauen. Sie scheinen das witzig zu finden. Sarah mustert sie. Sie macht keine Anstalten, es ihnen gleichzutun. Stattdessen sagt sie: „Ich hab' schon ganz schön lange Haare." Dabei lässt sie ihren Pferdeschwanz durch die Finger gleiten. Die beiden Jungs reagieren nicht darauf. Sie hauen sich aber auch nicht weiter an die Köpfe. (Einrichtung 1, Beobachtung 2)

Sarah beteiligt sich nicht an den Handlungen der beiden Jungen (die „Quatsch" machen), sondern bezieht sich gestisch und verbal auf ihre Frisur, um sich von ihnen zu differenzieren, vielleicht sogar zu distinguieren. Sie nutzt dafür ein weiblich konnotiertes Körperattribut.

Beim *Rennen und Trampeln* geht es um bewegungsintensive und mitunter auch laute Aktivitäten. Zum Beispiel entwickelte sich in Einrichtung 2 unter den Kindern ein ritualisiertes Spiel, an dem Kinder aller Altersstufen beteiligt waren.

Wie bei der letzten Beobachtung formiert sich erneut ein Spiel, bei dem alle Kinder von der einen Seite der Gruppe zur anderen rennen. Ole und Linus beginnen damit. Es dauert jedoch nicht lange und es machen alle Kinder mit, bis auf die, die noch am Tisch sitzen. Diesmal rufen alle Kinder beim Rennen vergnügt: „Di, di, di!" An der Wandseite, von der die Kinder starten, kommt es allerdings zu Rangeleien. Katharina wird mehrfach von Rosalie und Alena von ihrer Startposition verdrängt. (Einrichtung 2, Beobachtung 3)

Bei Szenen, in denen sich Kinder untereinander *helfen, trösten oder schlichten,* zeigten sich überwiegend bestimmte Mädchen (Alena und Katharina) als Initiatorinnen. Das gilt für geschlechtsgemischte wie auch -homogene Konstellationen. Bei den Jungen ist es insbesondere Vin.

Linus läuft mit einem Waschlappen umher und scheint Schwierigkeiten damit zu haben, sich seinen Mund bzw. sein Gesicht zu reinigen. Alena geht zu ihm und erklärt ihm, wo er sauber machen müsse. (Einrichtung 2, Beobachtung 1)

Zwischen Ole und Freya kommt es an derselben Stelle wie zuvor zu einer Rangelei. Freya scheint daran nicht unbeteiligt. „Da musst du dich nicht wundern", bekommt sie von Vanessa (Fachkraft) zu hören. Alena beobachtet das Geschehen, dann geht sie zu Ole und weist ihn auf einen freien Platz in der Startaufstellung zum Rennen hin. Tatsächlich stellt sich Ole auf den von Alena gezeigten Platz, und der Konflikt scheint damit gelöst. Die Kinder rennen ein weiteres Mal durch den Gruppenraum. (Einrichtung 2, Beobachtung 2)

Auf dem Weg zum Tisch rennt Linus mit seiner Hüfte gegen den Tisch und beginnt bitterlich zu weinen. Maria (Fachkraft), die direkt daneben sitzt, nimmt ihn schnell auf den Schoß. Linus schafft es kaum Luft zu holen. Katharina kommt dazu. Sie streichelt Linus und lacht ihn an, als wolle sie ihn aufmuntern. „Aua", sagt sie immer wieder. (Einrichtung 2, Beobachtung 3)

Plötzlich beginnt Rosalie am Tisch heftig zu weinen. Es ist erst nicht klar, was passiert ist. Dann stellt sich heraus, dass Rosalie Angst vor der Heißklebepistole zu haben scheint, die Daniel (Fachkraft) hervorgeholt hat. Deborah (Fachkraft) nimmt sie auf den Schoß und versucht sie zu beruhigen. Jemand sagt, es sei nicht schlimm, es sei kein Staubsauger. Langsam beruhigt sich Rosalie wieder. Nun beginnt Freya, die neben Rosalie gesessen hatte, auch heftig zu weinen. Deborah fragt, was denn los sei und ob sie jetzt aus Solidarität weinen würde. Vanessa (Fachkraft) bietet Freya an, zu ihr in die Kuschelecke zu kommen. Das macht Freya auch. Vanessa nimmt sie auf den Schoß. Katharina geht erst zu Rosalie und dann zu Freya und streichelt beide. (Einrichtung 2, Beobachtung 3)

Leonie kommt zur Tür und nimmt Ryo an die Hand. „Gehst du mit Leonie?", fragt die Mutter Ryo. „Nein, der will nicht", sagt Leonie, als Ryo sich nicht von der Stelle bewegt. Jetzt kommt Vin dazu und nimmt Ryos Hand. Gemeinsam mit den beiden geht Ryo langsam in die Gruppe. (Einrichtung 3, Beobachtung 2)

Allmählich sammeln sich alle am Tisch. Alle Kinder bekommen ein Lätzchen, das sich die meisten eigenständig über den Kopf ziehen. Ein paar Kinder benötigen Hilfe. Vin hilft Liam sein Lätzchen über den Kopf zu ziehen. (Einrichtung 3, Beobachtung 3)

Hervorzuheben ist im zweiten Auszug Alenas Kompetenz, mit der sie die Situation analysiert, Ole einen alternativen Platz vorschlägt und damit den Konflikt zwischen Ole und Freya um die Startposition beim Rennspiel schlichtet. Bei Katharina ist bemerkenswert, dass sie sich wiederholt tröstend einbringt. Während empirische Befunde darauf verweisen, dass insbesondere Mädchen prosoziales und kooperatives Verhalten zeigten (vgl. z. B. van Dieken/Rohrmann/Sommerfeld 2004: 28), macht der Blick auf Vins helfendes Verhalten die Bedeutung einer nicht kategorialen Wahrnehmung deutlich.

In *Rollenspielen* nehmen die Kinder unabhängig von ihrem Geschlecht Rollen aus ihrer gesamten Alltagswelt ein, sei es zu den Themen Handwerk, bei der Arbeit sein, Bus und Bahn fahren, Tiere (z. B. Pferd oder Katze spielen), Feuerwehr bzw. Rettungseinsatz und Essensversorgung. In der folgenden Szene bietet zwar ein Mädchen das Essen an und ein Junge hat die Idee, Feuer löschen zu spielen. Aber sowohl er als auch die beteiligten Mädchen führen gemeinsam einen Rettungseinsatz durch:

Maximilian, Leonie und Angelina spielen an dem Häuschen auf dem Außengelände. Maximilian sagt zur Beobachterin, dass sie zum Fenster des Häuschens kommen solle. Sie fragt ihn, wo das sei, und er zeigt es ihr. Dann geht er in die Hütte und sie grüßen sich durchs Fenster. Leonie kommt dazu und überreicht der Beobachterin einige kleine Rindenstücke. Das sei Toastbrot für sie, erklärt sie. Maximilian verkündet, dass das Häuschen brenne und dass sie löschen müssten. Die drei Kinder stellen sich vor das Häuschen und tun so, als würden sie mit Schläuchen draufhalten. Fabricio gesellt sich zu ihnen und macht mit. Maximilian verkündet erneut, dass es brenne, und Minna sagt zur Beobachterin, sie müsse keine Angst haben, sie werde sie da rausholen. (Einrichtung 3, Beobachtung 2)

In einem weiteren Beispiel spielen Ole und Alena Handwerker*in. Sie hämmern und sägen gemeinsam an der Hochebene (Einrichtung 2, Beobachtung 5).

Die Initiative zur *Kontaktaufnahme* erfolgt sowohl von den Jungen als auch von den Mädchen, auch wenn sie nicht immer erfolgreich ist.

Ole geht zu Freya und Ava, die weiterhin Ärztin spielen und schaut zu. „Spielst du mit, Ole?“, fragen die beiden ihn und er scheint einzuwilligen. (Einrichtung 2, Beobachtung 1)

Während Ole Interesse an den Tätigkeiten von Freya und Ava signalisiert und von ihnen in ihr Spiel eingeladen wird, stößt Alena in der folgenden Sequenz mit ihrer Idee bei Linus und Ole nicht auf Resonanz. Dies mag daran liegen, dass sie ein vertrautes Freundespaar und vertieft in ihre gemeinsame Aktivität sind, während Ava mit einem anderen Spielimpuls an sie herantritt:

Linus kommt zu ihm und schaut sich an, was Ole macht. Linus nimmt sich einen Schraubenzieher aus dem Spielwerkzeugkasten. Jetzt laufen sie gemeinsam zwischen Hochebene und Fensterbank hin und her. Alena nähert sich den beiden von hinten. Auf dem Kopf trägt sie den roten Filzhut, den auch Freya vorhin schon einmal getragen hatte. „Hex, hex!“, ruft sie und es macht den Eindruck, als wolle sie Ole und Linus verhexen. Alena lacht, die beiden reagieren aber nicht nennenswert auf sie. (Einrichtung 2, Beobachtung 2)

Inwiefern bei der nicht gelungenen Kontaktaufnahme eine Rolle spielt, dass Alena als weibliche Figur (Hexe) auftritt, während Linus und Ole gemeinsam einen „männlich“ konnotierten Gegenstand (Schraubenzieher) bespielen, lässt sich aus der Szene nicht erschließen. Herrmann und Rohrmann (2020) fanden in einer Studie zu geschlechtsbezogenen Interaktionen in drei Kindergartengruppen mit Kindern im Alter von zwei bis sechs Jahren, dass sich Prozesse der Geschlechtertrennung „manchmal unmerklich aus Spielverläufen und Interaktionen ergeben“ (ebd.: 40), ohne Aussagen über die Ursachen geschlechtstypischer Tendenzen machen zu können (ebd.).

4.4.2 Interaktionen Mädchen - Mädchen

Beim *Objektspiel* der Mädchen untereinander kommen neben Gegenständen ohne geschlechterkonnotierte Symbolik (Bälle, Luftballons, Tierfiguren, Naturmaterialien) auch eher mit Mädchen in Verbindung gebrachte Gegenstände (Puppen, Puppenutensilien, Kuscheltiere) zum Einsatz. Gleichzeitig fallen Objekte, die eher mit Jungen assoziiert werden (Spielautos, Werkzeugkasten), weitgehend weg. Es finden sich überwiegend paarweise Spielkonstellationen und keine Interaktionen in größeren Gruppen.

Beim *Rollenspiel* sind es insbesondere Ava und Freya, die in Erscheinung treten. Neben dem Ärztinnen-Spiel werden vor allem Spiele mit (familiärem) Versorgungsbezug gespielt:

> Freya und Ava bauen ihr Küchenspiel am Tisch gemeinsam immer weiter aus. Alena kommt ab und an zu den beiden und wird dann auch kurz ins Spiel mit einbezogen, indem ihr Essen angeboten wird, wobei hauptsächlich Freya den Ton anzugeben scheint und Alena eher eine passive Rolle zukommt. Ole stößt ebenfalls kurz zu den dreien dazu. „Willst du auch was essen?“, wird er von Freya gefragt. Dann wird gemeinsam mit Ava eine imaginäre Speise auf dem Teller serviert. Ob Ole Soße haben wolle, fragt Ava und schöpft mit einer Kelle Soße auf den Teller, bevor er an Ole übergeben wird. Dieser nimmt den Teller kurz an sich, stellt ihn dann aber auf dem Tisch ab und verlässt die Mädchen wieder. Kurz darauf nimmt Ava Alena ihren Löffel aus der Hand und verkündet in Richtung Freya, so als ob Alena gar nicht da wäre, dass Alena nichts mehr essen wolle. Bei Alena ist keinerlei Gefühlsregung erkennbar. Sie verlässt den Tisch kurz darauf. (Einrichtung 2, Beobachtung 3)

Freya und Ava sind die Protagonistinnen dieser Szene, die das Spiel bestimmen. Sie nehmen gegenüber Ole und Alena die Rolle der Versorgerinnen ein und knüpfen damit an weiblich zugeschriebene Tätigkeiten an. Während Ole eigenaktiv das Spiel verlässt, wird Alena vom Freundinnenpaar entlassen, indem sie ignoriert wird. In anderen Beispielen spielen Freya und Ava einkaufen oder Mutter-und-Kind, womit sie, wie auch in der geschilderten Essenssituation, traditionelle Geschlechterrollen inszenieren. Das ausschließende Verhalten der beiden Freundinnen gegenüber Alena kann als eine symbolische Form von Aggression gelesen werden, wie sie in der Literatur, z.B. bei van Dieken et al. (2004: 28) und Cierpka (2011: 19), als bei Mädchen häufiger vorkommend dargestellt wird (vgl. auch Kapitel 4.4.5).

In Szenen hinsichtlich *Kontaktsuche/-aufnahme* fällt erneut auf, dass Alena in unterschiedlichen Sequenzen Kontakt sucht, von einem anderen Mädchen aber hinausgedrängt und nicht beachtet wird, wie hier von Katharina:

Ole und Alena stehen gemeinsam bei der Fensterbank. Ole hat ein Steckspiel mit mehreren Holzscheiben in der Hand und lässt diese immer wieder auf die Fensterbank fallen. Dann schaut er erwartungsvoll Alena an, woraufhin diese lauthals zu lachen beginnt. Ole lacht mit. Das wiederholen die beiden mehrere Male. Katharina stößt zu ihnen dazu. Sie verdrängt Alena von ihrem Platz, sodass diese plötzlich in der zweiten Reihe steht. Das passiert unaufgeregt und eher subtil. Alena scheint Kontakt mit Katharina aufnehmen zu wollen, aber Katharina reagiert nicht auf sie. Ole lässt ebenfalls von dem Spiel ab und das Zusammentreffen der drei löst sich auf. (Einrichtung 2, Beobachtung 2)

Bei anderen Formen der Kontaktaufnahme wird versucht, mit einer Puppe zu spielen, oder es wird Bezug auf Kleidung mit einem weiblich konnotierten Symbol (Einhorn) genommen, womit Geschlecht jeweils sinnbildlich bedeutsam gemacht wird.

Ava kommt zu Alena. Interessiert begutachtet sie die Puppe. „Guck, meine Puppe", lässt Alena sie wissen. Ava nimmt die Puppe an sich und Alena lässt es geschehen. Dann geht Ava mit der Puppe weg. (Einrichtung 2, Beobachtung 2)

Freya lässt Rosalie wissen, dass sie Einhörner auf ihrem Kleid habe. Rosalie sitzt gegenüber von Freya und schaut sie an. (Einrichtung 2, Beobachtung 2)

In einigen Sequenzen zeigt sich ein verbaler und körperlicher Ausdruck von Zuneigung:

Freya steht mit Ava in der Nähe des Tisches. Freya umarmt Ava und sagt: „Das ist meine Ava!" (Einrichtung 2, Beobachtung 1)

Weitere Tätigkeitsthemen (*Rennen/Trampeln/Springen/Tanzen* und *verbale bzw. vokale und nonverbale Kommunikation*) ergaben keine weiterführenden Interpretationen.

4.4.3 Interaktionen Jungen – Jungen

Beim gemeinsamen *Spiel mit Spielobjekten/Dingen* der Jungen ist das Spektrum der verwendeten Materialien breit gefächert. Es umfasst Objekte ohne geschlechterkonnotierte Symbolik (Alltagsgegenstände wie z.B. Trinkflaschen; Tierfiguren, Kletter- und Rutschelemente, Bälle und Luftballons, Puzzle, Naturmaterialien, Tücher), ebenso Küchengegenstände und mit Jungen assoziierte Utensilien (Spielautos, Eisenbahn, Werkzeuge). Allerdings war kaum ein Spiel mit Puppen und Kuscheltieren zu beobachten. Die Konstellationen an Spielpartnern weisen eine große Bandbreite auf.

Beim *Suchen und Aufnehmen von Kontakt* zeigen sich zwischen Vin und Liam sowie zwischen Ole und Linus Momente von Zuneigungsbekundung, auch wenn diese nicht sprachlich ausgedrückt werden:

Ole hat sich mittlerweile zu dem großen Weidenkörbchen begeben und sich dort hineingelegt. Er lutscht an der Schere aus dem Ärzt*innen-Koffer und hält das rote Rennauto in der Hand. Linus kommt dazu und legt sich neben ihn. Kurz liegen die beiden eng umschlungen in dem Körbchen, dann geht Ole aus dem Korb heraus. Linus bleibt allein zurück und wälzt sich hin und her. Er macht dabei einen gutgelaunten Eindruck auf die Beobachterin. (Einrichtung 2, Beobachtung 3)

Vin nimmt Liams Gesicht zwischen seine Hände und gibt ihm behutsam mehrere Küsse. (Einrichtung 3, Beobachtung 1)

Gleichzeitig gibt es, wie bei den Mädchen, ein Kind (Theo), das bei seiner Suche nach Anschluss häufig zurückgewiesen wird. Während sich Alena leicht verdrängen lässt und sich anpasst, hat es bei Theo den Anschein, dass er andere durch ein gewisses Dominanzgebaren abschreckt:

Theo kommt mit vorgereckter Brust auf Nick zu. Nicks Miene wirkt versteinert, er macht einen ängstlichen Eindruck auf die Beobachterin. Theo stellt sich sehr dicht an Nick heran. Nick scheint dieser enge Körperkontakt aber nicht so geheuer zu sein. (Einrichtung 1, Beobachtung 1)

Theo steht neben der Hochebene und ruft unablässig nach Nick. Dieser kommt zur Beobachterin und stellt sich hinter sie. Es wirkt, als wolle er sich vor Theo verstecken. Vergnügt sieht Nick dabei nicht aus. Theo ruft weiter: „Komm, Nick, komm!“ Nick kommt nicht. Die Beobachterin fragt ihn, ob er sich hinter ihr verstecke. Das bejaht er. (Einrichtung 1, Beobachtung 2)

Die Tätigkeitsthemen *Rennen/Trampeln/Springen* haben wie bei den gemischtgeschlechtlichen und Mädchen-Mädchen-Interaktionen einen bewegungsintensiven, lauten und auch lustvollen Charakter. Das Thema *Rollenspiel* erwies sich als randständig, weil es kaum vorkam. Das einzige identifizierte Beispiel sind zwei Jungen in der Küche:

„Sieht lecker aus!“, sagt Ole, der weiterhin mit Linus in der Küche beschäftigt ist. Er stellt eine Schüssel in das obere Fach. Die Schüssel ist zu groß, um die Tür des Faches wieder zu schließen. Er wartet kurz, dann holt er die Schüssel wieder heraus und verkündet, dass das Essen jetzt fertig sei. (Einrichtung 2, Beobachtung 4)

Zusammenfassung: Variables und „typisches“ Spielverhalten in Bezug auf Gender

Gemischtgeschlechtliche Interaktionen kamen bei den Beobachtungen häufiger vor als geschlechtshomogene Interaktionen. In allen Konstellationen hat das Spielen mit Dingen/Spielzeugen einen hohen Stellenwert. Bei geschlechtsheterogenen Interaktionen ist die Verwendung von Gegenständen weit gefächert und sie folgt weitgehend keiner geschlechtersymbolischen Zuordnung. Eine leichte Tendenz lässt sich, wenn überhaupt, zu sachlichen Objekten (Fahrzeugen) erkennen. Beim Spiel der Jungen untereinander fällt auf, dass sie fast die ganze Bandbreite an Materialien nutzen: insbesondere Objekte ohne geschlechterstereotype Symbolik (Alltagsgegenstände wie z. B. Flaschen; Tierfiguren, Kletter- und Rutschelemente, Naturmaterialien), ebenso sachliche Objekte (Fahrzeuge) sowie die Kinderküche, allerdings kaum Puppen und Kuscheltiere. Bei den geschlechtshomogenen Spielen der Mädchen ist kennzeichnend, dass sie neben Objekten, die nicht geschlechtersymbolisch besetzt sind (Bälle und Luftballons, Tierfiguren, Naturmaterialien), auch mit Objekten spielen, die eher Mädchen zugeschrieben werden (Puppen und entsprechendes Zubehör sowie Kuscheltiere), während jungen-konnotierte Gegenstände (Autos, Werkzeugkasten) wenig in Anspruch genommen werden.

Insgesamt spielen die Kinder im Hinblick auf die geschlechterbezogene Zusammensetzung der Spielpartnerschaften und die Spiel- und Materialauswahl überwiegend variabel mit einer leichten Tendenz zur Bevorzugung von kulturell als „geschlechtstypisch“ zugeschriebenen Gegenständen in geschlechtshomogenen Konstellationen. Neben dem frühen Entwicklungsalter – nach Trautner (2008: 635) ist bei Kindern in den ersten drei Lebensjahren das Wissen über kulturell strukturierte Geschlechterrollenstereotype noch gering – könnte für die Variabilität eine Rolle spielen, dass es in den beobachteten Gruppen keine traditionellen Raumarrangements wie Bau- und Puppenecken gab, die z. B. Verlinden (1995) im Hinblick auf die Förderung von geschlechtstypischem Verhalten im Kindergarten problematisiert (vgl. Kunert-Zier 2010: 13 ff.).[18]

Im Rollenspiel zeigten sich im Zusammenhang mit geschlechtsheterogenen Gruppen überwiegend Themen aus der gesamten Alltagswelt der Kinder. Die Geschlechterrollen werden flexibel besetzt. Mädchen können Essen zubereiten ebenso wie Feuer löschen. In Mädchen-Mädchen-Konstellationen kommen neben dem Ärztin-Spiel (Berufsrolle mit hohem Status) insbesondere Versorgungsspiele mit Familienbezug zum Tragen (Essen kochen, einkaufen, Mutter-und-Kind). Handwerker*innen-Spiele oder Rettungseinsätze finden sich in reinen Mädchen-Interaktionen nicht. Bei den Jungen-Jungen-Kontakten konnte nur eine Rollenspielszene beobachtet werden. Diese beinhaltet einen Haushaltsbezug, nämlich das Essenkochen. Es tauchen also Varianten von *doing gender* wie von *undoing gender* auf.

Sowohl in Mädchen-Mädchen- als auch in Jungen-Jungen-Konstellationen gibt es Momente, in denen Kinder nonverbal, zum Teil auch verbal, ihre Zuneigung ausdrücken. Nach Ahnert (2020: 228) bilden sich erste Freundschaften

18 Alle Fachkräfte gaben auch in den ethnographischen Interviews an, dass auf traditionelle Bau- und Puppenecken verzichtet wird.

oft zwischen Kindern, die das gleiche Geschlecht und ein ähnliches Alter haben. Beim Helfen, Trösten, Schlichten gibt es sowohl bei den Mädchen als auch bei den Jungen einzelne Protagonist*innen, die in Erscheinung traten.

Praktiken der geschlechtersymbolisch herkömmlichen Aktualisierung von Geschlecht finden sich in den Interaktionen der Kinder dahingehend, dass ein Mädchen sich über äußere Merkmale (lange Haare) als von den Jungen different positioniert, dass einzelne Mädchen über weiblich konnotierte Gegenstände und Kleidung miteinander Kontakt aufnehmen und beim Quatschmachen eine Ordnungsfunktion einnehmen (Vertretung der Ordnungsnormen der Fachkräfte) sowie in Beispielen von als „geschlechtstypisch" bezeichnetem Konfliktverhalten (symbolische Formen von Aggression wie Ignorieren bei Mädchen und Dominanzgebaren bei einem Jungen). In Kapitel 4.4.5 werden die Konflikterfahrungen der Kinder jedoch weiter ausdifferenziert.

Teile dieser Ergebnisse spiegeln den in der Literatur abgebildeten Wissensstand wider. Dazu gehört insbesondere, dass im Kleinkindalter die Gemeinsamkeiten im Spiel- und Interaktionsverhalten überwiegen und dass Jungen und Mädchen, wenn sie gemeinsam spielen, Spielzeuge ohne spezifische Geschlechtersymbolik und beim Spiel innerhalb der Geschlechtergruppe eher „typische" Spielzeuge wählen (vgl. Budde/Venth 2010: 35 f.). Es zeigte sich allerdings, dass eine entsprechende Umgebungsgestaltung (weitgehender Verzicht auf vorgefertigte und Bevorzugung naturbelassener Materialien) eine homogene Nutzung begünstigt, wie im folgenden Abschnitt deutlich wird, in dem die Ausstattung der Einrichtungen und deren Nutzung durch die Kinder genauer betrachtet wird.

4.4.4 Unterschiede zwischen den Einrichtungen im Hinblick auf Materialausstattung und deren Nutzung durch die Kinder

Fahrzeuge werden in allen drei Einrichtungen besonders häufig von Jungen genutzt. Diese Fokussierung lässt sich bei Mädchen für kein Spielmaterial vergleichbar aufzeigen. Weitere geschlechtsbezogene Unterschiede in der Nutzung der Materialien differieren je nach Einrichtung.

In *Einrichtung 1* ist die Nutzung der von der Einrichtung angebotenen Utensilien zwischen Mädchen und Jungen überwiegend ausgewogen. Es gibt viele naturbelassene Materialien (Holz, Korb), außerdem Knete, Malutensilien, nackte und schlicht bekleidete Babypuppen mit weichem Kunststoffkörper mit Geschlechtsmerkmalen, verschiedenen Hautfarben und ohne Haare. Ebenso stehen Kletterelemente im Gruppenraum immer zur Verfügung. Die Materialauswahl ist insoweit reduziert, als die Fachkräfte ausgewählte Objekte in wechselnden Spielinseln bereitstellen (vgl. Kapitel 3). Dabei werden auch Alltagsgegenstände (z. B. Haushaltsbürsten) und Naturmaterialien (z. B.

Schüsseln mit Kastanien) genutzt. Darüber hinaus zeigt sich eine starke Akzentsetzung durch Bücher und häufiges Vorlesen durch die Erwachsenen.

In *Einrichtung 2* offenbart sich eine genderbezogene Nutzung im Hinblick darauf, dass Verkleidungsutensilien und Puppen (die Puppen sind halb aus Plastik, halb aus Stoff; es gibt Puppen mit dunklem und mit hellem Farbton, manche mit, andere ohne Haare; sie tragen keine Geschlechtsmerkmale) stark von Mädchen, aber kaum von Jungen bespielt werden. Bei den Spielzeugen überwiegen Objekte aus Plastik und vorgefertigte Gegenstände (Koffer für Ärzt*innen, Kinderküche, Werkzeugkoffer, Puppenutensilien). Des Weiteren gibt es Geschicklichkeitsspiele, Puzzles, Steckspiele, Rutschautos, Hüpfpferde, Tücher, Verkleidungsutensilien, Bälle und Luftballons. Kletterelemente befinden sich vorwiegend im Flur und in der Turnhalle.

In *Einrichtung 3* gibt es eine deutliche Abweichung bei der Nutzung von Fahrzeugen durch Jungen einerseits und der Nutzung von Küchenutensilien durch Mädchen andererseits, wobei die Fahrzeuge zum Teil von zu Hause mitgebracht wurden. Wie in Einrichtung 2 sind die Materialien überwiegend aus Plastik und vorgefertigt. Neben Fahrzeugen und Küchenutensilien gibt es Steck-Bausteine, außerdem Bälle, Luftballons, Hüpfpferde sowie Puppen (beigefarbene Kunststoffpuppen mit einem weichen Körperteil, ohne Haare und Bekleidung sowie weiche Puppen in braun und beige, mit Geschlechtserkennung und Öffnung, mit unterschiedlichen Haarfarben, ohne bestimmte Kleidung). Kletterelemente befinden sich vorwiegend im Turnraum.

Die ausgeprägteste „geschlechtstypische" Nutzung der Materialien findet sich in Einrichtung 2 und 3. Zwar nutzen Mädchen und Jungen in beiden Einrichtungen alle Gegenstände. Jungen spielen aber wenig mit Puppen und Verkleidungsutensilien, sondern bevorzugen Fahrzeuge. Bei den Mädchen ist es umgekehrt. Da die Verteilung in Einrichtung 1 gleichmäßiger ist, lässt sich schlussfolgern, dass sich eine geschlechtsbezogen unterschiedliche Präferenz der Nutzung der angebotenen Spielobjekte insbesondere dann nicht zeigt, wenn die Einrichtung naturbelassene, wenig vorgefertigte Spielmaterialien bevorzugt und die Fachkräfte die Spielumgebung so strukturieren, dass sie nach vorheriger Beobachtung der Kinder bestimmte Gegenstände für einen gewissen Zeitraum besonders präsentieren.

4.4.5 Konflikterfahrungen der Kinder

Der folgende Abschnitt widmet sich speziell den konflikthaften Erfahrungen der Kinder untereinander. Sie gelten als unabdingbarer Teil der Sozialentwicklung (Wüstenberg/Schneider 2021: 57). Die beobachteten Konflikte – in geschlechtsgemischten wie in geschlechtshomogenen Konstellationen – wurden in die Unterthemen Auseinandersetzung um Besitz und (Spiel-)Gegenstände, Ärgern/Attackieren/Wehtun, Platz- und Revierkämpfe, Belehren sowie

Meinungsverschiedenheiten eingeteilt. Bei einem Großteil der Konflikte greifen Fachkräfte in das Geschehen ein. Ihre Interventionen werden gesondert betrachtet.

Die Sequenzen zum Thema *Auseinandersetzung um Besitz und (Spiel-) Gegenstände* zeigen, dass mit dem Kampf um einen Gegenstand immer auch weitere Themen mitverhandelt werden. Die folgende Szene findet im Garten statt:

Jetzt ist es Maximilian, der mit einem Stock auf die Blumen in dem anderen Blumenkübel einschlägt. Nasrin (studentische Aushilfskraft) sagt zu ihm, dass er das lassen solle. „Ich bin ein Jäger!“, ruft Maximilian. Nasrin scheint allerdings zu verstehen, dass er gesagt habe, er sei ein Tiger. Maximilian schlägt seinen Stock kraftvoll gegen die Stange des Sonnenschirms. Der Stock zerbricht. Kingsley kommt und hebt eine Hälfte des Stocks auf. Maximilian reißt ihm den Stock aus der Hand und sagt, dass das seiner sei. An Kingsley gerichtet sagt Nasrin, dass er ja vielleicht noch einen anderen Stock finde. Maximilian wirft seine beiden Stockhälften in ein Gebüsch. (Einrichtung 3, Beobachtung 2)

Maximilian fantasiert sich als Jäger und den Stock als Jagdwerkzeug, es wird ihm aber von der erwachsenen Person untersagt, auf den Blumenkübel zu hauen. Daraufhin schlägt er auf die Stange des Sonnenschirms und der Stock zerbricht. Kurz vor der geschilderten Situation war es Kingsley von Nasrin ebenfalls untersagt worden, mit dem Stock auf die Blumen zu schlagen, weil er sonst die Bienen aufschrecke (vgl. Kapitel 4.2.3). Indem Kingsley eine Hälfte des Stocks aufhebt, möchte er offenbar die Gelegenheit nutzen, das Spiel mit dem Stock doch wieder aufzunehmen, vielleicht als Spielpartner von Maximilian. Der aber scheint so frustriert darüber zu sein, dass sein Jagdwerkzeug zerstört ist, dass er es Kingsley wegnimmt, wegwirft und Kingsley damit auch zurückweist.

Freya und Ava laufen immer noch mit der Schlange herum. Ava trägt dabei jetzt noch eine Puppenbabyflasche und eine kleine Kanne. Katharina stößt zu den beiden dazu und hält sich in der Mitte der Schlange fest. Freya scheint das aber nicht zu wollen und sagt: „Ey, das ist unsere.“ Katharina lässt nach kurzem Zögern von der Schlange ab. (Einrichtung 2, Beobachtung 1)

In beiden Szenen (mit geschlechtshomogener Besetzung) wird deutlich, dass mit dem Versuch, einen Gegenstand zu beanspruchen, ein Kontaktwunsch bzw. der Wunsch mitzuspielen einhergehen kann sowie die Frage, wer dazugehören darf und wer nicht.

Auch die Szenen in gemischtgeschlechtlichen Zusammenhängen zeigen, dass die Motive für das Wegnehmen oder Verteidigen eines Gegenstandes mehrschichtig sind.

Zwischen Ava und Max kommt es zu einer Auseinandersetzung. Ava hat eine Schachtel mit Rasseln in der Hand. Max möchte sie ihr abnehmen. Ava versucht das zu verhindern, indem sie sich immer schneller von Max weg und um sich selbst dreht. Max läuft der

Schachtel hinterher, bekommt diese aber nicht zu fassen. Ava verliert beim Drehen eine der Rasseln aus der Kiste. Max hebt diese schnell auf und zieht, zufrieden wirkend, von dannen. Die Beobachterin hat das Gefühl, dass Ava kurz zögert um zu überlegen, wie sie reagieren soll. Dann scheint sie es dabei zu belassen. (Einrichtung 2, Beobachtung 3)

Max findet offensichtlich den Gegenstand (Schachtel mit Rasseln) begehrenswert, vielleicht auch deshalb, weil Ava ihn in den Händen hält. Ava aber will nicht teilen. Mit dem Drehen setzt sie eine geschickte Verteidigungstechnik ein, auch wenn sie dann nicht erfolgreich ist und sich geschlagen gibt.

Die Beispiele verweisen darauf, dass Besitzansprüche geschlechtsunabhängig als soziale Konflikte zu deuten sind (vgl. Ahnert 2020: 224). Interessant ist, dass einige Mädchen bestimmt und wehrhaft erscheinen und kreative Strategien wählen, wie auch Sarah im folgenden Ausschnitt:

Sarah spielt zunächst allein mit Autos und der Eisenbahn auf dem Teppich im hinteren Raumbereich. Dann spielen dort neben Sarah auch Theo, Nick und Nico. Die Konstellationen, wer mit wem spielt, wechseln immer mal wieder. Der Beobachterin fällt jedoch auf, dass Sarah jetzt nicht mehr so richtig in das Spiel findet. Sie sitzt zwar mitten im Spielgeschehen, ihr werden aber die Schienen und Züge immer wieder aus der Hand genommen. Theo erscheint sehr dominant im Spiel mit den Zügen. Immer wieder nimmt er Züge und Schienen an sich oder entfernt Züge, die ihm nicht zu passen scheinen, von den Schienen. Sarah sitzt jetzt ein klein wenig abseits und beobachtet das Spiel der Jungen mit dem Eisenbahnzubehör. Die Jungen rücken räumlich etwas weiter auseinander. Sarah nutzt die Gelegenheit und begibt sich erneut zu den Schienen. Alle sitzen jetzt nicht mehr so eng beieinander und Sarah beginnt wieder zu spielen. Sie interagiert dabei hauptsächlich mit Nick. (Einrichtung 1, Beobachtung 1)

Sarah werden die Gegenstände, mit denen sie spielte, von Theo abgenommen und sie fällt aus dem Spiel heraus. Obwohl sie sich nicht in eine offensive Auseinandersetzung begibt, gibt sie auch nicht auf. Stattdessen beobachtet sie das Geschehen und nutzt klug einen Moment, in dem die drei Jungen ihre Sitzposition verändern, um sich wieder ins Spiel zu bringen. D.h., sie agiert nicht einfach, sondern sondiert zunächst die Lage. Sie behauptet sich, indem sie sich über Hartnäckigkeit und Durchhaltevermögen wieder ihren Platz an den Schienen sichert.

Neben Szenen, die sich unter das Thema Verteidigen von Besitztümern subsumieren lassen, gibt es eine Reihe von Szenen im Kontext von *Ärgern, Attackieren, Wehtun.* Auch hier müssen die Motive, die dahinter liegen, interpretativ erschlossen werden.

In einer Serie von Sequenzen im Verlauf eines Vormittags ist Theo der Protagonist (Einrichtung 1, Beobachtung 4). Er geht in diesen Situationen sowohl mit Dingen (Eisenbahnschienen) als auch mit anderen Kindern (Jungen und Mädchen) attackierend um. Er haut mit einem Spielzeughammer auf die Schienen. Er bewirft ein anderes Kind, dem das nicht gefällt, mit Schnee. Er tritt gegen ein Kissen, mit dem ein Kind spielt, wodurch das Kissen in dessen Gesicht landet. Er nimmt das Kuscheltier dieses Kindes und wirft es durch den

Raum. Theo brauchte jeweils eine äußere Autorität (den Blick der Beobachterin oder die verbale Intervention einer Fachkraft), um sein Verhalten zu beenden. Das Beobachtungsprotokoll vermittelt den Eindruck, dass es ihm nicht gelang, lustvoll bei einer Aktivität zu bleiben, und dass seine Kontaktangebote gegenüber anderen Kindern von diesen wiederholt zurückgewiesen wurden. Er wurde, wie teilweise auch an anderen Vormittagen, in seinem Wunsch nach Integration in die Gruppe frustriert. Verbale Interventionen der Fachkräfte oder Ablenkungs- und Beschäftigungsangebote hatten nur begrenzte Wirkung (vgl. Kapitel 4.2.5). Das Team erklärte sich dies damit, dass die Einrichtung Theo, der mit seinen 35 Monaten zu den älteren Kindern gehörte, nicht mehr das Umfeld bieten könne, das seinen Bedürfnissen entsprach.

Im folgenden Protokollauszug ist Angelina diejenige, von der Attacken gegenüber einem anderen Kind (Junge) ausgehen:

Im Spielbereich kommt es zu einer Auseinandersetzung zwischen Fabricio und Angelina. Angelina schubst Fabricio mehrmals. Dieser sagt, dass er das nicht wolle. Angelina schubst weiter. Fabricio beginnt zu weinen. Angelina läuft weg und wendet Fabricio den Rücken zu. Sie bleibt aber im abgetrennten Spielbereich. Nasrin (studentische Hilfskraft) kommt dazu und fragt Fabricio, was los sei. Dieser beschwert sich unter Tränen und mit einer gewissen Empörung, dass Angelina ihn geschubst habe. Nasrin sagt, dass Fabricio sagen solle, dass er das nicht wolle. Fabricio ruft noch einmal in Angelinas Richtung: „Nein, nicht schubsen!“ „Siehst du, alles gut“, erwidert Nasrin daraufhin. Kaum hat Nasrin das gesagt und sich umgedreht, ist Angelina schon wieder bei Fabricio und schubst ihn erneut. Vin kommt dazu und scheint Fabricio helfen zu wollen. Nasrin sagt zu Angelina, das könne ja wohl nicht wahr sein, sie solle sofort damit aufhören. Angelina zieht sich ein Stück zurück und beginnt, schrille Schreie auszustoßen. Vin erwidert ihre Schreie. Angelina wirft etwas in Vins Richtung. Nun kommt Nasrin erneut dazu. „Dieses Kind!“, gibt sie von sich, als sie zurück in den Spielbereich geht. Sie hält Angelina an den Armen fest, kniet sich zu ihr hinunter und sagt erneut, dass sie aufhören solle zu schubsen und mit Dingen zu werfen. So etwas würden sie hier nicht machen. Dann verlässt Nasrin den Spielbereich. Vin und Fabricio spielen miteinander und Angelina bleibt etwas abseits, wirft den beiden aber ab und zu einen Blick zu. Die überwiegende Zeit scheint sie sich selbst im Spiegel anzuschauen. Sie küsst den Spiegel und betrachtet die Abdrücke, die das macht, und deren Verschwinden. Sie ruft Fabricio zu sich und sagt, dass sie den Spiegel küsse. Fabricio wirkt etwas zögerlich, kommt ihrer Aufforderung dann aber nach. Fabricio beginnt ebenfalls den Spiegel zu küssen und die beiden lachen und scheinen sich zu amüsieren. (Einrichtung 3, Beobachtung 3)

Angelinas Motiv dafür, Fabricio zu schubsen, erschließt sich aus dem Zusammenhang nicht. Die Pädagogin fragt Fabricio, was los sei, nicht aber Angelina. Vielleicht will Angelina Fabricios Aufmerksamkeit erwecken oder sie hat eine Frustrationsaggression oder Lust an Reibung. Nasrin ermuntert Fabricio, „nein“ zu sagen, also eine verbale Lösung herbeizuführen. Allerdings ist das ein Vorschlag, den Fabricio selbst schon ausprobiert hat. Wieder erreicht er Angelina mit seinem „nein“ nicht, sie schubst ihn erneut und lässt sich auch nicht davon beeindrucken, dass Fabricio Unterstützung von seinem Freund Vin bekommt. Nasrin reagiert verärgert, woraufhin Angelina schrille Schreie ausstößt und Vin mit einem Gegenstand bewirft. Schließlich erfährt Nasrins Reaktion eine Steigerung, indem sie „dieses Kind“ sagt und Angelina, unterstützt durch Körperkontakt (am Arm festhalten) mit eindringlichen Worten reglementiert. Ihre Intervention erscheint machtvoll, und die Regel, dass Konflikte verbal gelöst werden sollen, wird von ihrer Seite aus nicht ganz eingehalten. Zu berücksichtigten ist, dass mehrere Fachkräfte sowie die Beobachterin anwesend sind und dass die Räumlichkeit auf die Beobachterin eng wirkt. Möglicherweise fühlte sich Nasrin deswegen unter Druck. Deutlich wird indes eine Asymmetrie zwischen erwachsener Person und Kind, wobei diese Asymmetrie in sich gebrochen ist, da Nasrin ohnmächtig wirkt, ebenso wie Fabricio. Es sind drei Konflikte entstanden: zwischen Angelina und Fabricio, Angelina und Vin und zwischen Angelina und Nasrin. Angelina bekommt die Rolle des Störenfrieds. In Bezug auf das Geschlechterthema ist hier interessant, dass nicht ein Junge der Protagonist einer körperlichen Form von Aggression ist, sondern ein Mädchen. In ihrer proaktiven Rolle aber wird sie nicht bei ihren Gefühlen und Motiven abgeholt. Angelina sorgt selbst für eine Emotions- und Konfliktregulation, indem sie sich im Spiegel „spiegelt“ und Fabricio auch dazu einlädt. Sie findet damit, wie auch bei Sarah unter dem Thema „Besitz/(Spiel-)Gegenstände“ beschrieben, eine sehr kompetente Lösung.

Beim Thema *Platz- und Revierkämpfe* geht es sowohl bei Mädchen als auch bei Jungen um Selbstbehauptung:

> Kathrin (Fachkraft) sitzt mit ausgestreckten Beinen auf dem Boden, angelehnt ans Spiegelregal. Nick sitzt auf ihrem Schoß. Neben ihr sitzt Sarah und vor Sarah sitzt Theo. Gemeinsam lesen sie ein Buch über die Feuerwehr, das Nick mitgebracht hat. Sarah scheint sich an Theo, der vor ihr sitzt, zu stören. Sie beobachtet seine Bewegungen genau und tritt immer mal wieder leicht nach ihm. Theo reagiert aber nicht darauf, und Kathrin scheint es nicht zu bemerken. (Einrichtung 1, Beobachtung 4)

> Es kommt zu einem kurzen Handgemenge zwischen Vin und Fabricio, weil Fabricio seine S-Bahn auf Vins Traktor legt und Vin dies anscheinend nicht möchte. Vin haut nach Fabricio und dieser zetert daraufhin, dass Vin ihn gehauen habe. Die beiden verschwinden aus dem Blickfeld der Beobachterin. Sie hört, dass Alex (Fachkraft) sich der Sache annimmt und dass sie etwas von „nicht hauen“ sagt. (Einrichtung 3, Beobachtung 3)

Fabricios Handlung, seine Bahn auf Vins Traktor zu legen, kann als Kontaktversuch verstanden werden. Vin aber scheint Fabricios Aktion als dominant und übergriffig zu empfinden, sodass er sich körperlich wehrt.

Belehrung ist ein Konfliktthema, das häufig beobachtet werden kann und fast ausschließlich von den Mädchen ausgeht. Kontext ist in der Regel das gemeinsame Frühstück und die Belehrungen beziehen sich auf ein gutes Verhalten bei Tisch (nicht mit dem Essen spielen, sich ordentlich benehmen etc.). Manchmal werden diese Belehrungen von den Fachkräften als legitim erachtet, manchmal nicht.

Sarah weist ihren Sitznachbarn Nick darauf hin, dass dieser nicht mit dem Essen spielen soll. (Einrichtung 1, Beobachtung 1)

Linus und Katharina rumpeln weiterhin mit ihren Stühlen herum. Freya zeigt auf die beiden, um auf ihr Verhalten aufmerksam zu machen. Das gelingt ihr auch, denn von Deborah (Fachkraft) ist ein genervtes „Hallo, Linus!“ zu hören und Vanessa (Fachkraft) sagt, die beiden sollten mal aufhören zu zappeln und stattdessen lieber etwas essen. Sie werden nach dieser Ansage erst einmal etwas ruhiger. (Einrichtung 2, Beobachtung 2)

Am Tisch lacht Katharina wieder und erneut lassen sich andere Kinder dazu animieren mitzulachen. „Nicht lachen!“, rufen Ava und Freya entrüstet. „Doch, ihr dürft lachen“, sagt Daniel (Fachkraft) ruhig. (Einrichtung 2, Beobachtung 1)

In einem der wenigen Beispiele, in denen ein Junge zur Ordnung ruft, bittet Theo Konstantin darum, leise zu sein, weil andere Kinder schliefen. D.h., er bittet um Rücksicht, hat also ein soziales Motiv. Allerdings schlafen zu diesem Zeitpunkt keine Kinder. (Einrichtung 1, Beobachtung 5)

Zu *Meinungsverschiedenheiten* als Konfliktthema finden sich Szenen, in denen Kinder unterschiedliche Vorstellungen davon haben, was gespielt oder unternommen werden soll.

Kurz darauf kommt es zwischen Ava und Freya zum Konflikt. Ava sitzt mit einer recht großen Plastikbox mit Deckel am Tisch. „Ich bin nicht mehr deine Freundin!“, sagt Freya zu ihr und entfernt sich vom Tisch. Es scheint darum zu gehen, dass die beiden unterschiedliche Vorstellungen davon haben, was gespielt werden soll. „Da werden harte Geschütze aufgefahren“, kommentiert Vanessa (Fachkraft) die Auseinandersetzung der beiden. Freya lässt sich in der Kuschelecke nieder. Mit einer kleinen Verzögerung folgt Ava ihr. Die große Plastikbox trägt sie bei sich. Freya liegt in der Kuschelecke und zieht eine beleidigte Miene. Ava spricht mit ihr. Immer wieder wendet sich Freya von ihr ab. Dann sagt Ava, sie habe ein Aua am Bein. Sie zeigt auf die Stelle. Das scheint Freyas Interesse zu wecken. Die beiden verständigen sich darauf, verarzten zu spielen. Freya hat sich mittlerweile wieder aufgerichtet. Ava öffnet den Deckel der Plastikbox und entnimmt dieser einige große grellbunte Perlen. Einige davon verteilt sie an Freya. Sie stecken sich die Perlen in den Mund und scheinen so zu tun, als würde es sich dabei um Medizin handeln. (Einrichtung 2, Beobachtung 2)

Neben der Tatsache, dass die Meinungsverschiedenheit zum Beziehungsthema gemacht wird und die Freundinnen über Avas „Aua“ und damit Als-ob-Bedürftigkeit und das Kümmern wieder zueinanderfinden, fällt hier auf, dass die beteiligten Kinder (Mädchen) ihren Konflikt erfolgreich ohne eine Intervention der Fachkraft lösen. Beeindruckend sind insbesondere Avas Beharrlichkeit und Ausdauer. In einer anderen Szene schaltet sich eine Fachkraft ein:

Bei einigen Kindern scheint es bezüglich der Entscheidungsfindung, ob sie in die Turnhalle oder spazieren gehen, noch Unklarheiten zu geben. Zwischen Fabricio und Vin kommt es zu einem kleinen Konflikt, weil Fabricio in die Turnhalle möchte und sagt, dass Vin auch in die Turnhalle müsse. Dieser scheint aber spazieren gehen zu wollen. Alex (Fachkraft) unterstützt Vin dabei, der Aktivität nachzugehen, die ihm gefällt, und wenn er spazieren gehen wolle, sei das vollkommen in Ordnung. (Einrichtung 3, Beobachtung 5)

Es wäre interessant gewesen verfolgen zu können, ob und falls wie Fabricio und Vin sich verständigt hätten.

Meistens werden die Fachkräfte nicht von den Kindern um Hilfe gebeten, sondern sie nehmen sich der Konfliktsituationen nach eigenem Ermessen an. Bei den *Interventionen der Fachkräfte* ergibt sich als Muster, dass sie sich entweder auf das Kind beziehen, das vermeintlich in Mitleidenschaft gezogenen wurde, oder auf das proaktive Kind oder auf beide Beteiligten. Ein Beispiel mit dem Fokus auf das in Mitleidenschaft gezogene Kind ist:

Katharina scheint das Handy, mit dem zuvor Alena gespielt hatte, weggenommen zu haben und läuft jetzt mit diesem durch die Gruppe. Alena wirkt wie gelähmt. Sie steht an einer Stelle, lässt den Kopf hängen und wirkt so, als ob sie gleich zu weinen beginnen würde. Maria (Fachkraft) sagt, sie solle zu Katharina gehen und sich das Handy zurückholen. Alena zögert, macht sich dann aber daran, Katharina zu verfolgen. Diese wiederum scheint sich einen Spaß daraus zu machen, vor Alena wegzulaufen. Besonders entschlossen wirkt Alena bei ihrer Verfolgung nicht. (Einrichtung 2, Beobachtung 4)

Ein Beispiel mit dem Fokus auf das proaktive Kind ist:

Emma ist jetzt im vorderen Bereich. Sie scheint sich für die Dosen mit Knete zu interessieren, die auf dem Boden stehen. Theo kommt und nimmt Emma die Dose, die sie in die Hand genommen hatte, weg. „Meine Knete", sagt er. Charlotte (Fachkraft), die aufgestanden ist, um sich auf den Weg in den Flur zu machen, lässt Theo wissen, dass, wenn er eigene Spielsachen mit in die Gruppe nehme, die anderen Kinder auch mal damit spielen bzw. sich die Sachen anschauen dürften. Wenn er das nicht wolle, müsse er die Knete in seine Box packen. Das befolgt Theo auch sogleich. Er räumt die Knete in die Box und stellt sie in das Spiegelregal. (Einrichtung 1, Beobachtung 5)

Ein Beispiel für den Miteinbezug von beiden beteiligten Kindern ist (vgl. auch Kapitel 4.2.5):

Freya kocht immer noch am Tisch neben Vanessa (Fachkraft). Leif kommt dazu und möchte etwas von Freyas Utensilien entwenden. Freya reißt ihm den Gegenstand aus der Hand und sagt empört, dass das ihre Sachen seien. Vanessa bestärkt sie, macht Leif aber zugleich darauf aufmerksam, dass es noch eine Menge anderer Küchensachen gebe, die er benutzen könne. (Einrichtung 2, Beobachtung 3)

Die Aktivitäten der Fachkräfte umfassen in den dargestellten Situationen mehrere Varianten: die Aufforderung sich zu wehren; die Aufforderung zu teilen; Verständnis zeigen und Verweis/Ablenkung auf andere Gegenstände. Auf wen der Fokus gerichtet wird, ob auf das in Mitleidenschaft gezogene Kind, das proaktive Kind oder auf beide beteiligten Kinder, erscheint nicht geplant, sondern situativ.

Verbale Strategien der Konfliktlösung werden durch die Fachkräfte besonders intendiert. Es finden sich zahlreiche Situationen, in denen die Kinder zu sprachlichen Lösungen angehalten oder dafür gelobt werden. Das körperliche Eingreifen von Fachkräften wie ein Kind am Arm festhalten, wegtragen oder wegsetzen kommt dann vor, wenn Verhaltensaufforderungen nicht befolgt oder Gegenstände trotz Aufforderung nicht zurückgegeben werden. Dies ist eine seltene Praxis, die gleichzeitig die Asymmetrie im Erwachsenen-Kind-Verhältnis verdeutlicht.

Zusammenfassung: „Geschlechtstypisches" Konfliktverhalten?

Widerstreitende Auseinandersetzungen im Kleinkindalter sind eine übliche Kommunikationsform in Kindergruppen. Wie dargestellt, sind die Anlässe und Themen vielfältig. Auch in einer Studie von Simoni/Herren/Kappler/Licht (2016) über frühe soziale Kompetenz unter Kindern im Alter von acht bis 22 Monaten wurden unterschiedliche Konfliktthemen identifiziert, die sich zudem im Verlauf der ersten beiden Lebensjahre verändern (Wüstenberg/Schneider 2021: 229).

Nach van Dieken et al. (2004: 28 f.), Rohrmann (2008: 69) und Cierpka (2011: 19) gilt es in der empirischen Forschung als weitgehend unstrittig, dass Jungen bei Konflikten eher körperliche Aggressionsformen praktizieren, während Mädchen in ihrem aggressiven Verhalten überwiegend indirekte, verbale und symbolische Formen nutzen (vgl. Kapitel 4.4.2). Auch Dornes (1997: 268) stellt in seinem Überblick über die Entwicklung von Aggression im frühen Kindesalter heraus, dass Jungen häufiger als Mädchen körperliche Gegenwehr leisten, wenn sie angegriffen werden. Jedoch lohnt sich ein differenzierter Blick. Unser Material macht deutlich, dass Mädchen ebenso wie Jungen sowohl verbalen („nein" sagen) wie körperlichen (schubsen, hauen, treten, sich auf jemanden werfen, beißen) Einsatz zeigen. Kinder beider Geschlechter können in die proaktive Rolle bzw. in die Rolle des vermeintlichen „Störenfrieds" kommen, und die gezeigten Formen sind vielfältig. Geschlechterunterschiede treten in den Hintergrund (vgl. auch Dittrich/Dörfler/Schneider 2001: 203).

In allen Konstellationen (gleich- und gemischtgeschlechtlich) waren Streitigkeiten um Besitz und Gegenstände im Kontext von Selbstbehauptung und sozialen Konflikten sehr präsent. Das Thema Belehren fand sich überwiegend im Zusammenhang mit Mädchen, insbesondere in Essenssituationen. Anzunehmen ist, dass sich Mädchen über das Belehren mit den (weiblichen) Fachkräften identifizieren, worin eine Form der Nähesuche zu sehen ist: Wenn ich so bin wie du, dann kann ich mich dir nahe fühlen. Auch im Kapitel 4.4.1 wurde auf Sequenzen verwiesen, in denen Mädchen beim Frühstück zur Ordnung rufen. Interessanterweise fanden auch Rose und Seehaus (2016: 182 ff.) in ihrer Ethnographie des Schulessens das Phänomen, dass Mädchen beim Essen Gleichaltrige belehren. Sie stellen sich damit den Fachkräften gleich und begeben sich so innerhalb der Gleichaltrigengruppe in „eine Differenz- und gleichzeitig Überlegenheitsposition" (ebd.: 183). Ausgehend davon, dass Frauen in Kitas als Fachkräfte überwiegen und auch in der Familie prominent Versorgungsaufgaben übernehmen, handelt es sich offenbar um ein früh verinnerlichtes und langanhaltendes geschlechtsbezogenes Interaktionsmuster. Darüber hinaus fielen einige Szenen auf, in denen Mädchen kompetent clevere Lösungen fanden, um sich zu verteidigen, zu behaupten oder ihre Affekte zu regulieren. In ihnen geraten Praktiken in den Blick, mit denen sie sich abgrenzungs-, selbstbehauptungs- und durchsetzungsfähig präsentieren.

Mädchen ebenso wie Jungen werden dazu angehalten, Konflikte nicht körperlich, sondern verbal auszutragen. Nach van Dieken et al. (2004: 22 f.) hat die Ablehnung körperlicher Auseinandersetzungen eine Tradition, die nicht zuletzt auf didaktische Einheiten zum sozialen Lernen im Kindergarten in den 1970er Jahren zurückgeht. Rangeln, raufen und kämpfen als Emotionsausdruck geraten dadurch aus dem Blick (ebd.: 29). Während also Jungen einerseits zu kraftvollen Körperaktivitäten ermutigt werden, sollen sie sich andererseits in Interaktionen körperlich zurückhalten.

5. Interviews mit den Fachkräften

Ergänzend zu den teilnehmenden Beobachtungen wurden mit neun beteiligten Fachkräften (sieben Frauen, zwei Männer) und ebenso mit den Eltern ethnographische Einzelinterviews durchgeführt und orientiert am „themenzentriert-komparativen Verfahren“ von Karl Lenz (2001: 62 ff.) ausgewertet (siehe Kapitel 2.4). Die Auswertung berücksichtigt manifeste und latente Sinngehalte. Ziel der Interviews mit den Fachkräften war es herauszufinden, wie sie ihr Handeln in Bezug auf Gender reflektieren. Im Folgenden werden die grundlegenden Aussagen und Muster vorgestellt und durch Zitate beispielhaft veranschaulicht.

5.1 Konstruktion moderner Mutter- und Vaterbilder durch die Fachkräfte

Die zitierten Ausschnitte entstammen der Impulsfrage, was den Fachkräften einfalle, wenn sie an die Mütter oder Väter der Kinder in ihrer Einrichtung denken.

Charlotte: Also, als allererstes in den Sinn kommt mir Druck und Stress. Also ich/ Also im Großen und Ganzen, finde ich, haben wir, klingt zwar doof, aber wir haben super Familien. Also, wir haben wirklich, habe ich den Eindruck, ein total gutes Verhältnis zu den Familien, zu den Eltern, zu den Müttern. Und ich habe aber oft den Eindruck, dass die ganz schön unter Druck stehen. Also, dass sie VIEL[19] zu bewältigen haben, dass sie Vieles GUT machen wollen, bisweilen perfekt machen wollen. Manchmal der eigene Anspruch so HOCH ist, dass er nicht zu erreichen ist eigentlich. Und diese Mutter-Rolle/ Also ich glaube, im Moment ist es auch schwierig, Mutter zu sein mit diesen verschiedenen Strömungen: attachment parenting, also so dieses absolute/ Also wir arbeiten ja auch bedürfnisorientiert und schreiben uns das immer ganz groß auf. Und ich glaube, für viele ist bedürfnisorientiert aber, die eigenen Bedürfnisse überhaupt nicht mehr wahrzunehmen, sondern die Bedürfnisse des Kindes sind das einzige Zentrale, worum sich alles drehen muss. Und das führt zu einer Überforderung, die wir spüren manchmal. So. Dieses, dass es vielleicht so eine Interpretation von Bindung ist oder so, die für viele Mütter bedeutet, dass sie sich selber völlig zurückstellen oder ihre eigenen Bedürfnisse und quasi die des eben Arbeitgebers natürlich erfüllen oder des Studiums erfüllen. Je nachdem eben, in welcher Phase sie gerade sind. Und dann eben die Bedürfnisse des Kindes erfüllen. Und ich manchmal denke: „Wo, wann macht ihr eigentlich was für euch selber?“ (lacht) So. Also, ich habe das Gefühl, es ist schon viel, ein hoher Druck da, ja.

Charlotte bringt ihre Wahrnehmung zum Ausdruck, dass insbesondere Mütter unter Druck stünden, weil sie sich hohen Anforderungen gegenübersähen und sich einen Perfektionsanspruch auferlegten. Sie stellten eigene Bedürfnisse

19 Die Großbuchstaben bedeuten, dass die*der Sprecher*in das Wort besonders betont hat.

zurück, in dem Bestreben, den Idealen eines im pädagogischen Mainstream verhandelten bindungsfördernden Elternverhaltens zu genügen und zugleich den Ansprüchen des Arbeitgebers oder des Studiums gerecht zu werden. Im Gegensatz dazu nimmt sie Väter als entspannter wahr.

Charlotte: Entspannter. (lacht) Ich, ja, also wir haben viele Kinder, die von den Vätern gebracht und geholt werden. Also, es ist nicht so, dass die nicht präsent wären. Wir haben sehr präsente Väter in der Einrichtung, die sich, die auch sich um ihre Kinder kümmern und an der Erziehung beteiligt sind und jetzt nicht so Feierabend- und Wochenende-Bespaßungspapa oder so. Und trotzdem scheint es mir, dass Väter anders in der Lage sind, sich selber noch wichtig zu nehmen oder so. Oder vielleicht äußere Ansprüche nicht so erfüllen zu müssen. Oder irgendwie so was vielleicht. Also, die kommen dann auch eher mal in Jogginghose und Kapuzenpulli zum Beispiel. Jetzt als so ganz blödes Beispiel, aber halt so: „Ja, die Nacht war irgendwie schwierig und es war anstrengend. Und jetzt sehe ich halt aus, wie ich aussehe.“ Und ich glaube, ich kenne keine Mutter, die so irgendwie ihr Kind wegbringen würde. (lacht)

Väter werden von ihr so erlebt, dass sie im Erziehungsalltag zwar anwesend sind, aber auch auf sich und ihre Bedürfnisse achten und sich nicht so sehr äußeren Anforderungen unterwerfen, sich also mehr abgrenzen als Mütter.

Ihre Kollegin Kathrin benutzt für Mütter den Ausdruck „Workaholics“ und beschreibt sie als „Arbeitsmamis“, die „adrett“ und „gestylt“ aussähen.

Kathrin: Irgendwie alle Workaholics. (lacht)

Interviewerin: Okay.

Kathrin: Oder was heißt alle? Aber wirklich viele. Gestylt, schöne Klamotten, also legen auch häufig Wert auf das äußerliche Erscheinungsbild. Nicht hundert Prozent alle, also da sind zwei/ Wobei eine, die fällt da so ein bisschen aus dem Raster, die ist eher so ein bisschen alternativer unterwegs. Aber sonst sind es schon so Arbeitsmamis, die immer adrett aussehen und die auch, glaube ich, Wert darauf legen, dass ihre Kinder da auch reinpassen.

Die Bezeichnung „Workaholics“ hat einen pathologisierenden Charakter. Die Wortwahl legt nahe, dass Kathrin Mütter als Burnout-gefährdet erlebt. Der Ausdruck „Arbeitsmamis“ beschreibt die Wahrnehmung, dass die Mütter stark auf die berufliche Karriere ausgerichtet sind und die Erwartung haben, die Kinder hätten entsprechende Anpassungsleistungen zu erbringen. Die Väter erscheinen dagegen „sanft“, „zart“ und „kuschelig“, und sie überließen den Frauen die Führungsrolle:

Kathrin: Ja. Also, wir haben schon wirklich sanftmütige Väter. Ja. Ist jetzt keiner, der so diesen typischen, weiß ich nicht, Magazin-Mann entsprechen würde. Weiß ich nicht. Es gibt ja immer so dieses typische Mann-Bild und ich würde sagen: Keiner der Männer passt dort rein. Also, sie sind alle sanft und, ja, so Kuschel-Papas haben wir. Zarte Kuschel-Papas. (lacht) Ich glaube, bei uns sind die Frauen eher die, die die dominantere Rolle in den Beziehungen auch übernehmen.

Ähnliche Aussagen finden sich in anderen Interviews:

Aaron: Ja, es ist (lachend) bei manchen Vätern. Also, man vergisst mal, eine Mütze mitzunehmen, und die sind auch total ehrlich, die sagen: Ja, meine Frau kriegt das besser hin und morgens auch, das ist ja mit dem Aufstehen, Anziehen, Zähneputzen, da sind die ja fix und fertig. Und (lachend) ich hatte auch in der alten Einrichtung einen Vater, der hat/ was für mich ihn total sympathisch gemacht hat, er kam einmal, so zwei-, dreimal, kam er, hat sie abgegeben und dann wollten wir in den Garten und hat er die Schuhe vergessen. Sie kam ohne Schuhe. Und er meinte so auch so: Aaron, ich kann das nicht. Meine Frau macht das besser, die ist viel organisierter. Aber nachmittags holt er sie gerne ab, weil da hat er auch die Zeit, da muss er nicht mehr ins Büro gehen oder generell auch, dann ist das Kind auch viel entspannter, er muss nicht durch die ganze Wohnung rumrennen, um nur Zähne zu putzen, hat er mir auch ganz ehrlich und offen erzählt. Ja, aber der gibt sich Mühe und das macht auch den Menschen so sympathisch.

Interviewerin: Ja, aber das erlebst du bei Müttern jetzt nicht? Oder erlebst du die Mütter auch so überfordert morgens?

Aaron: Nein, die Mütter nicht. Die sind da (lachend) total entspannt. Klar gibt es mal Situationen, wo es morgens nicht klappt oder so, aber nein. Die sind total entspannt.

In Aarons Aussagen kommt zum Ausdruck, dass er Mütter als gut organisiert und souverän erlebt, einige Väter hingegen als unstrukturiert und überfordert, wenn sie die Kinder morgens bringen, aber auch sympathisch. Die angeführte Bemerkung eines Vaters, dass seine Frau organisierter sei als er, impliziert, dass er sich aus der Verantwortung dafür nimmt, dass er seine Tochter mehrmals nicht vollständig ausgestattet (ohne Schuhe) übergab.

Auch Daniel erlebt Väter als wenig planvoll handelnd:

Daniel: Ja. Also, dieses verpeilte Lockere halt, ne, so. Dieses: Ah! Ja. Okay. Generell so dieses etwas Lockere, was Männer manchmal so an sich haben so. Das/ dieses Verpeilte halt so.

Dagegen erschienen insbesondere Mütter leistungsorientiert in Bezug auf die Entwicklung des Kindes (trocken werden, Sprache), und die Väter passten sich ihnen an:

Daniel: […] Dieses: Mein Kind muss funktionieren. Mein Kind muss mit drei trocken sein und muss mit zweieinhalb anfangen zu sprechen oder spätestens angefangen haben zu sprechen und so. Das ist halt das. Und dass halt jeder seine Meinung irgendwo schreiben kann oder reinwerfen kann. Da durch diese ganzen Gruppen da, die es im Netz gibt, wo halt auch jeder jeden Mist reinschreiben kann und so. Daran liegt das, glaube ich. Ja.

Interviewerin: Und das bezieht sich aber tatsächlich auf die/ also eher auf die Elternschaft an sich, jetzt nicht mehr auf Mütter oder Väter, die da Druck ausüben?

Daniel: Nein. Das/ nein. Nein, nein. Ich glaube, dass da manche Mütter vielleicht ein bisschen mehr informiert sind, dass sie sich einfach generell mehr mit so Themen beschäftigen, ne, sodass die Männer halt dann eher so: Na ja. Lasse mal/ gucke mal! Lasse mal die Mutti das machen so. Und dass die Mutter halt dann mit neuen Ideen aus dem Internet kommt und der Mann halt dann quasi dazu ein bisschen angetrieben wird da halt da mitzufahren. Ob die ganzen Väter das so toll finden, da weiß ich nicht, aber/ ja. Genau.

Die Aussagen stammen von den Fachkräften der beiden Einrichtungen, die einen hohen Anteil an akademisch ausgebildeten Eltern haben. Die Mütter werden als gut organisiert und strukturiert, souverän, leistungsfähig und -orientiert, ehrgeizig, aber auch gestresst wahrgenommen. Die Schilderungen erwecken den Eindruck, dass sie in Bezug auf die Vereinbarkeit von Beruf bzw. Studium und Familie ebenso wie in Bezug auf Elternschaft eine große Optimierung betreiben. Selbst- und Fremderwartungen seien hoch, und Internetforen beförderten den Leistungs- und Perfektionsanspruch, den sie auch an die Kinder richteten. Die Väter werden als abgegrenzt, weich, zart, kuschelig, außerdem weniger strukturiert und organisiert, aber sympathisch präsentiert. Darüber hinaus haben sie offenbar nicht den Anspruch, in ihrer Elternrolle ideal und perfekt aufzutreten. Es reicht ihnen, wenn sie den Alltag irgendwie bewerkstelligen und z. B. morgens im Jogginganzug in die Einrichtung kommen. Hinter den Wahrnehmungen der Fachkräfte könnten bei ihnen ebenso wie bei den Eltern nach wie vor wirksame geschlechtsbezogene gesellschaftliche Zuschreibungen stehen, die eine Haupt-Zuständigkeit von Müttern bei der Kinderbetreuung bewahren und die Vater-Kind-Beziehung als weniger zentral erachten (Flaake 2022: 391). Während es für Mütter eine Herausforderung ist, ihre subjektiven Wünsche z. B. nach beruflichem Erfolg mit dem kulturellen Mutterideal zu vereinbaren, unterliegen Väter keiner Perfektionsambition, was die Vereinbarkeit von Beruf/Studium und Familie sowie Elternschaft anbelangt. Gleichzeitig lassen die Aussagen erkennen, dass Mütter kritischer beobachtet und bewertet werden als Väter, worin sich der gesellschaftliche Anspruch der „guten Mutter“ manifestiert. Mehrfachbelastung, Zeitdruck und hohe Ansprüche werden gegen sie gewendet, was geeignet ist, Zweifel daran zu nähren, ob sie als Mütter genügen – sowohl in den Augen der Fachkräfte als auch in ihren eigenen Augen. Handelt es sich bei den Narrativen der Fachkräfte um gesellschaftliche Konstrukte moderner Mutter- und Vaterbilder, fällt auf, dass die Belastungen ungleich verteilt sind, wodurch sich die binäre Geschlechterdifferenz stabilisiert. Darin verwoben deutet sich eine Umkehr herkömmlicher Geschlechterrollenattribute an: Mütter werden als leistungsorientiert und zielstrebig, Väter als weich und lieb wahrgenommen. Forschungsarbeiten zur geschlechtlichen Arbeitsteilung zeigen, dass sich Väter vermehrt in die Kinderbetreuung einbringen, allerdings häufig angeleitet durch die Partnerin (Jurczyk/Thiessen 2020: 130).

5.2 Konstruktion des Bedarfs an gemischtgeschlechtlichen Teams

Bei der Frage, wie Frauen und Männer im Team miteinander umgehen, wird in allen Interviews zum Ausdruck gebracht, dass gemischtgeschlechtliche Teams von Vorteil seien. Diese Auffassung scheint zum Common Sense einer zeitgemäßen Haltung geworden zu sein, bei der man sich von der Tradition des Erzieher*innenberufs als Frauenberuf (Rabe-Kleberg 2003) verabschiedet. Die Begründungen dafür sind unterschiedlich (vgl. auch den Überblick bei Rohrmann/Wanzeck-Sielert 2018: 111 ff.).

Deborah: Ich/ erstens finde ich, dass die Ansicht/ ja, doch. Die Ansicht geändert wird, dass auch Männer in diesem Beruf arbeiten dürfen. Also, dass ein Mann genauso viel/ genauso ein Recht hat Erzieher zu werden, wie eine Frau ein Recht darauf hat Erzieherin zu werden. Und einfach/ ich weiß nicht ich finde es/ ich persönlich finde es auch irgendwie ENTSPANNTER, wenn auch Männer dabei sind so, weil (unv.). Da drüber habe ich mir noch nie Gedanken gemacht, warum ich das so als/ ich weiß nicht. Also ich finde es halt irgendwie schöner einfach so auch von der Atmosphäre irgendwie, dass Männer/ dass wir hier Männer haben und so und dass es nicht immer nur so/ dass es nicht nur als der FRAUENBERUF gesehen wird, sondern, dass man auch sagt: „Beide Geschlechter können in diesem Bereich arbeiten." Und das ist halt das, wo/

Deborah gibt an, in gemischtgeschlechtlichen Teams ein Element im Sinne der Gleichberechtigung der Geschlechter zu sehen: Auch Männern wird die Arbeit mit Kleinkindern zugetraut und zugestanden. Ihre Aussage kann als ein gleichstellungspolitisches Argument aufgefasst werden, das sich für die Überwindung eines geschlechtergetrennten Arbeitsmarktes positioniert (vgl. Rose 2014a: 33). Indirekt spricht sie auch an, dass sie es als Aufwertung des „Frauenberufs" empfindet, wenn Männer als Erzieher arbeiten. Unausgesprochen bleibt die Abwertung des „Frauenberufs", die dieser Aussage inhärent ist.

Auffallend ist zudem die Tendenz, dass Eigenschaften, die weiblichen Fachkräften zugeschrieben werden, abgewertet werden, während Eigenschaften, die männlichen Fachkräften zugeschrieben werden, höher bewertet werden.

Kathrin: […] Also, ich bin davon überzeugt, dass jeder Mann in der Kinderkrippe ein Zugewinn für die Kinder ist, weil die ja noch mal einen anderen Bezug auch zu Männern haben, die Kinder. Also, es fällt ja auch immer wieder auf, dass wir noch mal anders beachtet werden, als die MÄNNER da beachtet werden. Oder andere Spiele gespielt werden, die mit uns automatisch irgendwie weniger gespielt werden. (lacht)

Interviewerin: Hast du da ein paar BEISPIELE dafür?

Kathrin: Also, was mir auf jeden Fall auffällt, ist, dass die Stimme eines Mannes einen ganz anderen Einfluss auf die Kinder hat. Also, wenn ich sage (lachend): „Hey, hört mal auf damit, bitte", dann zieht das manchmal nicht so intensiv, wie wenn jetzt eine männliche Stimme, die einfach ein bisschen tiefer klingt, sagt: „Hey, hört doch mal auf damit, bitte.“ Da merke ich schon, dass da manche Kinder ganz anders darauf reagieren. Dass sie dann eher auf die männliche Stimme hören als auf die weibliche Stimme.

Deutlich wird die Konstruktion einer geschlechtlichen Differenz der Erwachsenen, die der kindlichen Entfaltung und Entwicklung zugutekomme („anderer Bezug“, „andere Spiele“). Sie besagt, dass für Kinder sowohl gleich- als auch gegengeschlechtliche Bezugspersonen bedeutsam sind. Die Aussage wird mit einer geschlechtsbezogenen Zuschreibung verknüpft: Männer hätten aufgrund der tieferen Stimme mehr Autorität gegenüber den Kindern. Anzumerken ist, dass es bei dieser „Besonderheit“ nicht um eine erworbene berufliche Qualifikation, sondern um ein „natürliches“ Merkmal geht. Handelt es sich dabei um eine „naturalisierte Vergeschlechtlichung“ (Rose 2014a: 41), werden überdies Qualitäten und Kompetenzen, die Frauen einbringen, nicht benannt, sodass ein asymmetrisch verfasstes binäres Geschlechterschema gezeichnet wird, wie auch im folgenden Ausschnitt.

Kathrin: […] Also, im Team, das ist jetzt aber so pauschal gesagt, ist jetzt bei uns weniger der Fall, aber ich habe in einer Einrichtung gearbeitet, die von Frauen besetzt war. Und das war eine Einrichtung aus einem ländlichen Kreis. Und da gab es halt zwischenmenschlich einfach super viele Konflikte mit Konkurrenzverhalten und die eine ist schöner, die andere ist, keine Ahnung, dünner, ne? Also, so was, das fällt da einfach weg. Ich meine, bei uns im Team spielt das jetzt sowieso keine Rolle. Wir haben echt ein tolles Team. Aber es gibt Einrichtungen, in denen, glaube ich, (lachend) gerade noch mal ein männlicher Bezugspunkt ein Zugewinn sein kann, um diese ganzen, ja, ich sage das jetzt mal stigmatisiert, Mädchen-Konflikte irgendwie so ein bisschen zu entschärfen. Ja. Kommt tatsächlich einfach noch mal ein anderer Wind mit rein.

Als „frauentypisch“ gekennzeichnete Konflikte, die in manchen Teams (auf dem Land) auftauchten, wie Konkurrenzen um Schönheit und Gewicht, entfielen, wenn Männer im Team sind. In solch einer Aussage werden Frauen abgewertet und es bleibt unklar, was der „andere Wind“ sein soll, den die Männer angeblich mitbrächten. Es scheint, als ob die durch einen Mann eingeführte Differenz dazu beitrüge, dass Differenzen unter Frauen als weniger konflikthaft erlebt oder als besser tolerierbar empfunden würden. Darüber hinaus wird das Leben auf dem Land als konservativ-rückständig markiert.

Auch im Interview mit Aaron treten traditionelle Rollenklischees zutage. Sie orientieren sich nicht an professionellen Strategien, sondern am Muster der bürgerlichen Kleinfamilie.

Aaron: […] Aber ich glaube, auch die Lockerheit. Weil, wir haben schon/ Wir arbeiten hier nach einem/ Wir haben hier ein tolles Konzept, wir arbeiten nach Emmi Pikler. Und bedürfnisorientiert, das, was wir auch machen. Aber wir machen auch ab und zu mit den Kindern Quatsch. Also, das heißt, wir hatten letztes Jahr mit den Kindern/ Das war eine tolle Gruppendynamik, weil wir als zwei Männer und noch mit meinem Kollegen, das hat damals super funktioniert. Und, ne, die Männer waren da, die im Garten Spaß gemacht haben mit den Kindern und Quatsch gemacht haben. Aber auch haben/ Wir haben denen auch eine Struktur angeboten und Sicherheit und deshalb waren sie auch viel ausgeglichener und/

Nach Aaron sorgen Männer für Spaß und Abenteuer und setzen Rahmen und Struktur. Die Spaßkomponente gefällt den Kindern, und sie unterscheide ihn als männlichen Erzieher von Frauen.

Hervorzuheben ist, dass die Begründungen für gemischtgeschlechtliche Teams, die in den Interviews bisher in die Argumentationsmuster der Gleichstellung der Geschlechter und der angenommenen Effekte für die kindliche Entwicklung (Rose 2014a: 32 f.) einfließen, Rollenklischees eher verstärken als abbauen. Eine Verstärkung erfolgt auch im Zusammenhang mit dem in fast allen Interviews auftauchenden Legitimationsdruck, den Einsatz von Männern in Krippen und Kitas zu verteidigen, angesichts von Vorbehalten, die in der Öffentlichkeit teilweise bestehen.

Deborah: […] Deswegen finde ich, in so einer Hinsicht ist es SCHÖN, dass wir Männer haben, damit die Kinder das lernen, dass sie keine Angst vor diesen/ vor Männern haben müssen, sondern, dass ein Mann genauso gut trösten kann wie eine Frau oder, dass ein Mann genauso Windeln wechseln kann wie eine Frau und so, dass halt einfach so/ auch die/ diese Angst so genommen wird von dem Kind so: Oh, mein Gott! Der will mir nur was Böses, was er ja eigentlich gar nicht will. Das ist so. Deswegen finde ich das gut, dass Männer hier arbeiten. Deswegen war mir das auch damals so wichtig, dass einer von den Männern bei mir in die Gruppe kommt, wegen der Ava, weil ich halt einfach wollte, dass die Ava das/ auch den Umgang halt mit Männern LERNT, dass sie das AKZEPTIERT, dass es auch MÄNNLICHE Bezugspersonen gibt. Deswegen/ sodass halt man/ oder auch, dass Eltern halt/ weil ich habe es zum Glück noch nicht erlebt, aber ich habe schon aus Erzählungen mitbekommen, dass Eltern immer noch/ dass es vereinzelt immer noch Eltern gibt, die sagen so: „Oh, mein Gott! Ein Mann wickelt mein Kind. Das will ich nicht." Und so. Und wo ich mir denke: Warum? Was ist daran so schlimm? Dieser Mann kann genauso gut wickeln wie ich jetzt zum Beispiel als Frau. Das macht keinen Unterschied. Und ich bin auch der Meinung, dass auch eine Frau genauso gut einem Kind wehtun kann wie ein Mann. So. Das ist halt/ das hat nichts mit dem Geschlecht zu tun. Das hat dann halt was mit dem Charakter zu tun dann. Deswegen ist/ finde ich es wichtig nicht nur in unserer Einrichtung, sondern, dass generell in diesem Beruf immer mehr Männer arbeiten, einfach nur so sage ich mal auch als kleine Demonstration gegen dieses: Das ist nur ein Frauenberuf. Ist er aber nicht. Deswegen/ und ich finde auch, dass Männer VIEL länger und VIEL ausgedehnter mit den Kindern toben oder Fußball spielen. Wir Frauen sind ja dann eher so: Nein. Komme! Wir machen Kaffee. Komme! Wir machen lieber ein Picknick mit (lachend) dir. Wir lesen Buch. Wir malen und so. Deswegen/

Die vorgebrachte Konstruktion zur Begründung des Einsatzes von Männern in Krippen ist zunächst kindbezogen: Kinder sollen die Möglichkeit haben, eine vertrauensvolle Beziehung zu Männern aufzubauen. Dieses Argument wird mit der Distanzierung gegenüber dem Vorbehalt (mancher Eltern) verknüpft, Männer seien potenzielle Missbraucher von Kindern, wobei thematisiert wird, dass auch Frauen Täterinnen sein können. Es wird also kein asexuelles Mütterlichkeitsbild entworfen. Während dann einerseits argumentiert wird, Missbrauch sei keine Frage des Geschlechts, sondern des Charakters, werden andererseits, ähnlich wie oben von Kathrin dargestellt, hoch typisierende und bewertende geschlechtliche Zuschreibungen verwendet (Männer toben und spielen Fußball; Frauen sind gemütlich, kochen Kaffee, machen Picknick, lesen vor, malen), um die Notwendigkeit von Männern im Erzieher*innenberuf zu begründen. Diese Argumentation ist zum einen binär-essentialisierend. Zum anderen erscheint das gesellschaftliche Männerbild, das sich in den genannten Vorbehalten (von Eltern) widerspiegelt, sehr ambivalent. Offensichtlich wird einem neuen Bild von Männlichkeit, das fürsorgliche Aspekte einschließt, noch nicht getraut. Der wickelnde Mann zu Hause gilt als normal, der wickelnde Mann in der Krippe löst zum Teil Unbehagen aus. Entsprechend berichtet Rohrmann (2014: 74) auf der Grundlage von Ergebnissen des Forschungsprojekts „ele*men*tar" (Aigner/Rohrmann 2012) über abwertende Zuschreibungen gegenüber männlichen Erziehern, die deren Männlichkeit und sexuelle Orientierung in Frage stellen. Gleichzeitig drücken Deborahs Aussagen (Männer können wickeln, trösten, sind nicht böse) einen Wunsch nach „lieben", „guten", in der Kindererziehung engagierten Männern aus. Die Beziehung zwischen männlichen Fachkräften und Kindern könne sogar so vertraut sein, dass manche Väter, analog einer Erzieherin-Mutter-Konkurrenz, Eifersucht gegenüber einem Erzieher verspürten:

Deborah: Ich glaube manchmal, dass die Väter eifersüchtig sind, wenn dann zum Beispiel ein Kind jetzt natürlich lieber dann doch beim Erzieher sitzt als beim Papa. (lacht) Oder wenn die Mama dann abends heimkommt und sagt: „Ach, das Kind, das ist voll auf Daniel fixiert", sage ich jetzt mal. Oder wenn die/ ich glaube, dann ist es bei den Männern/ bei den Vätern ist es dann eher so Eifersucht, glaube ich. Aber so glaube ich das auch, dass es bei Müttern ist bei UNS, dass die Mütter dann auch so: Ja. Warum ist/ warum redet mein Kind nur von der Erzieherin? Oder: Warum redet mein Kind nur von dem Erzieher?

Darüber hinaus gibt es Begründungen für geschlechtergemischte Teams, die weitere Aspekte ansprechen:

Larissa: Also, ich käme auch in einem Team ohne Männer klar. So ist es nicht. Aber ich finde, es bringt immer frischen Wind rein. Männer haben oft eine andere Sicht der Dinge einfach oder gehen pragmatischer an Dinge ran oder pff. Ja, sie sind halt dann doch andere Wesen, man kann es ja nicht ganz von der Hand weisen, ne. Also irgendwie bringt es ja auch teamdynamisch irgendwie was/ ich mag das, ich finde das gut und vor allem jetzt auch nochmal mit dem Hintergrund Geschlecht. Es repräsentiert halt EHER die Realität als nur dieses Pseudo „Nur Frauen können sich um Kinder kümmern". Deswegen finde ich es ja auch wichtig, nach wie vor, dass auch mehr Männer in die Kinderbetreuung gehen, ja.

Interviewerin: Einfach als Rollenbild, was sozusagen ergänzend …

Larissa: Als Rollenbild einmal für die Kinder …

Interviewerin: … mit dabei ist.

Larissa: … und auch einfach, ich finde, ja, warum eigentlich nicht, ne? Also ne, die Mauer bauen, macht das jetzt mehr Spaß oder Versicherungen verkaufen, keine Ahnung, ja, (lacht) das ist so, ja. Ich finde/ also ich finde das einfach wichtig, auch für die Männer, die können auch (nur?) dazulernen, dass es nämlich gar nicht so schrecklich ist. (lacht)

Larissa geht es nicht unbedingt darum, Männer im Team zu haben, sondern sie sucht nach „einer anderen Sicht der Dinge", also nach Innovation und Weiterentwicklung. Diesen Wunsch macht sie an Männern fest, indem sie sie als „andere Wesen" markiert. Fachliche Entwicklungsthemen werden auf diese Weise vergeschlechtlicht (Rose 2014a: 42). Anders als in den vorigen Interviews geht die Unterscheidung der Geschlechter bei Larissa aber nicht mit einer Abwertung von Frauen einher. Sie grenzt sich von einem Mütterlichkeitsmythos („nur Frauen können sich um Kinder kümmern") ab und sieht in der Erfahrung, wie sinnstiftend ein beziehungsorientierter Beruf sein kann, eine Entwicklungschance und einen Entwicklungsbedarf für Männer. Gleichzeitig enthält die Aussage, „dass es nämlich gar nicht so schrecklich ist", eine Distanzierung von angenommenen (männlichen) Vorbehalten gegenüber Fürsorgetätigkeiten.

Die Auswertung der Interviewausschnitte zeigt unterschiedliche Muster im Hinblick darauf, wie Fachkräfte professionelles Handeln mit Geschlecht und Geschlechterdifferenzierung verbinden. Zum einen wird deutlich, dass das Bedeutsam-Machen von geschlechtlicher Differenz im Umgang mit den Kindern und im Team rasch mit Bewertungen entlang binär-essentialistischer und asymmetrisch verfasster Geschlechternormen assoziiert wird. Die Tätigkeiten und Eigenschaften, die Frauen zugeschrieben werden, wirken überwiegend abwertend und glanzlos, sie gehen mit einer in patriarchalen Strukturen verankerten Selbstabwertung von Frauen einher. Das Bild von Männlichkeit scheint überwiegend wertschätzend, teilweise auch überhöhend. Männern wird erwartungsvoll begegnet. Der deklassierenden Darstellung der Tätigkeiten und Merkmale, die mit Weiblichkeit in Verbindung gebracht werden, steht die Idealisierung der Tätigkeiten und Merkmale von Männern als „ein lustvolles In-die-Welt-Gehen, Aktivität, Erregendes und Aufregendes" (Flaake 2000: 129) gegenüber, auch wenn sie Erziehungsarbeit leisten. Krippe und Kita werden als geschlechtshierarchischer und familien-analoger Raum konstruiert, analog einer „binären Wertematrix" (Rose 2014a: 37) (vgl. dazu auch die Studie von Fegter/Hontschik/Kadar/Sabla/Saborowksi 2019). Während diese sich hartnäckig haltende Dichotomisierung anachronistisch wirkt, bringt sie auch den Wunsch nach „guter", anwesender und nicht bedrohlicher Männlichkeit und Väterlichkeit zum Ausdruck, die nicht dem Bild von hegemonialer Männlichkeit (Connell 2015) entspricht. Ebenso gibt es das Bedürfnis nach (Geschlechter-)Differenz, die für eine Veränderung und Progression der professionellen Arbeit als solcher steht.

5.3 Neutralitätsanspruch als Zensor

Auf die Frage „Nimmst du bei dir Unterschiede im Umgang mit Mädchen und Jungen wahr?“, antworteten alle Fachkräfte, dass sie keine Unterschiede machen, sondern die Kinder gleich behandeln wollten. Möglicherweise erachteten die Interviewpartner*innen dies als sozial erwünschte Antwort. Der Gleichbehandlungsanspruch ist ein häufig beschriebenes Phänomen. Permien/Frank (1995: 17) verweisen auf ein verbreitetes „‚Gleichheitspostulat‘“, d. h. die Überzeugung von Fachkräften, dass sie Mädchen und Jungen nicht unterschiedlich behandelten, wenn Mädchen wie Jungen zum Tischdienst herangezogen würden und Mädchen wie Jungen Fußball spielen dürften. Das Thema „Geschlecht“ erscheint in dieser Argumentationsfigur als nicht mehr wichtig, weil die Gleichberechtigung schon weit fortgeschritten sei (ebd.). In neueren Studien (Kubandt 2016: 194 f.) formulieren Erzieher*innen den Anspruch des „geschlechtsneutralen“ Arbeitens. Gemeint ist nicht, das Thema „Geschlecht“ nicht zu berücksichtigen, sondern die Intention, alle Kinder gleich zu behandeln und geschlechtliche Differenzierungen zu vermeiden (ebd.) (vgl. Kapitel 2.3). Dass Geschlechterstereotypisierungen dennoch häufig vorkommen, wird sowohl bei Kubandt (2016) als auch bei der Auswertung unseres Beobachtungsmaterials deutlich, und der Unterschied zwischen Anspruch und Realität ist einem Teil der Fachkräfte durchaus klar:

Charlotte: Ja. (lacht) Ich würde ja immer so gerne sagen: „Nein! Überhaupt nicht!“ Aber nein, so ist es nicht. Also, wir haben uns da letztens auch darüber unterhalten, mit dem Aaron habe ich mich darüber unterhalten. Genau, weil ein Kind aus unserer Gruppe kam im Kleid von der großen Schwester und wir haben es ALLE kommentiert. Und dann dachten wir so im Nachhinein: „Warum eigentlich?“ Also wir sagen, wir finden das völlig in Ordnung und jeder kann anziehen, was er möchte. Aber warum wird, wenn ein Junge im Kleid kommt, ihm das gespiegelt und gesagt so: „Oh, du hast ja ein schönes Kleid an, wie toll.“ Wenn ein Mädchen kommt, wird es ja auch nicht sofort so: „Oh, das ist aber toll.“ Oder wenn ein Mädchen in der Hose kommt oder/ Also das ist so: Oh, der Junge hat ein Kleid an. Wir wollen das positiv unterstützen oder ihm zeigen, dass wir es okay finden. Machen damit daraus überhaupt ein Thema, was eigentlich für ihn, glaube ich, überhaupt kein Thema war. Oder wenn jetzt, keine Ahnung, Jungs sich die, mit lackierten Fingernägeln kommen oder irgendwie so was, also quasi diese Jungs kommen mit Mädchen-Attributen und das wird positiv verstärkt. So kann man sagen, dass das dann, genau, bei der Begrüßung oder so bemerkt wird und kommentiert wird. Und das mache ich auch, ja. Ich versuche dann, wenn ich das merke, es nicht zu machen, weil ich mir denke: Ich finde es eigentlich nicht gut. Also, es sollte eigentlich kein, nicht anders bemerkt werden, als wenn ein Mädchen mit lackierten Fingernägeln kommt oder auch nicht. Wobei ich da sogar eher sagen würde, wenn ein Mädchen mit lackierten Fingernägeln in die Krabbelstube kommt: „Muss das sein? Ist das (notwendig?)?“ Beim Jungen denke ich mir: „Ach, wie süß.“ Also es wird so/ (unv.)

Interviewerin: Sehr interessant. Ja. Und aber sozusagen Mädchen, die mit Jungs-konnotierten Sachen kommen, werden auch weniger kommentiert?

Charlotte: Ja, würde ich sagen. Glaube schon.

Interviewerin: Hm. Fallen dir noch andere Sachen ein, wo du Kinder vielleicht unterschiedlich behandelst oder/

Charlotte: Ich bin mir/ Also ich bin mir bei manchem nicht ganz sicher. Ich finde es schwierig, da sich selber so richtig zu beobachten. Aber ich glaube schon, dass es so ist, dass ich dazu NEIGE, wenn Jungs besonders laut sind oder/ Also, dass ich Jungs eher reglementiere oder eher darauf oder anders darauf reagiere auf wilde Spiele, auf besonders körperbetonte Spiele, als wenn, glaube ich, Mädchen so spielen würden. So. Also ich glaube, dass die Jungs das in unserem Alltag, dass die mehr hören: „Stopp, bitte nicht so laut. Bitte nicht so wild." So, solche Dinge, also so/

Charlotte bringt zum Ausdruck, dass sie keine Unterschiede machen möchte, dass sie aber passieren. Sie weiß, dass sie vermittelt, dass Jungen mit Kleid und lackierten Fingernägeln nicht den gängigen Normen entsprechen, wenn sie diese Accessoires bei ihnen lobend hervorhebt. Ihr ist auch bewusst, dass sie das wilde Spiel von Mädchen besser tolerieren kann als das wilde Spiel von Jungen. Das Unterlassen von geschlechtlichen Differenzierungen erscheint ihr, wie bei Kubandt (2016: 195) beschrieben, als erstrebenswertes Ziel.

Auch in einem anderen Interview wird von der Fachkraft der Wunsch geäußert, Kinder nicht nach Geschlechterschablonen zu behandeln. Sie sollen in ihrer Individualität gesehen werden.

Larissa: […] Also, ich/ Ist eine spannende Frage, ich versuche es natürlich soweit wie möglich nicht vom Geschlecht abhängig zu machen, sondern von der Person, die vor mir steht, von dem Mensch und dem, was es gerade braucht. Also insofern würde ich nie zu einem Jungen sagen: „Ach, ein Indianer kennt doch keinen Schmerz" oder diesen Klassiker, ne, oder bei den Mädchen sofort/ Also ich finde es zum Beispiel/ Das ist auch so mein Ding. Die Klamotten von den Kindern, ne, wenn man bei uns vor einem Fach da steht, sorry, dass ich jetzt so abweiche, ne, wenn man bei uns vor einem Fach steht, das ist so gegendert, das ist so krass. Mädchen – Rosa, Glitzer, Pink und bei den Jungs – Blau, Grau, Braun. Das ist SO extrem. Und dann halt auch diese Aufschriften, ne, irgendwie „Sparkling Every Day" und „Adventure Guy". Irgendwie das ist/ also da krieg ich total die Motten. Aber natürlich, ich versuche es, wenn ein Kind irgendwie weint oder irgendwas braucht oder irgendwie verloren in der Ecke steht, dann versuche ich an dem KIND zu arbeiten und nicht an dem Jungen oder an dem Mädchen. Aber mit Sicherheit gibt es irgendwie auch mal Punkte, wo irgendwie keine Ahnung, ein Mädchen schlechter mit umgehen kann als ein Junge oder so oder umgekehrt. Ja. Aber an und für sich/ also, solche Sätze wie „Indianer kennt keinen Schmerz" oder so was wirst du von mir nicht hören, das finde ich total schlimm. Das finde ich echt schlimm. Ja.

Interviewerin: Und nimmst du bei deinen Kollegen Unterschiede im Umgang mit Mädchen oder Jungen wahr?

Larissa: Nein, eigentlich nicht. Hm. Das ist wirklich/ es wird versucht oder es funktioniert eigentlich auch recht gut, dass das Kind hier gesehen wird. (Da?) wird nicht „mit Jungs gehen wir so" und „mit Mädchen gehen wir so um". Weder beim Wickeln noch in Situationen, wo ein Kind Fürsorge braucht oder Pflege oder Schlafen, Bringen oder ne. Also, genauso wenn man mal/ wenn irgendwie alles hier am Explodieren ist und super laut und klingelt nur die Ohren und also klare Ansagen, die auch mal irgendwie bisschen stimmig untermalt sind – (lachend) sage ich mal – kriegen Mädchen genauso wie Jungs. Es ist nicht so, dass wir nur mit den Jungs irgendwie schimpfen und mit den Mädchen in Engelszungen reden. Also nein. Und ich sehe/ ich kriege/ ich lerne/ ich merke das bei meinen Kollegen nicht. Ich glaube, sonst hätte ich auch schon was gesagt. Dann hätte ich mal gefragt: „Warum reagierst du bei ihm so und bei ihr so?“ Das, glaube ich, hätte ich schon gemacht, ja klar.

Larissa widerspricht implizit dem Narrativ, keine Geschlechterunterschiede zu machen, denn eine Gleichbehandlung würde ein individuelles Eingehen, für das sie plädiert, ausschließen. Sie macht Geschlecht einerseits zum Thema der Eltern, indem sie kritisiert, dass sie die Kinder geschlechtstypisch kleiden. Sie thematisiert Geschlecht aber auch als pädagogische Aufgabe der Krippe. Es ist ihr wichtig, dass Kinder nicht nach Geschlecht verschieden getröstet oder reglementiert werden. Der Schmerz von Jungen soll nicht bagatellisiert und Mädchen sollen nicht geschont werden. Sie spricht sich für einen individuellen Blick („Person, die vor mir steht“) in Verbindung damit aus, Geschlechterstereotype zu reflektieren, und erkennt damit Geschlecht als Ungleichheitsdimension an.

Diese Haltung unterscheidet sich vom Deutungsmuster der pädagogischen Irrelevanzdemonstration, das Garbade (2021) in ihrer Studie über Genderkonstruktionen bei Fachkräften in der Krippe identifizierte. Auf der Grundlage von Videosequenzen aus dem Alltag der Befragten wurden leitfadengestützte Interviews durchgeführt (ebd.: 238). Sie fand u. a., dass die Fachkräfte zwischen Relevanz- und Irrelevanzsetzung von Geschlecht changierten. Darin deute sich einerseits eine (implizite) Anerkennung der Relevanz der Geschlechterkategorie an, aber es erscheine einfacher, sie im pädagogischen Alltag nicht zu thematisieren (ebd.: 247). Mit dem Anspruch, individuelle Bedürfnisse zu erfüllen, ging insofern eine Strategie der Dethematisierung von struktureller Ungleichheit einher, als damit die Vermeidung des Nachdenkens über Geschlecht legitimiert wurde (ebd.: 240 f.).

Was aber in Charlottes und Larissas Aussagen auffällt, ist die Beschränkung auf Äußerlichkeiten. Es geht um Kleidung, Fingernägel, Verhalten von Kindern, während die Berücksichtigung der kindlichen Fantasiewelt und der kindlichen Affekte eine Leerstelle darstellt, wie in folgendem Ausschnitt deutlich wird:

Larissa: Hm. […] Also, ich habe hier definitiv eine klare Fürsorgerolle, ne, das ist ja klar, das ist ja auch/ in dem Berufszweig bleibt das ja auch nicht aus. Ich bin mir aber nicht sicher, ob das für die Kinder eine Rolle spielt, ob ich eine Frau oder ein Mann bin. Weil, also wir bei uns hatten in der Gruppe ja auch einen Kollegen, der ist jetzt gegangen, und der hatte auch ganz, ganz enge Beziehungen zu den Kindern und auch viel gekuschelt und ganzkörperlich nah und/ also, er war auch sehr, sehr wichtig für die Kinder. Und dadurch, dass er jetzt weggegangen (unv.), haben sich manche natürlich umorientiert, ne, also ich habe jetzt/ (lachend) viele von den Kuschelkindern landen jetzt bei mir, also, wenn ich im Schlafraum liege, habe ich meistens hier einen Kopf und da einen Kopf und/

Ich glaube, für die Kinder macht es nicht wirklich einen Unterschied. Ne, manche Kinder, gerade die/ und gerade Jungs irgendwie, wobei mein Kind hätte es auch gemacht, ein Mädchen. Die noch gestillt wurden, die sind hier immer gerne rein und haben bei mir angefangen am BH oder an den Brüsten herumzuspielen. Und immer so: „Nein, das kannst du bei Mama machen, ne." „Ja, das ist wie bei Mama." Ja, aber es ist NICHT Mama. (lachend) So. Aber das glaube ich hat auch/ es ist einfach das Gewohnte, was sie von zu Hause kennen, ja, das ist warm und weich und beruhigt. Und da wollen sie immer hin. Aber an und für sich, glaube ich, ist das für die Kinder nicht relevant, was wir zwischen den (Beinen?) tragen. So. Sondern wir sind einfach insofern wichtig: Sehen wir ihre Bedürfnisse und können wir die erfüllen? Und DAS ist ausschlaggebend für die Kinder, denke/ sehe ich, ne. Ja.

Larissa äußert, dass sie in einer fürsorgenden Rolle sei und dass es für die Kinder keine Bedeutung habe, ob sie ein Mann oder eine Frau ist, auch wenn manche Kinder an ihrer Brust nesteln. Sie würden mit Männern ebenso kuscheln wie mit Frauen. Die Übertragungsebene und die damit verbundenen Empfindungen und Fantasien, nämlich dass die Kinder bei ihr einen weiblichen Körper spüren, der sich anfühlt wie bei der Mutter oder einer anderen Frau, wird zurückgewiesen. Damit aber wird die Kinderperspektive ausgeblendet, sie bleibt eine Blackbox.

Mit dem Anspruch, alle Kinder, unabhängig vom Geschlecht, gleich zu behandeln, ist zwar eine Absage an Kategorisierungen männlich/weiblich verbunden. Aber er und das Ziel einer „‚geschlechtsneutralen' Professionalität" (Rohrmann 2014: 80) wirken wie ein Zensor, als ob es eine Angst gäbe, sich nicht korrekt zu verhalten (vgl. auch Kubandt 2016: 198). Es fehlen die Berücksichtigung der kindlichen Fantasiewelt und eine entspannte Haltung, die intuitive, lustbetonte, sinnliche, körperliche Erlebnisweisen zulässt und besprechbar macht. Wenn als „unkorrekt" erlebte Gefühle und Reaktionen nicht bewusst wahrgenommen werden dürfen, sind sie auch der Reflexion nicht zugänglich.

5.4 Zwischen Binarität und Flexibilität

Auf die Frage: „Wo im Alltag begegnet dir das Thema Geschlecht?", nennen alle Fachkräfte das Wickeln, wie exemplarisch in einem Ausschnitt aus dem Interview mit der Fachkraft Kathrin deutlich wird:

Kathrin: [...] Also, es kommt/ Da kommt es immer aufs Alter drauf an der Kinder, finde ich. Also, am Anfang ist das natürlich beim Wickeln: Mädchen, Junge, ganz klar. Aber das Thema Geschlecht im Alltag kommt erst auf, wenn die Kinder so kurz vor Kita-Eintritt sind. Dass die dann auch fragen: „Hat der einen Penis? Oder hat sie eine Scheide?" Oder zeigen dann ihr Geschlecht und erzählen mir dann, was sie für ein Geschlecht haben. Genau. Ja, sonst würde ich sagen: An der Kleidung ist es immer ziemlich eindeutig sichtbar bei vielen Kindern, auch bei uns. Ja. Aber sonst würde ich sagen, dass das jetzt im Alltag bei uns gar nicht so groß thematisiert wird das Thema Geschlecht. Also, auch Spielmaterialien und so sind sehr neutral gehalten ganz bewusst. Von daher würde ich jetzt nicht sagen, das ist ein unnatürliches Mädchen-Junge-Ding bei uns.

Kathrin verbindet, wie auch die Fachkräfte in den anderen Interviews, mit Geschlecht spontan körperliche Unterschiede. Durch die Sichtbarkeit der äußeren Geschlechtsmerkmale beim Wickeln sei es unumgänglich, das biologische Geschlecht des Kindes wahrzunehmen und es binär zuzuordnen („Mädchen, Junge, ganz klar"). Damit assoziierte mögliche eigene Zuschreibungen beim Anblick der kindlichen Genitalien bleiben unerwähnt. Geschlecht als Differenzthema wird von der Fachkraft an die Kinder und Eltern delegiert. Die Kinder nähmen im Laufe der Zeit Körpermerkmale in die sprachliche Interaktion auf, um Geschlechterdifferenzierungen vorzunehmen. Während die Eltern sie mit „eindeutiger" Kleidung ausstatteten, bemühe sich die Einrichtung um eine „neutrale" Spielumgebung. Darüber hinaus scheint Geschlecht in der Einrichtung kein Thema zu sein, das bearbeitet werden müsste. Eine Möglichkeit jenseits von Zweigeschlechtlichkeit wird nicht thematisiert.

Im Gespräch mit der Fachkraft Aaron werden in Bezug auf Körperschmuck Praktiken angesprochen, mit denen die herkömmliche Geschlechtersymbolik spielerisch überschritten wird:

Interviewerin: Welche Rolle spielt denn dein EIGENES Geschlecht bei deiner Arbeit?

Aaron: Eine GROSSE Rolle, aber das ist ja bezogen auf die Eltern. Das ist/ Ich muss sagen, am Anfang der Ausbildung war das schwer für mich, weil es war die Überlegung, ob ich als Mann in den U3-Bereich gehen soll, weil die Angst oder bzw. der Gedanke war, wie die Eltern mich dann irgendwie auffangen würden und das sehen wir/ Aber mittlerweile ist das so: Ich sehe mich als einen großen Bestandteil des Teams und ich fühle mich im U3-Bereich wohl. Und ich merke auch, dass ich als Mann/ [...] Dass ich es einfacher habe, sage ich mal so. Also, dass die Kinder GERNE zu mir kommen und die sehen in mir dann halt, ja, weil dann halt/ Ja, es ist in dem Beruf so, dass nicht so viele Männer da sind, ne? Also, die sehen mich schon als männlichen Ausgleich zu den Vätern und habe da, wie gesagt/ Na ja, die sind total offen, also ich kann schwierige Situationen kann sich ein Kind/ Oder kommt das Kind zu mir eher anstatt jetzt zu meinen Kollegen, sage ich mal so. Das ist aber auch ohne Hintergedanke, hinter bösen Gedanken, sondern, weil die mich dann halt als einzigen Mann dort sehen. Auch im Garten merke ich es so, da wollen die mit mir eher so rumrennen und verstecken spielen. Und auch die Mädels, die wollen mir dann irgendwie Fingernägel machen oder einen Stern auf die Hand malen und/

Aaron äußert seine anfängliche Befürchtung, dass ihm als männlichem Erzieher im Kleinkindbereich seitens der Eltern mit Misstrauen begegnet werden würde, und spricht damit Verdächtigungen im Sinne des Generalverdachts gegenüber Männern an (Rohrmann/Walter 2022: 311). Inzwischen erlebe er, dass Mädchen und Jungen ihn gern als Bezugsperson besetzen, weil er als Mann etwas Besonderes sei. Ebenso macht er seinen Körper bedeutsam: Für Bewegungsaktivitäten (herumrennen) sowie für eine nicht geschlechtertypische Bezugnahme, wenn die Mädchen seine Fingernägel verschönern und seine Hand bemalen.

Die Fachkraft Deborah berichtet, dass sie den Kindern die Zuschreibung, ob sie Mädchen oder Junge sind, selbst überlasse. Sie sollen sich entfalten und selbstbestimmen dürfen, jenseits eingrenzender Geschlechterzuordnungen.

Interviewerin: Hm. Nimmst du bei dir selbst Unterschiede im Umgang mit Mädchen oder Jungen wahr?

Deborah: Nein. Mir ist das/ mir persönlich ist das auch völlig egal, welches Geschlecht das Kind hat oder wenn jetzt Kind so wie auch gestern so das Kind zu mir sagt, nein. Es ist ein Mädchen. Dann lasse ich das halt auch so stehen. Klar. Ich sage dann immer so: „Aber du bist doch/“ also dann immer so in diesem Spaß: „Du bist doch ein Junge.“ Und wenn das Kind aber dann sagt: „Nein, ich bin ein Mädchen.“ Dann sage ich: „Okay. Sei, was du willst. Es ist dir vollkommen überlassen.“ So. Das ist mir auch persönlich wichtig, dass die Kinder nicht in irgendwas gedrängt werden unbedingt, dass sie halt jetzt sagen: „Du musst/ du darfst nur das machen, was Jungs machen und du darfst nur das machen, was Mädchen machen.“ Also deswegen/

In einer der Einrichtungen gibt es Balancierröcke ausschließlich in der Farbe Rosa, weil sie nicht in anderen Farben zu bestellen gewesen wären. Sie würden von Mädchen ebenso wie von Jungen genutzt. Befürchtungen einzelner Eltern, man würde auf diese Weise Jungen zur Homosexualität erziehen, begegne man in Gesprächen.

Der Diskurs präsentiert sich vielgestaltig. Die vermeintlich binäre biologische Geschlechtszugehörigkeit des Kindes wird als selbstverständlich vorausgesetzt. Andererseits wird ein nicht geschlechtersymbolisch festgeschriebener Möglichkeitsraum eröffnet: Die männliche Fachkraft lässt sich von den Mädchen die Fingernägel und die Hand bemalen, die Nutzung weiblich kodierter Gegenstände durch Jungen wird gegenüber besorgten Eltern verteidigt, und die Kinder dürfen frei über ihre Geschlechtszugehörigkeit fantasieren, wobei nonbinäre geschlechtliche Identitäten nicht explizit antizipiert werden. Gleichzeitig gibt es, wie das Beobachtungsmaterial zeigt, zahlreiche geschlechterstereotype Zuschreibungen seitens der Fachkräfte, und auch die Kinder kommen mit gegenderten Vorerfahrungen und Ausstattungen.

Zusammenfassung: Spannungsreiche Widersprüche

In den Erzählungen der Fachkräfte spiegelt sich der Wandel der geschlechterbezogenen Arbeitsteilung in den (Mittelschichts-)Familien, wobei die Art und Weise, wie beruflich ambitionierter Frauen, die Kinder haben, wahrgenommen werden, ambivalent ist. Geschlechtergemischte Teams werden favorisiert. Die Begründungen dafür geben weitgehend geschlechterstereotype Annahmen wieder. Merkmale, die mit Männlichkeit verbunden werden, werden höher bewertet als Merkmale, die mit Weiblichkeit assoziiert sind. Berufliche Gleichstellungsargumente und angenommene Sozialisationsvorteile für die Kinder, verbunden mit dem Bemühen, männliche Fachkräfte vor dem Vorurteil zu schützen, sie seien potenzielle Missbraucher, gehen mit Argumenten einher, die binäre Geschlechterzuschreibungen stärken. Demgegenüber besteht ein Bewusstsein dafür, dass es gilt, das eigene geschlechterstereotype Handeln zu dekonstruieren sowie geschlechterbezogene Benachteiligungen der Kinder abzubauen, und es zeigen sich Freiräume, die den Kindern flexible geschlechtliche Erprobungen ermöglichen.[20] Die Fachkräfte äußern den Anspruch, sich kritisch von einer traditionellen Geschlechtererziehung zu distanzieren. Zugleich bleiben geschlechterbinäre Reproduktionsmechanismen wirkmächtig.

20 Zum Widerspruch zwischen dem Argument der Sozialisationsvorteile durch den Einsatz männlicher Fachkräfte und dem Anspruch des Abbaus von Stereotypen siehe auch Garbade (2021: 247).

6. Interviews mit den Eltern

Außer mit den Fachkräften wurden auch mit neun Eltern(-teilen) Interviews geführt. Dabei sollten deren Vorstellungen, Ideen und Handlungsweisen im Kontext von Gender untersucht werden. Die Darstellung folgt den wesentlichen gefundenen Mustern.

6.1 Sekundäre Rechtfertigung des Wunschgeschlechts

Zu den Vorstellungen, mit denen sich werdende Eltern während der Schwangerschaft beschäftigen, gehören auch Wünsche, Hoffnungen und Befürchtungen in Bezug auf das Geschlecht des Babys (Stern/Bruschweiler-Stern 2020: 40 ff.). Auf die Impulsfrage: „Bevor Sie wussten, welches Geschlecht Ihr Kind haben wird, was haben Sie sich gewünscht und warum?“, gaben manche Eltern ein Wunschgeschlecht an, andere äußerten sich neutral.

Frau Mustafi: Hm. Ich/ Also da/ Ich war vor den Kindern eher so ein Mädchentyp. Ich mag immer gern viele Mädchen haben in der Familie. Vielleicht auch ich selber, weil ich keine Schwester habe, also ich habe zwei Brüder. Und dann habe ich gedacht: Okay, es ist irgendwie schön irgendwie so mit Mädchen in der Familie zu haben und die Familie ein bisschen (unv.). Deswegen war ich schon froh, als mein erstes Kind eine Tochter war, war ich dann schon FROH, weil ich dachte: Okay, also auch, wenn es dann bei den weiteren Kindern kein Mädchen wird, habe ich schon mal wenigstens eins und dann habe ich die (lachend) Sorge nicht mehr, die Befürchtung. Aber beim zweiten war es dann eher so, ich hatte mich/ Also da hatte ich keinerlei/ also keine Bevorzugung. Ich habe gedacht: Okay, also jetzt kann es für mich auch gerne ein Junge sein oder ein Mädchen. Ja. Also ich hätte auch gerne das Geschlecht abgewartet bis zur Geburt, einfach so als Überraschungseffekt auch. Aber ich wollte halt meine Tochter drauf vorbereiten mehr oder weniger. Einfach aus dem Grund wollten wir dann auch das Geschlecht erfahren. Ja. Aber so war es an sich eher egal, wie das Geschlecht ist.

Bei ihrem ersten Kind wünschte sich Frau Mustafi (Mutter einer Tochter und eines Sohnes) das Geschlecht, das sie bei ihren Geschwistern vermisste – sie hat zwei Brüder und hätte sich eine Schwester gewünscht. In ihrer aktuellen Familie wollte sie nicht als einzige weiblich sein. Nachdem das erste Kind das weibliche Wunschgeschlecht hatte, gibt sie an, dass es ihr egal war, ob das zweite Kind ein Junge oder ein Mädchen geworden wäre. Das Wissen um sein Geschlecht vor der Geburt war nur bedeutsam, weil die ältere Tochter darauf vorbereitet werden sollte, einen Bruder oder eine Schwester zu bekommen. Dass es auch einen inneren Konflikt gibt, nämlich das Gefühl der Mutter, sie sei angesichts einer sehr traditionellen Geschlechtererziehung in ihrer Herkunftsfamilie gegenüber ihren Brüdern ungerecht behandelt worden, wird in der folgenden Passage deutlich:

Frau Mustafi: Meine Eltern waren auch traditioneller unterwegs, ja. Also, das ist nicht nur so, dass ich das jetzt im Erwachsenenalter, sondern es war auch im Kindesalter auch schon zu sehen, also ja. Also ich, ich kann mich an eine Szene erinnern, ich weiß nicht, wie alt ich war dann, keine/ Also jetzt mal ganz auch offen gesprochen. Da war so eine Szene, dass mein Vater mir mal gesagt hat/ Das war irgendwie am Wochenende und ich sollte doch also auch mein Bett machen oder dann sollte ich auch mal bitte die Betten von meinen Brüdern machen. Und ich denke mir so: (lachend) WIESO? Also/ Und dann habe ich auch/ Ich kann mich erinnern, dass ich in dieser Szene/ Also das ist auch so ein Flashback auch von der Kindheit, wo ich dachte so: Ja, aber nur, wenn die auch MEIN Bett mal machen so, ne? Und dann hatte sich mein Vater auch gegen gestellt, und er so: Nein, du gehst jetzt DEREN Bett machen. Und da habe ich mich so dagegengestemmt, dass ich einfach gesagt (lachend) habe: NEIN! Und dann/ Ja, also so zum Beispiel. Also ist nur ein Beispiel, aber, also, meine Eltern waren auch schon ein bisschen traditioneller unterwegs. Was mich auch, glaube ich, schon als Kind ein bisschen genervt hat immer, ja.

Auch der Erzählung von Frau Kranz im Interview mit ihr und ihrem Mann (Eltern einer Tochter) liegen biographische Anteile zugrunde:

Frau Kranz: Ich hatte eigentlich eher einen Jungen im Kopf. (lacht) Weil halt/ Also, meine Schwester hat zwei Jungs und dein Bruder hat zwei Jungs und irgendwie so im Umkreis, die Freundinnen und so, die hatten auch eher Jungs, und ich hatte auch/ Also ich war, wo ich jünger war, also als Jugendliche, hatte ich auch auf Jungs aufgepasst und hatte dann auch/ Als Au-pair hatte ich einen Jungen und ein Mädchen, aber so halt durch meine Neffen oder so hatte ich eigentlich auch immer eher Jungs gewickelt oder halt/ [...] So viele Mädchenbabys hatte/ Ja, eine Freundin von mir, die hatte zwei Mädchen, aber ansonsten hatte ich eher mit (lachend) Jungs/

Interviewerin: Zu tun?

Frau Kranz: Da hatte ich eher mit Jungs gespielt und dann hatte eigentlich eher auch irgendwie gedacht, dass wir einen Jungen kriegen, aber, wo ich dann ein Mädchen gekriegt hatte, war ich trotzdem/ also, das war dann trotzdem/ Das war ganz lustig, weil ich hatte/ Also nicht lustig, aber ich hatte durch diesen Harmony-Test wussten wir ja/ Also der ist ja relativ sicher, der entwickelt ja auch das Geschlecht am Blut. Und dadurch, dass wir den aber so früh hatten, durfte sie [die Frauenärztin, Anm. US] mir das Geschlecht noch nicht sagen.

Die Aussagen von Frau Kranz, dass sie mit einem Jungen rechnete, weil alle um sie herum Jungen hätten und sie selbst bisher mehr mit Jungen zu tun hatte, klingen rational. Sie hätte auch sagen können: „Alle haben Jungen, wir wollen deshalb ein Mädchen!" Ihre Auffassung vermittelt den Eindruck, als ob es eine Vorbestimmung gegeben hätte, einen Jungen zu bekommen. Zu erwähnen ist, dass sie an anderen Stellen im Interview angibt, dass ihre eigene Mutter Söhne wollte, aber zwei Töchter bekam und eine eher burschikose Erscheinung war. Möglicherweise gibt es hier eine Entwertung von Weiblichkeit, die transgenerativ an Frau Kranz weitergegeben wurde.

Bei Frau Krämer (alleinerziehende Mutter einer Tochter) fällt die Vehemenz auf, mit der sie das Babygeschlecht vor der Geburt keinesfalls wissen wollte:

Frau Krämer: Also, ich wusste es tatsächlich die ganze Schwangerschaft nicht, ich wollte es nicht wissen. Ich habe es erst erfahren, das ist Maja, als sie aus mir rausgeflutscht kam. Also, ich hatte schon das Gefühl, dass es ein Mädchen wird, aber ich hatte auch teilweise das Gefühl, dass es ein Junge wird. Und dann lässt man sich ja auch irgendwo beeinflussen. Dann sagen die Leute: Nein, der Bauch ist spitz, das wird ein Junge, ne. Und dann stehst du da so hm, also ne, das/ Aber ich hatte gar keine Wünsche/ Wünsche hatte ich überhaupt nicht. Ich hatte halt hin und wieder mal ein anderes Gefühl und dachte mir so, ach irgendwie fühle ich jetzt gerade/ Das könnte ein Mädchen werden, oder ich fühle gerade, das könnte ein Junge werden. Aber im Grunde war mir das einfach total egal. Ich dachte: Hauptsache ein gesundes Kind, was da jetzt daran baumelt oder nicht ist mir auch schnups, ja, also.

Interviewerin: Aber Sie haben sich das sozusagen absichtlich nicht sagen lassen?

Frau Krämer: Ja, ich wollte das nicht. Ich hatte da keine Lust darauf. Also, vor allem auch so Familie, Freunde und sonst was, ich hatte keine Lust, dass, wenn es ein Mädchen wird, dass ich dann kistenweise irgendwelche pinken Spitzenkleidchen und Rüschenschuhe geschenkt bekomme. Oder, wenn es ein Junge wird, irgendwelche Bagger. Also dieses Klischeedenken, da hatte ich keine Lust drauf, so, das war einer der Gründe. Und auch für mich/ Ich wollte mich da nicht darauf einstellen, was es wird, ne. Weil das ja/ Also für mich zählt ja im Endeffekt der Mensch, der da rauskommt, und jetzt nicht, was es ist so. Und so/ Ich denke mal, wenn man es dann weiß, ertappt man sich dann schon manchmal dabei, dann irgendwie zu denken, oh, das wird ein Junge, das wird bestimmt ein kräftiger, starker Junge, ja. Oder es wird ein Mädchen und oh, das wird meine kleine Prinzessin, ne. Und das wollte ich mir und dem Kind halt auch nicht antun, da irgendwelche Erwartungen schon mal im Vorhinein an das Kind zu stellen und an das Wesen des Kindes. Ohne überhaupt zu wissen, was wird denn das für ein Mensch, ja, also. Und vor allem auch mit Geschenken, also, da bin ich echt froh, dass ich das selbst nicht wusste und dass ich es auch keiner Menschenseele/ Dass es auch niemand sonst wusste, außer die Frauenärztin. Ja, für sie war es auch nicht einfach, die hat sich ein paar Mal fast verplappert (lacht).

Frau Krämer hatte wechselnde Fantasien in Bezug auf das Geschlecht des Babys. Aber ihr sei die Gesundheit des Kindes wichtiger gewesen als das Geschlecht, das sie vor der Geburt dezidiert nicht zur Kenntnis nehmen wollte. Sie gibt an, dass es ihre Absicht war, dafür Sorge zu tragen, dass dem Kind von der Familie und den Freunden sowie von ihr selbst nicht gleich mit vorprägenden Geschlechterklischees begegnet würde. Dabei wirken ihre Ausführungen sehr zugespitzt („kistenweise irgendwelche pinken Spitzenkleidchen und Rüschenschuhe geschenkt bekomme"). Auch die Assoziation „kräftiger, starker Junge" versus „meine kleine Prinzessin" klingt polarisierend. Möglicherweise bringt sie damit zum Ausdruck, dass sie sehr ambivalente Gefühle in Bezug auf ihre Schwangerschaft hatte. Sie berichtet im weiteren Interview von Konflikten mit dem Kindsvater, die im Laufe der Schwangerschaft einsetzten und sich verdichteten.

Frau Krämer: Also, sie wurde im XX letzten Jahres geboren, 20XX. Die Umstände waren zu der Zeit nicht sehr prickelnd gewesen. Also ihr Vater und ich, wir waren da auch noch zusammen, haben auch zusammengelebt. Und sie ist in eine wirklich turbulente Zeit reingeboren, weshalb ich auch echt irgendwie ein bisschen Angst um sie hatte. Jetzt nicht körperlich oder so, sondern Angst um ihr Gemüt, um ihr Wesen, ne. Weil es, ja, mit vielen Höhen und Tiefen verbunden war. Ja, haben uns aber auch kurz nach der Geburt dann getrennt und da ist dann so ein bisschen Ruhe eingekehrt.

Eine Lesart ihrer Äußerungen könnte sein, dass hinter dem Narrativ, das ungeborene Kind nicht geschlechterstereotypen Erwartungen aussetzen zu wollen, unbewusst der Wunsch stand, es vor den konflikthaften Gefühlen in der Paardynamik zwischen ihr und dem Vater des Kindes zu bewahren.

In einem weiteren Beispiel (Interview mit Frau und Herrn Braun, Eltern zweier Töchter) erscheint der Kinderwunsch in einen Wettbewerbsgedanken eingebunden. Dies macht die folgende Aussage von Herrn Braun deutlich, der am Ende des Gesprächsausschnitts zu erkennen gibt, dass er eigentlich gerne sowohl ein Mädchen als auch einen Jungen hätte, auch wenn er seine Äußerung relativiert:

Herr Braun: Hm. Also, ich tatsächlich/ mir war es völlig egal. Also, ich hatte schon immer das Gefühl, dass ich ein besserer Papa für Mädchen bin als für Jungs. Aber das war vielleicht auch nur so ein Gefühl, weil letztendlich, ob Mädchen oder Junge, es ist/ also zum einen da sage ich schon immer, ja, ist jetzt ein Mädchen, vielleicht wird es (lachend) irgendwann mal ein Junge werden. Das weiß man ja nicht. Oder vielleicht will das Mädchen nicht mit Jungs später zu tun haben, sondern auch mit Mädchen oder andersrum. Also, von daher ist es eigentlich völlig wurscht, solange sie irgendwie am Ende gesund sind, das ist irgendwie die Hauptsache. Von daher, bei Kira, als das dann klar war, es wird ein Mädchen, habe ich mich total gefreut. Aber nicht, weil es ein Mädchen wird, sondern einfach, weil es/ weil sie kommt. Und tatsächlich ist es uns auch/ nein, wobei wir hatten, glaube ich, Schwierigkeiten eher einen Mädchennamen zu finden als Jungsnamen, glaube ich. Also, wir haben uns ja auf beides quasi vorbereitet. Und aber als dann Kira da war, habe ich mich total wohlgefühlt und war/ habe irgendwie gedacht, ach, ist ja irgendwie schon/ weil wir haben natürlich von Freunden und so mitbekommen, wie das dann bei Jungs ist. Habe ich immer, ach, ein Glück. (lachend) Ein Glück, dass wir Mädchen haben. Und dann, als dann Freya/ bei Freya klar war, habe ich dann gedacht, ach, irgendwie schön zwei Mädels zu haben. Irgendwie, ich glaube, so Jungs/ ein Junge und ein Mädchen zu haben ist wahrscheinlich die schwierigste/ ist wahrscheinlich die Königsklasse, weil (lachend) man kriegt da so alles ab. Aber nein, ich habe mich dann schon drüber gefreut. Aber, wie gesagt, also am Ende war es mir dann auch eigentlich/ es war mir egal. Hauptsache/ also wirklich Hauptsache gesund, ja.

Herr Braun gibt zunächst an, sich als Vater besonders für Mädchen geeignet zu empfinden, um dann anzudeuten, dass Geschlechter variabel seien, dass aus einem Mädchen ein Junge werden oder dass sich das Mädchen lesbisch entwickeln könnte („ob Mädchen oder Junge, es ist/ also zum einen da sage ich schon immer, ja, ist jetzt ein Mädchen, vielleicht wird es (lachend) irgendwann mal ein Junge werden. Das weiß man ja nicht. Oder vielleicht will das Mädchen nicht mit Jungs später zu tun haben, sondern auch mit Mädchen oder andersrum.“). Die Bedeutung der Geschlechterfrage wird damit, entsprechend dem Narrativ einer modernen, gegenüber geschlechtlicher und sexueller Vielfalt offenen Familie, relativiert. Beim ersten Kind seien er und seine Frau auf beide Geschlechter eingestellt gewesen. Er habe sich über die Tochter gefreut und deutet an, bei Freunden den Eindruck gewonnen zu haben, dass es mit Jungen schwieriger sei – er habe „Glück“ gehabt. Die nächste Aussage drückt eine Ambivalenz aus: Er habe sich über die zweite Tochter gefreut („irgendwie schön zwei Mädels zu haben“), aber beide Geschlechter zu haben, sei die „Königsklasse“. Diese Wortwahl fällt insofern auf, als „Königsklasse“ die Bezeichnung für die Formel 1 beim Autorennsport und für die Champions League beim Fußball ist. Wenn es einem gelungen ist, beide Geschlechter zu bekommen, spiele man in der höchsten Klasse mit dem höchsten Prestige, wodurch das Geschlecht des Kindes dann doch Bedeutung erhält, nämlich für das Bild einer Familie, die in der „Profiliga“ mitspielen kann.

In allen vier Beispielen findet eine Rationalisierung, also eine sekundäre Rechtfertigung der Erwartungen an das Babygeschlecht statt, mit der konflikthafte Anteile verbunden sind.

6.2 Geschlechterfrage im Entweder-oder-Dualismus

Die folgenden Aussagen entstammen der Impulsfrage, in welchen Bereichen den Eltern im Alltag das Thema „Geschlecht“ begegnet. Im Vordergrund der Antworten standen Aspekte der Bekleidung, der Spielzeuge und der Umgebungseinflüsse.

Frau Greiner: Also, tatsächlich bei UNS zu Hause, ich würde fast, also, ist eine gute Frage. Ich persönlich würde sagen, hauptsächlich im Kontakt mit anderen Leuten. Also Großeltern vom Linus zum Beispiel. Oder auch auf dem Spielplatz. […] Ja. Genau. Also, eher so diese Sachen, je nachdem, was er trägt, dass man dann schon eher mal hört, „warum hat er denn eine Mädchenhose an?“, oder so was. Oder jetzt auch eher von älteren Familienangehörigen, dieses und jenes Spielzeug oder dieses und jenes Buch ist für Mädchen, also eher so in die Richtung, würde ich sagen, oder?

Frau Greiner, die Mutter von Linus, schreibt die Thematisierung des Geschlechts der Außenwelt zu: Linus’ Großeltern oder Reaktionen auf dem Spielplatz auf die Leggings, die Linus trägt und die manche als weiblich attribuierten. Frau Greiner findet aber, dass die Leggings bequem sind, und sie hält dagegen:

Frau Greiner: Und ich ziehe ihm die aber an, weil ich der Meinung bin, er kann sich damit halt besser bewegen, wenn er spielt. Ja.

Auch die Meinung ihres Vaters, dem es nicht gefällt, dass Linus mit einer Puppe spielt, kontert sie:

Frau Greiner: Ja. Da ist schon so das/ also, bei meinem Vater ist es das klassische Spielzeug. Das war relativ früh schon ein Thema. Wir haben halt natürlich Kinderspielsachen von mir und meiner Schwester. Die sind dann teilweise auch rosa. Und da ist es dann schon so, wir haben eine rosa Puppe noch zu Hause, so eine Rasselpuppe. Als meine Mutter ihm die angeboten hat, war es schon so, dass mein Vater dann gesagt hat, ja, aber die ist ja für Mädchen. Also, eine Puppe ist für Mädchen und die ist auch noch rosa. Das war am Anfang immer mal wieder Thema, dass ich dann aktiv gesagt habe, ich möchte das nicht, also, ich möchte das auch nicht vor dem Linus so thematisieren, für Mädchen oder für Jungen. Und wenn er damit spielen will, spielt er halt damit. Und da muss man dann immer mal wieder auch meinen Vater dran erinnern. Ich glaube, mittlerweile ist er ganz okay damit, wobei ich schon auch glaube, weil er selber auch zwei Töchter hat, ist halt schon so, dass er sagt, jetzt kann ich mit dem Fußball spielen. Genau. Also schon, dass er da eher so/ dass er ihm bestimmte Sachen zuschreibt, Spielsachen oder auch Sachen, die er mit ihm machen kann und ihm beibringen kann. Ja. Wie zum Beispiel Fußball spielen, die er nicht/ wahrscheinlich nicht machen würde, glaube ich, wenn der Linus jetzt ein Mädchen wäre.

Sie setzt sich mit ihrem Vater auseinander, der die rosarote Puppe offensichtlich als mädchenhaft empfindet und seinem Enkelsohn „jungentypische" Spielsachen und Aktivitäten anbietet, was ihm im Umgang mit seinen Töchtern nicht möglich schien. Linus' Mutter ärgert dies, weil er sie und ihre Erziehungsvorstellungen nicht oder nur zögerlich berücksichtigt.

Frau Greiner: Also, ich merke, dass es mich persönlich [...] ärgert. Ist aber schon so, wenn ich das zu Hause sage, dass es auch akzeptiert wird, und dass das jetzt keine große Diskussion wird oder auch keinen Ärger oder so gibt. Aber für meinen Teil ist es schon so, dass es mich, ja, das ist wahrscheinlich, macht es mehr mit mir, weil ICH selber probiere, da drauf zu achten, dass ihm keiner sagt irgendwie, das ist für Jungen, das ist für Mädchen, die Farbe ist für Mädchen, die Farbe ist für Jungen, genauso wenig, wie ihm keiner sagen wird, das ist für Babys oder das ist für Große oder wie auch immer. Deswegen ärgert es wahrscheinlich auch eher mich. Weil ich mir schon selber auch am Anfang so Gedanken darum gemacht habe, wie kann man das vermeiden oder wie kann man da so offen sein, dass der Linus da keine Unterschiede macht und einfach mit dem spielt, mit dem er spielen MÖCHTE.

Sie fährt im Gespräch mit der Reflexion fort, dass Linus auch mit Autos spielt und sich für Flugzeuge und Baustellen interessiert. Sie fragt sich, woher das kommt, ob sie und ihr Mann unbewusste Erwartungen an ihn herantrügen. Ihr Wunsch ist, dass ihm gegenüber achtsam mit Rollenerwartungen umgegangen wird.

Im folgenden Abschnitt führt sie aus, dass sie Linus als Baby bewusst eine rosarote Rassel und einen rosaroten Hasen schenkte. Sie wollte die klassische Geschlechtersymbolik vermeiden.

Frau Greiner: Also, ich würde schon sagen. Mittlerweile nicht mehr so stark, mittlerweile, weil er jetzt auch eher sagen kann, ich möchte das, und das möchte ich halt nicht. Da achten wir dann schon eher drauf, was ER möchte. Aber zu Beginn, muss ich schon ganz ehrlich sagen, habe ich gerade so als Baby schon manchmal, wenn da zwei Rasseln im Regal lagen, und das eine war ein blauer Hase und das andere war ein rosaner, dann habe ich schon auch den rosanen genommen. Also. Genau, am Anfang (lacht) habe ich schon so ein bisschen probiert, das echt sehr zu vermeiden. So dieses Jungen-Mädchen-Ding. Oder dann halt bewusst dann doch das klassische, also, wenn man jetzt überlegt, der Hersteller hat sich da ja wahrscheinlich genau das dabei gedacht, dass ich dann schon eher das rosane genommen habe, ja.

Auch Frau Mustafi ist bemüht, ihren Kindern (Tochter und Sohn) „genderneutrale“ Spielzeuge zur Verfügung zu stellen, womit sie meint, dass die Tochter sich aussuchen konnte, ob sie mit Puppen oder Bällen spielt, und dass der Sohn jetzt die Spielzeuge der älteren Schwester benutzt, inklusive Puppen. Aber die Großeltern nähmen über Geschenke Einfluss, womit der Einzug geschlechterstereotyper Symboliken unausweichlich sei und das Durchhalten des Anspruchs von Genderneutralität illusorisch.

In den folgenden beiden Ausschnitten aus Gesprächen mit Frau Kranz und Frau Krämer erscheint die kindliche Autonomie als Störfaktor. Emma suchte sich rosa anstatt die von der Mutter bevorzugten blauen Schuhe aus und Maja wollte einen rosafarbenen und keinen grauen Schneeanzug kaufen.

Frau Kranz: Also, ich finde/ Oder so bei/ Also, so bei den Anziehsachen oder so merkt man das schon manchmal schon so, dass halt dann das auch so in Jungen und Mädchen getrennt wird, wobei ich eigentlich eher so auf unisex achte. Also, nicht unbedingt achte, aber halt schon auch gucke, dass sie jetzt/ Sie hat zwar ein paar pinke Sachen und sie hat sich auch, wo sie sich zum Beispiel die Schuhe aussuchen durfte/ Also, wir waren beim Einkaufen und ich wollte eigentlich die blauen, weil ich mag (lachend) Blau sehr gerne, und dann dachte ich so: Ah, die sind ja schön, passen auch gut zu allem. Und sie hat sich die knallepinken ausgesucht und hat die auch nicht mehr losgelassen. Und dann habe ich gedacht: Okay, dann sind es halt die pinken jetzt. Mittlerweile hat sie (lachend) blaue, aber davor die/ Also die andere Größe, da hat sie sich selber das ausgesucht. Also, ich finde, da merkt man es schon sehr, dass es so auch von der ganzen Vermarktung her für Kinder solche Sachen, dass die alles, sage ich mal, jetzt so Spielzeuge oder Anziehsachen oder teilweise auch so bei Rossmann oder dm merkt man das, dass sie halt so mit Farben ziemlich sehr versuchen, so dieses Standardisierte, finde ich, ja, dieses Blau und dieses Kitschrosa. Ich meine, ich glaube, nachdem es da diesen Disneyfilm gab mit Elsa, gibt es jetzt auch ein paar blaue Mädchensachen, aber es ist trotzdem noch vorwiegend, finde ich schon, dass das noch sehr stereotypisch eingeführt wird irgendwie.

Frau Krämer wendet sich während einer Ankommenssituation in der Krippe an die Beobachterin und kommentiert Majas Schneeanzug. Er ist rosa mit hellrosa Pünktchen. Möglicherweise empfand sie, angesichts der Tatsache, dass die Beobachterin wegen eines Genderprojekts anwesend ist, einen Rechtfertigungsdruck. Sie erzählt, dass Maja einen „schönen“ Schneeanzug gehabt habe, dass sie diesen aber leider eine Nummer zu klein gekauft habe, und jetzt hätten sie stattdessen diesen „furchtbaren“ Schneeanzug. Der schöne Schneeanzug sei zu klein gewesen und sie habe Maja zum Umtausch mitgenommen. Zur Auswahl hätten dann eine grauer und ein rosafarbener Anzug gestanden. Maja habe sich für den rosa Anzug entschieden. Als Kathrin (Fachkraft) amüsiert fragt, ob sie das verwundere, gibt die Mutter zurück, dass sie gehofft habe, dass Maja sich anders entscheiden würde.

Sowohl in der Schilderung von Frau Kranz als auch bei Frau Krämer wird deutlich, dass die Töchter Geschmacksvorlieben haben, die sich von denen der Mütter unterscheiden. Während bei den Kindern als „geschlechtstypisch" geltende Vorlieben (Farbauswahl) auftauchen, äußern die Mütter überwiegend den Wunsch, ihr Kind nicht entlang traditioneller Geschlechterkategorien erziehen und ausstatten zu wollen. Die befragten Mütter von Mädchen bevorzugen jungenhafte oder neutrale Accessoires für ihre Töchter (z. B. in der Farbe Blau oder Beige) oder zumindest, dass sie eine Bandbreite an Farben nutzen, wie Frau Braun es ausdrückt:

Frau Braun: Also, ich bin da auch so ein bisschen/ ich kriege da immer dann Augenrollen von meiner Schwester, wenn sie das sieht. Aber ich/ die sind jetzt auch in der Situation, so ganz klar sich zu äußern, und da ist tatsächlich auch Freya sehr, sehr klar. Kira mit ihren fast fünf, der kann ich immer noch irgendwas raussuchen, das passiert/ das geht nicht immer, aber der kann ich irgendwelche Klamotten hinlegen und die zieht die einfach ohne das in Frage zu stellen an. Und Freya geht jeden Morgen zielgerichtet zum Kleiderschrank, sagt, aber bitte nur ein Kleid anziehen. Und ich finde das dann auch ein bisschen schwierig, ihr das zu verbieten, nur aus dem Grund, dass/ also das ist ja auch ein Teil von ihr. Also, ich finde Gender hat/ Genderneutralität hat dann auch nichts damit zu tun, das eigene Geschlecht im Grunde zu untergraben und nur noch Jungs anzuziehen. Also, ich finde das dann auch okay, wenn sie das so klar äußert, und das wird sich auch nochmal verändern. Und ich hoffe, dass sie einfach anhand von dem, wie wir auch leben, eher die Bandbreite mitbekommen auch an Farben und tatsächlich mag ich Rosa und Pink und Lila ja auch. Also, es ist ja nicht so, dass ich solche Farben nicht mag. Es ist immer eher so dieses maßvoll.

Freya und ihre ältere Schwester Kira werden von der Mutter als sehr gegensätzlich dargestellt. Während Kira die Kleidungsvorschläge der Mutter akzeptiert, bevorzugt Freya klar „mädchenhafte" Kleidung. Die Mutter möchte Freya bei der Kleidungsauswahl wenig Vorgaben machen, weil diese Vorliebe aktuell zu ihr gehöre. Sie antizipiert, dass Freyas Entwicklung als Mädchen offen und prozesshaft bleibt, und hofft dabei, dass sie irgendwann das Spektrum „zwischen Blau und Rosa" nutzt.

Eine weitere Variante der Aussage, dass das Kind nicht einseitig in Bezug auf sein Geschlecht erzogen werden soll, taucht im Interview mit Frau Manke auf. Sie gibt an, dass Angelina mit Puppen und Autos spielen dürfe. Das würde sie ebenso ermöglichen, wenn sie einen Sohn hätte. Und Angelina trage rosa, aber auch blaue Kleidung. Auch hier werden Äußerlichkeiten benannt: Spielzeuge und Kleidung, mit denen Geschlechtsneutralität hergestellt werden soll. Gleichzeitig äußert sie klischeehafte Rollenvorstellungen, die heutzutage nicht mehr „politisch korrekt" klingen. Sie habe sich eigentlich zuerst einen Jungen gewünscht, der die auf ihn folgende Schwester beschützen sollte. Außerdem erwarte sie von Angelina, dass sie ihr im Haushalt hilft. Diese Erwartungen werden von ihr nicht hinterfragt.

Frau Manke: Ja, also die Wunschvorstellung gewesen wäre tatsächlich erst der Junge und dann das Mädchen, dass der große Bruder auf die kleine Schwester aufpasst. Aber als es ein Mädchen war, habe ich mich auch riesig gefreut, dass ich Unterstützung bekomme im Haushalt. Und ja, dass wir zu zweit sind, einfach auch.

Einen möglichen Verstehenszugang dafür bieten ihre Angaben zum eigenen Aufwachsen:

Frau Manke: Ja, genau. Das hat den Hintergrund, dadurch, dass wir eine Großfamilie waren, ist meine Mama nachts arbeiten gegangen. Sie hat in einer Bäckerei gearbeitet und auch morgens hat sie noch gearbeitet. So dass wir, ja, damit eigentlich aufgewachsen sind, meinen Bruder so ein bisschen schon vorzubereiten für Kindergarten oder Schule. Und deswegen dann diese Selbstständigkeit entwickelt haben. So dass es mir bei Angelina alles viel leichter fiel. Genau und dadurch, dass wir auch viele Geschwister sind, war das für einen allein nicht zu viel. Oder ja, ich hatte auch da irgendwie schon den Instinkt, vielleicht auch, weil es der einzige Junge damals war, dass ich, wenn mein Bruder nachts gemeckert hat im Bett, dann bin ich hin und habe ihn dann rausgenommen, habe mit ihm geschuckelt. Und ja, so dass ich dann teilweise auch in der Schule mal eine Phase hatte, wo ich eingeschlafen bin, weil ich zu müde war. Und ja, die Schule dann angerufen hat bei meiner Mama und hat gesagt, hier, was ist denn da los bei euch zu Hause? Und dann sagt sie, sie kann leider nichts dafür, weil sie das automatisch macht. Ja, als hätte man da schon so einen Instinkt gehabt.

Sie gibt an, dass sie als Kind eine große Verantwortung für ihren jüngeren Bruder übernahm. Wenn er nachts weinte, kümmerte sie sich um ihn, da ihre Mutter bei der Arbeit war. Das strengte sie so sehr an, dass sie in der Schule einschlief. Aber sie benennt die Überforderung nicht, sondern schiebt einen angeblichen Mutterinstinkt vor, den sie bereits als Mädchen gehabt habe, wodurch sie die Geschlechterfrage biologisiert. Jetzt scheint es, als ob sie es anders haben möchte. In ihrer Fantasie passt der Bruder auf die kleine Schwester auf, und sie nimmt vorweg, dass Angelina sie im Haushalt entlastet.

Die Beispiele zeigen, dass die Eltern überwiegend im Entweder-oder-Dualismus (entweder blau oder rosa) denken oder diesem auszuweichen suchen, indem sie sich auf keines der beiden Kennzeichen festlegen wollen (neutrale Farben und Accessoires). Die kritische Infragestellung klischeehafter Spielmaterialien und Kleidungsstücke kann einerseits als wichtig erachtet werden, da sie mögliche Einengungen ins Bewusstsein bringt, aber die Abgrenzung von den einschlägigen Symbolen wirkt auch konkretistisch. Die Fixierung auf die Spielzeug- und Kleidungsfrage markiert eine Verkürzung, wenn nicht auch biographisch strukturierte Erwartungen in Bezug auf Geschlecht reflektierbar werden.

Flaake (2014) beschreibt in ihrer bereits erwähnten qualitativen Interviewstudie über Problemfelder und Gestaltungsmöglichkeiten einer geteilten Elternschaft (vgl. Kapitel 4.1), dass für Mütter wie für Väter die intensive Beziehung zum Neugeborenen mit spezifischen „Ängsten, Verunsicherungen und Konflikten“ (Flaake 2014: 295) verbunden sei. Beide seien aber auch zu einer innigen frühen, körpernahen Beziehungsaufnahme befähigt, wovon die Kinder profitierten (ebd.: 293). Das Erleben der Geburt und gegebenenfalls das Stillen lösten jedoch bei Männern und Frauen Dynamiken aus, die, verknüpft mit kulturellen Mutter- und Vaterbildern, Traditionalisierungsprozesse verstärken können (ebd.: 50). Auch in unserer Studie fällt auf, dass sich die Position der Väter in der ersten Zeit als randständig darstellt:

Alexandros (Vater von Leandros): Ich muss aber auch dazusagen, selbst/ also selbst, wenn ich einen normalen Job hätte und dann/ und ich hätte dann trotzdem auf die Elternzeit, auf meine Elternzeit zugegriffen, muss ich dazu sagen. Also, wenn ich jetzt so den klassischen 7-bis-16-Uhr-Job hätte, hätte ich es gemacht. Weil, ich sage mal so, okay, die ersten Monate nach der Geburt, klar, ist definitiv Mutterzeit. Da hat der Vater keine Chance, hat auch nichts verloren, weil, da ist ja das Bonding zu der Mutter oder wie das heißt, Bondiging, Bonding oder wie das heißt, zur Mutter wichtig, ja. Aber es ist aber auch nun mal auch so, dass das Kind in den ersten Monaten sich auch auf den Vater ein bisschen prägen kann. Und daher ist es wichtig halt, so viel Zeit wie möglich zu verbringen. Und von daher gesehen, ich sage mal so, ich bin nicht Vater geworden, um dann meine Zeit auf der Couch zu verbringen.

Die Aussagen von Leandros' Vater wirken widersprüchlich. Er begründet, dass nicht er, sondern seine Frau Elternzeit genommen hat, damit, dass er im Rahmen seiner Erwerbstätigkeit nachmittags zu Hause arbeiten kann. Es sei ihm wichtig, ein präsenter und aktiver Vater zu sein („so viel Zeit wie möglich zu verbringen“, „ich bin nicht Vater geworden, um dann meine Zeit auf der Couch zu verbringen“), was mit seiner Berufstätigkeit vereinbar ist. Der Satz „Aber es ist aber auch nun mal auch so, dass das Kind in den ersten Monaten sich auf den Vater ein bisschen prägen kann“ könnte bedeuten, dass es aus seiner Sicht wünschenswert ist, dass von Anfang an eine Vater-Kind-Beziehung entsteht, deren Potenzial er gleichzeitig durch den Ausdruck „ein bisschen“ relativiert. Er markiert die ersten Monate nach der Geburt als „Mutterzeit“, damit das „Bonding“ zwischen Mutter und Kind gelinge – als ob er sich als störend oder als Außenstehender und vielleicht auch als in Konkurrenz zu seiner Frau stehend empfunden hätte.

Freyas Eltern (Familie Braun) berichten über die erste Zeit mit ihrer Tochter:

Frau Braun: Sie ist sehr, sehr/ also (lacht) sie ist ein sehr körperbezogenes Kind gewesen von Anfang an. Das lag auch ein bisschen darin, dass ich mit ihr relativ früh wieder angefangen habe zu arbeiten und diesen Job bei der XXX bekommen habe. Da war sie drei Monate alt. Das war so gar nicht geplant. Und sie sehr viel mit mir gearbeitet hat. Also, ich hatte sie in der Trage und habe dann am Rechner gesessen und habe gearbeitet und sie war sehr viel immer dabei und ist auch mit in die XXX gegangen. Dadurch ist sie schon in vielen Punkten sehr anhänglich auch und körperbezogen, was mich betrifft.

Während Frau Braun eine sehr innige und körperbezogene Beziehungsgestaltung hervorhebt, erwähnt Herr Braun, dass es ihm wichtig gewesen sei, Zeit für die Familie zu haben, er aber am Anfang gar nicht viel habe machen können:

Herr Braun: Ich habe immer bei beiden Kindern habe ich am Anfang immer Elternzeit genommen und habe dann quasi so ein bisschen alles andere gemacht. Also, am Anfang, klar, kann ich ja noch nicht so viel tun, außer sie zwischendrinnen mal tragen, beruhigen und mich um alles andere kümmern. Und, aber das Wichtigste musste doch die Mama irgendwie tun. Aber ich bin dann auch/ jetzt, ich weiß es ehrlich gesagt gar nicht mehr, wie es bei der Freya war, ob ich da am Anfang/ wie lange ich da zu Hause war.

Seiner Aussage ist sein Erleben zu entnehmen, dass die Mutter die bedeutungsvollste Bezugsperson für die Kinder war, während er als Vater unterstützte und im Grunde genommen zweitrangig war.

6.3 Optimierungsparadigma – kindliche Schwäche hat keinen Raum

In den Antworten, die auf die Bitte der Interviewerin gegeben werden, das eigene Kind vorzustellen, ist häufig die Wahrnehmung oder der Wunsch der Eltern erkennbar, dass ihr Kind stark, mutig, tapfer ist und nicht vulnerabel, schwach, hilfsbedürftig, egal, ob es sich um ein Mädchen oder einen Jungen handelt.

Frau Mustafi (Toms Mutter): Er ist sehr/ Obwohl er noch so klein ist, da denkt man immer mal wieder so, aber doch, er ist sehr selbstsicher. Also, wie sagt man? Auch schon für sein Alter selbstbewusst oder er weiß auch generell, was er möchte.

Frau Krämer (Majas Mutter): Also, die Maja, die ist ein sehr offenes Kind, was Sie vielleicht auch schon miterleben konnten. Sie/ Klar, so vor fremden Leuten ist sie manchmal eher ein bisschen scheu, vor allem vor Männern so. Kann halt auch damit zusammenhängen, dass sie wenig Kontakt zu ihrem Vater hat. Weiß ich nicht, sei mal so dahingestellt, ne. Ist aber bestimmt auch bei vielen Kindern in dem Alter normal, die fremdeln ja auch, ne. Aber sonst ist sie mutig, die klettert, auch wenn sie mal hinfällt oder so, die ist total tapfer einfach auch, ja. Und fängt dann nicht direkt an zu heulen, sondern steht auf, pustet ihr Aua weg, sagt „da fliegt es" und (lacht) dann ist die Welt wieder in Ordnung.

Frau Kranz (Emmas Mutter): Ich nenne Emma meine kleine Räuberin, da ich möchte, dass sie als mutiges, freches Mädchen aufwächst. Es gibt da diesen Spruch: „Sei Pippi und nicht Annika!" An den muss ich manchmal dabei denken.

Tom sei zwar klein, aber selbstbewusst. Maja sei Männern gegenüber manchmal scheu, aber dennoch mutig und tapfer, stehe gleich wieder auf, wenn sie hinfällt. Die genannten Adjektive sind nicht geschlechtsbezogen. Aber schwache, hilfsbedürftige, unfähige Anteile und grundlegende kindliche Bedürfnisse tauchen in der Beschreibung der Mütter kaum oder nur relativierend auf. Ähnliche Wünsche gelten auch für Emma, für die ihre Mutter hofft, dass sie wie Pippi wird, nicht wie Annika (aus den Pippi-Langstrumpf-Büchern von

Astrid Lindgren). Emma erhält dadurch keinen wirklichen Gestaltungsraum. Warum darf sie nicht wie Pippi (frech, mutig, unkonventionell, stark) *und* wie Annika (artig, ordentlich, nicht immer vorneweg) sein?

Entsprechend wurde bei Freyas Namensgebung bewusst darauf geachtet, dass der Name nicht lieblich klingt. Er soll die Botschaft tragen, stark und fest zu sein.

Frau Braun: Und wir hatten auch, weil du Namen ansprichst Arthur[21], wir hatten tatsächlich auch/ das fand ich sehr, sehr schwierig. Weil ich viele Mädchennamen sehr, sehr lieblich finde. Und ich da auch so meine Schwierigkeiten mit hatte. Ich finde es bei Jungs einfacher, weil tatsächlich da nicht so überhaupt dieses/ da gibt es dieses Thema nicht, ob jetzt ein Mädchenname, also ein Jungenname irgendwie lieblich. Da würde ich jetzt sagen, es gibt lang oder kurz und es gibt vielleicht so ein bisschen elaboriertere Namen. Und so ein bisschen, ja, weiß ich nicht, lausbübische Namen. Aber bei Mädchen ist das/ hat das auf einmal schon so eine ganz andere Qualität gehabt. Da das war auch so die erste/ so dieses erste/ die erste Berührung mit diesem Genderthema eigentlich für mich persönlich. Und dann fragt man sich schon, was möchte man eigentlich seinen Mädchen mitgeben? Und das wäre mir wahrscheinlich/ darüber hätte ich bei einem Jungen nicht nachgedacht. Also, das macht schon/ das ist, glaube ich, schon ein Unterschied. Und ich wollte gerade einfach auch ganz kurze und eben, ja, starke, geradlinige Mädchennamen, die eben auch nicht zu stark in diese eine Richtung gehen. Um ihnen das auch so ein bisschen offenzuhalten.

Ebenso reagiert die Mutter sehr alarmiert darauf, dass Kira (Freyas Schwester) aktuell im Kindergarten vermittelt bekommt, Jungen seien stärker als Mädchen. Sie möchte die Tochter im Frauenkampfsportverein anmelden, um ihr Körpergefühl zu stärken:

Frau Braun: Also, ich hatte neulich ein sehr beklemmendes Erlebnis mit unserer großen Tochter, die jetzt durch den Kindergarten schon so mit ganz anderen Geschlechterthemen konfrontiert wird und die mir dann felsenfest davon behauptet hat, dass Mädchen nicht stark sind. Die Jungs sind alle viel stärker und wilder und selbst ihre Kindergartenfreundin hätte gesagt, Mädchen sind immer die Schwächeren, und da muss ich sagen, da (lachend) wurde es mir echt ganz anders. Also, das sind schon so Themen, die in der Form bei Freya noch nicht so kommen. Das hat einfach was mit Kindergarten zu tun. Ich hatte auch mit Kira ge/ bei uns um die Ecke gibt es einen Frauenkampfsportverein, der auch Mädchen/ also der ein reiner Frauen- und Mädchenverein ist. Ich hatte so ein bisschen den Wunsch, dass Kira das mitmacht. Da ist jetzt Corona leider dazwischengekommen, weil man nicht mit reindarf, und das hat sie sich dann doch nicht so getraut. Ich finde das schon wichtig, dass sie einfach lernen, so ein gutes Körpergefühl zu bekommen, und ich befürchte, dass da jetzt schon/ also, es kam jetzt auch schon mal zurück, dass sie jetzt anfängt auch zu bemerken, wenn jetzt Mädchen einen anderen Körperbau haben als sie selbst und dass/ ja.

Kira drückt gemäß der Beschreibung ihrer Mutter aus, was Hunger (2015) in ihrer bereits in Kapitel 4.2.1 erwähnten qualitativen Studie „Geschlechtsbezogene Bewegungssozialisation in der frühen Kindheit“ beschreibt: Dass in

21 Freyas Vater (Anm. US)

Kindergruppen mit zunehmendem Alter (etwa vier Jahre) eine hierarchische Wertschätzungsveränderung im Bewegungsverhalten zugunsten von Jungen stattfindet. Jungen behaupten, dass sie stärker, schneller, mutiger seien, und Mädchen bestätigen diese Sichtweise, indem sie ihre motorischen Fähigkeiten und ihre Kraft als geringer einschätzen. Die Kinder orientieren sich am geschlechtlichen Dualismus (Hunger 2015: 55 f.). Im Unterschied dazu spiegelt sich, so die Aussagen in unseren Interviews, in den Wünschen der Eltern ein Wandel der Geschlechterrollen: Mädchen sollen kraftvoll und selbstbewusst sein, und Jungen sollen auch weiche und fürsorgliche Seiten entwickeln können (ausgestattet mit Puppen und rosa Accessoires). Nach Hunger (ebd.: 51 f.) aber staffieren Eltern ihr Kind spätestens ab etwa vier Jahren mit einer deutlich „geschlechtstypisch" assoziierten Symbolik (in Bezug auf Kleidung, Hausschuhe, Kindergartentasche, Brotdosen, Getränkeflaschen etc.) aus, die „polarisierende körperliche Verhaltenserwartungen bei den Kindern aufruft bzw. Identifikationsangebote nahelegt" (ebd.: 52). Gleichzeitig, so zeigen unsere Interviews, wird ein die Geschlechterfrage überlagerndes Optimierungsparadigma zum Ausdruck gebracht. Kindliche Schwäche und Vulnerabilität werden ausgeblendet. Sie haben keinen Raum (vgl. dazu auch Kapitel 7.3).

6.4 Idealisierung von Stärke im Kontext von Migration und Prekariat

Weitere Perspektiven des Optimierungsparadigmas werden im Interview mit Elif und Alexandros deutlich, den Eltern von Leandros und seinem Bruder Yunus (es werden die Vornamen benutzt, weil sich die Eltern und die Interviewerin auf Alexandros' Vorschlag hin duzen).

Die Eltern charakterisieren Leandros als Jungen, der gerne esse, sich gerne in den Mittelpunkt stelle, sowie als aktiv, agil, sportlich. Er habe als Baby sehr viel Stärke gezeigt, angesichts seiner dramatischen Geburt.

Elif: Also, ich habe also bei beiden im Geburtshaus entbunden. Und beim/ bei der ersten Geburt verlief alles super. Also, es war wirklich eine traumhafte Geburt. Also habe ich auch bei der zweiten Geburt gesagt: „Das will ich genauso." Und die Geburt an sich/ Also erst mal hat der bisschen länger auf sich warten lassen, bis zum letzten Tag, also sonst wäre ich ins Krankenhaus gekommen. Und habe einen Wehen-Cocktail getrunken. Und drei Stunden später gingen die Wehen auch sehr heftig los. Und ich glaube, insgesamt hat es dreieinhalb Stunden gedauert. Ja.

Alexandros: Mehr als die. Wir sind hell rein und halb eins ist er auf die Welt gekommen.

Elif: Genau. Und dann wird ja am Anfang immer so/ die Werte werden gecheckt, Herz und Sauerstoff und alles. Und da waren die Werte nicht bei seinem Test …

Alexandros: Die Sauerstoffsättigung.

Elif: … waren nicht gleich. Und sobald die Werte nicht einheitlich sind, müssen die einen Arzt rufen. Und der hat dann gesagt, die müssen ihn mit ins Krankenhaus mitnehmen. Das ging alles so schnell, das ging an mir vorbei auch. Das hieß auch, er muss alleine vorfahren und wir beide mit dem Taxi hinterher. Und, genau, so kam der …

Alexandros: Also er hatte/

Elif: … in (Name des Stadtteils) an.

Alexandros: Also es war irgendwie verdrecktes Fruchtwasser, was er geschluckt hat, was wohl eine kleine Infektion bei ihm ausgelöst hat. Aber das ist halt in dem Moment gerade/ Ich sage mal so, meine Frau war ja benebelt, wie sie gesagt hat, bei der Geburt. Aber ich, der ja noch nüchtern war, kann man sagen, für mich war das der Schock meines Lebens, weil mir wurde mein Kind mit dem RTW weggefahren. Er kam ins Krankenhaus. Niemand sagt uns was. Wir kamen im Krankenhaus an, wir mussten auf Matten schlafen, weil keine Zimmer frei waren. Es ist/

Elif: Der Start war echt hart.

Alexandros: Es war eine der schlimmsten Momente (unv. überlappend).

[…]

Elif: Also, er war auch gesund. Da mussten alle Tests gemacht werden, die es so überhaupt gibt. Jede/ Alles an ihm, also jedes Organ, alles im Gehirn, alles wurde gecheckt. Und das Schlimmste für mich war in der Zeit, er war komplett verkabelt, das heißt, ich musste aufpassen, dass er nicht irgendwie diese, wie heißt das noch mal, Infusion, genau, dass er das nicht irgendwie wegreißt. Und dann hat das/ Diese Geräte haben immer wieder gepiept und ich wusste nicht, was es bedeutet. Also, das war wirklich nicht so, wie man sich eine Geburt und die erste Zeit mit dem Baby vorstellt.

Beide Elternteile betonen, dass die Geburt eine sehr schlimme, traumatisch wirkende Erfahrung für sie war. Leandros' Sauerstoffwerte waren nicht in Ordnung, sodass er sofort nach der Entbindung, die nicht im Krankenhaus stattfand, getrennt von den Eltern im Rettungswagen in die Klinik gefahren, untersucht und an Apparate angeschlossen wurde. Dabei wird aber nicht angesprochen, wie Leandros die Strapazen der Geburt und die unmittelbare Trennung von der Mutter bzw. den Eltern erlebt haben könnte, durch die Eltern und Kind zunächst keine Gelegenheit hatten, sich über Körperkontakt kennenzulernen und Nähe herzustellen. Die Eltern sehen Stärke und Vitalität in ihm. An späterer Stelle äußert die Mutter, dass die Geburt ihm nichts ausgemacht habe:

Elif: […] Also diese erste Zeit, wie er auf die Welt gekommen ist, dass das/ Man sagt ja, vieles prägt auch, auch wenn man es nicht mitkriegt, aber das scheint ihn überhaupt nicht mitgenommen zu haben. Also klar, es ist ihm ja nicht bewusst. Aber dennoch hat er ich glaube mehr Stärke bewiesen als ganz kleines Baby als ich

Leidvolle Anteile bleiben, bezogen auf ihn, eine Leerstelle. Robust zu sein erscheint den Eltern wichtig, egal, welches Geschlecht das Kind hat. Im Zusammenhang mit Leandros Bruder Yunus, der die erste Klasse einer Grundschule besucht, sagt der Vater:

Alexandros: Ja weiß ich. Weil das sieht man hier zum Beispiel, wir sind ja immer auf dem Spielplatz, man kennt sich mittlerweile. Und da ist so/ sind so zwei Mädels, die eine ist hier aus der Nachbarschaft und die andere aus dem Kindergarten, aus dem ehemaligen von meinem Sohn. Und Yunus spielt auch/ versucht manchmal, mit denen wild zu spielen, aber er versucht, sie in seine Welt zu holen. Aber (unv.). (können die sich mal?). Das sind so eher ruhige Spielerinnen. Und dann war aber auch mein/ Die Katharina, das ist ein Mädel, mit dem er in einer Klasse ist und von der weiß ich, dass die früher auch extremst übergriffig im Kindergarten war. Da habe ich die mal zusammen auf dem Spielplatz erlebt. Und das ist jetzt so dasselbe wie bei der Aria, die kann mit ihm mithalten und deswegen ist das Spielen mit ihr ruhiger. Es ist zwar wild, aber es ist ruhiger, einfach, weil die Katharina auch so/ Ich sage mal so, das ist ein taffes jugoslawisches Mädchen, ja. Also, ich sage mal so, wer der in ein paar Jahren ans Bein pisst, na gute Nacht, die wird gut austeilen können. Die kann sich wehren, ja. Und deswegen kann die dann mit ihm mithalten. Und deswegen ist dieses/ wirkt dieses wilde Spiel von denen ein bisschen ruhiger, einfach weil die Aria da nicht da/ äh die Katharina da nicht versucht so zierlich und „Nein, ich möchte nicht", sondern bam, die spricht Tacheles.

Elif: Ja. Und das ist ja/ Ich habe mir immer so vorgestellt, okay, wenn wir jetzt eine Tochter hätten, also ich glaube, die wäre genauso wie jetzt die Jungs, die wir haben.

Katharina, ein Mädchen aus Yunus Klasse, wird als „toughes" Mädchenideal angeführt. Sie sei so, wie Leandros sein sollte, wenn er kein Junge, sondern ein Mädchen wäre: wehrhaft, stark sowie bereit und fähig, auch den eigenen Körper einzusetzen. In einem späteren Wortwechsel, der auf eine kontrovers geführte Debatte über den Einfluss von Biologie (vertreten von Alexandros) bzw. von Sozialisation (vertreten von Elif) auf das Geschlechterverhalten folgt, sagen sie:

Elif: Darf ich kurz was sagen. Ich wünsche mir nur sehr oft, das sage ich ihm auch: „Wenn du noch einmal auf die Welt kommst, bitte komm als Mädchen auf die Welt und dann will ich nochmals von dir hören/"

Alexandros: Ich komme dann wie die Katharina auf die Welt und haue die alle um. Also, für mich ist das/ Also ich/ Für mich wird es da keinen Unterschied geben. Wie gesagt, ich sehe/ Ich sage mal so, schon vom Kampfsportaspekt her, weil ich das auch mache, ja, sage ich mir, ein Mädchen muss sich zu wehren lernen. Von daher gesehen, ich werde das genauso machen, dann haut man eben zu. Damit habe ich kein Problem.

Als Begründung, warum es ihm wichtig ist, dass er und die Kinder stark sind und sich gegebenenfalls auch körperlich wehren können, gibt er Diskriminierungserfahrungen an:

Alexandros: […] Und, ja, irgendwann mal bin ich auch eingeschult worden. Ich habe mich sogar auf die Schule gefreut, bin dann aber in die Vorklasse versetzt worden. Gründe kann man jetzt vom Rassismus bis unmotivierte Lehrer ziehen. Fakt ist, ich konnte schon lesen und schreiben als ich eingeschult wurde, aber wurde in die Vorklasse vorgestuft, weil ich der (unv. Störer?) war, also anstatt dass man fördert. So. Und dann begannen so die ersten Quengeleien, sagen wir es mal so. Da kamen meine ehemaligen Erstklässlerfreunde und haben gesagt „Vorklässler, Bananenfresser" et cetera pp. Dann hat man sich gegen die gewehrt und ein paar von denen hatten nun mal ältere Brüder, Cousins oder sonst was mit auf der Schule. So. Und da musste ich mich als Erstklässler gegen/ eigentlicher Erstklässler, Vorklässler, gegen Fünf-, Sechstklässler wehren. Und ich habe erst mal das getan, was meine Mutter gesagt hat: „Geh zum Lehrer und hole dir Hilfe." Aber die Lehrer, die hat es nicht interessiert. Gott bewahre, dass die ihren Job machen müssen. Und da war wirklich, so blöd es klingt, reine Gewalt das einzige Mittel, wo ich dann mir Ruhe verschafft habe. Ich habe gemerkt, Hilfe von anderen kriegst du nicht, setze dich durch und mache es einmal richtig und dann hast du auch deine Ruhe. Also, das Blöde war halt, dadurch, dass die zwei Köpfe größer waren als ich, musste ich denen an den Hals gehen und hatte halt im Zeugnis stehen, dass ich gefährlich handgreiflich geworden bin. Aber das ist nun mal so, dass da mir ein bisschen mehr Ruhe gebracht wurde.

Alexandros berichtet, dass er es als ungerechtfertigt empfand, angesichts seiner kognitiven Fähigkeiten (er konnte bereits lesen und schreiben), nicht regulär die erste Klasse der Grundschule besuchen zu dürfen, sondern in eine Vorklasse zu kommen. Er erlebte, wie andere Kinder ihn auslachten („Vorklässler", „Bananenfresser"), und fühlte sich beschämt. Bei den Lehrern fand er keine Hilfe. Deswegen, so seine Schlussfolgerung, musste er lernen, sich selbst durchzukämpfen, auch mit Fäusten und Brutalität („musste ich denen an den Hals gehen"). An einer späteren Stelle berichtet er, wie bestürzt seine Familie über den Anschlag in Mölln (1992) auf türkische Familien war und dass seine Mutter auf der Straße als Ausländerin angefeindet wurde. Kampffähigkeit ist zu seinem (Überlebens-)Motto geworden, und insbesondere: Man darf kein Opfer sein.

Elif wuchs in einer migrantischen Familie mit traditionellen patriarchalischen Werten auf und fühlte sich als Mädchen sehr eingeschränkt. Sie musste für ihre Autonomie kämpfen. Sie möchte ihre Kinder anders, nämlich freier, erziehen, als sie erzogen wurde. Im Kampf um Autonomie ist Stärke auch für sie ein hoher Wert.

Elif: [...] Ja. Ich fand das halt auch sehr schade, dass ich dann so vieles nicht machen durfte. Aber ich habe es mir nicht gefallen lassen, also/ Und deswegen ist für mich ja auch diese Freiheit so wichtig bei meinen Kindern, dass ich nicht bestimmen will „Du musst so sein, wie ich es will. Und du musst so sein, wie die Gesellschaft dich möchte."

Leandros' Vater führt nicht nur seine Diskriminierungserfahrungen, sondern auch sein männliches Geschlechterbild aus.

Alexandros: Nein. Das hat/ Gucken Sie mal, das Problem ist ja, gucken Sie mal, es gibt ja/ Oder du, Entschuldigung. Es gibt ja immer wieder diesen allgemeinen 08/15 nenne ich mal Konsens bezüglich, was ist Maskulinität, was ist Männlichkeit, was soll das sein et cetera. Und da sage ich mir: „Ja, in manchen Punkten gebe ich denen auch Recht." Aber in vielen Punkten sage ich: „Nein". Weil, ein Mann zu sein, heißt normal für mich auch Verantwortung, deswegen auch hier solche Geschichten wie mit Abwaschen und im Haushalt helfen. Es ist nun mal so, für mich ist da nichts Männliches, da auf einer

Couch zu liegen, ja, und sich da die Plauze anzueignen, während die anderen im Haushalt den Haushalt machen. Sage ich: „Nein, jeder bewegt sich.“ Ja. Männlichkeit heißt für mich auch, Verantwortung für den Haushalt, für die Familie mitzuübernehmen, eine Pflicht mitzuübernehmen, ja. Und ja, zum Beispiel jetzt, das hat/ ja, das ist für mich da halt Männlichkeit, ja, und es gibt halt nun mal gewisse Sachen, wo ich sage, und davon bin ich überzeugt, das haben ja auch andere gesagt, Freundinnen von dir, deswegen fühle ich mich bestätigt. Aber es ist nun mal so schon allein von der/ vom hormonellen Haushalt her sind Jungs nun mal ein bisschen wilder, da ist nun mal ein bisschen mehr Testosteron und Jungs messen sich nun mal, deswegen tollen die da. Ich sage immer wieder, für mich ist Dian Fossey, ja, ihre Beobachtung mit Gorillas, das tue ich auch auf die Kinder im Spielplatz übertragen, ja. Das ist eins zu eins dasselbe. Wenn Sie/ Lesen Sie mal/ Nein, ich meine es (nicht?). Lies mal Dian/ was Dian Fossey über Gorillaaffenbabys erzählt hat und gucke dir da einen Spielplatz an. Du sagst: „Ja, das ist dasselbe.“ Absolut eins zu eins, ja, wie die sich da tollen. Ja, das ist vollkommen in Ordnung.

Er wendet sich zunächst gegen ein typisiertes Bild des patriarchalen Mannes, indem er betont, dass er Aufgaben im Haushalt übernimmt. Jedoch ist er überzeugt, dass Jungen hormonell bedingt wilder seien. Sein verhaltensbiologischer Vergleich mit den Gorillas legt nahe, dass er Kampf- und Imponiergehabe mit einem natürlichen Junge-Sein verbindet. Leandros fällt in der Krippe durch impulsiv wirkendes Verhalten auf (vgl. z. B. Kapitel 4.2.1). Damit entspricht er dem Geschlechterbild des Vaters, dass ein Junge rauft und wild ist. In der Einrichtung wird sein ebenso augenfälliger Wunsch nach körperlichem Kontakt und Trost von den Fachkräften kaum oder zögerlich beantwortet. Sowohl dort als auch in der Familie, in der Stärke idealisiert wird, scheint seine Bedürftigkeit wenig gesehen zu werden.

Der Wandel der Geschlechterrollen, der sich in der Auseinandersetzung von Leandros' Eltern mit der Geschlechterfrage zeigt, kumuliert im Ideal des starken Kindes, das sich durchsetzt, egal ob Junge oder Mädchen. Die Vorstellung der durch den Vater biologistisch begründeten männlichen Andersartigkeit kann darin aufrechterhalten bleiben. Gleichzeitig kann im Bild des starken Kindes eine Projektion der Eltern gesehen werden, die dazu dient, eigene Unterlegenheits- und Diskriminierungserfahrungen auszugleichen, unabhängig vom kindlichen Geschlecht.

Das Interviews mit Kingsleys Mutter, die aus einem westafrikanischen Land stammt und mit ihrem Mann und zwei Töchtern im Zuge von Wirtschaftsmigration nach Deutschland kam, konnte nicht transkribiert werden, da sie Englisch mit einem starken afrikanischen Akzent spricht. Die Ethnographin fasste ihre Aussagen auf der Grundlage des aufgezeichneten Interviews schriftlich auf Deutsch zusammen. Die Mutter lebt inzwischen zusammen mit ihren drei Kindern (die Töchter wurden im Herkunftsland, der Sohn in Deutschland geboren) getrennt von ihrem Mann und erhält Transferleistungen. Zuvor waren ihre beiden Töchter wegen häuslicher Gewalt für eine gewisse Zeit in Obhut genommen worden, was sie nicht verstand und in Angst und

Schrecken versetzte. Sie äußert den Wunsch, Kingsley möge klug und widerstandsfähig werden. Er solle Sozialarbeiter werden, da sie die „Sozialleute" als sehr machtvoll empfindet. Sie hätte sich gewünscht, dass ihr jemand gegenüber dem Jugendamt geholfen hätte. Offenbar erlebte sie eine große Machtasymmetrie bei ihren Erfahrungen mit dem Unterstützungssystem. Eine ihrer Töchter soll Rechtsanwältin werden, die andere Ärztin. Diese drei Berufe verkörpern für sie anscheinend eine große Autorität, und sie wünscht sich diese Überlegenheit sowohl für ihre Töchter als auch für ihren Sohn.

Zusammenfassung: Mutig wie Pippi, nicht brav wie Annika und Tommy

Die Wünsche und Vorstellungen der Eltern zum Geschlecht des Kindes sind biographisch strukturiert und spiegeln die geschlechterbezogenen Bewertungen und Erfahrungen, die sie in der eigenen Herkunftsfamilie und ihrer Alltagswelt erfahren haben. Der prominent vertretene Wunsch nach einem wehrhaften, durchsetzungsfähigen Kind, der teilweise mit selbst erlebten sozialen Ausgrenzungserfahrungen in Verbindung gebracht wird, neutralisiert den Geschlechterbezug. Das Leitbild des starken, mutigen Kindes, egal ob Mädchen oder Junge, prägt die Konstruktionslogik der Eltern, die Normen, die sie aufrufen, und ebenso ihre Erziehungspraktiken. Erziehung und Entwicklung werden so zur Leistungsanforderung an Eltern und Kinder im Deutungsmuster von sozialer Ungleichheit, Konkurrenzkampf und Wettbewerbsdruck. Die Auflösung der binären Geschlechterordnung, die im Narrativ der Eltern enthalten ist, erscheint als Wegbereiterin einer neoliberalen Gesellschaft, unter deren Lebensbedingungen jede*r unterschiedslos für sich einstehen und für sich sorgen muss.

7. Fazit der Empirie und Schlussfolgerungen für eine genderreflektierte Pädagogik und Forschung

Zur Bearbeitung der Frage, wie im Kontext der Institution Kinderkrippe Geschlechterkonstruktionen hervorgebracht werden, nahm das Forschungsprojekt die Perspektiven aller beteiligten Akteur*innengruppen (Kinder, Fachkräfte, Eltern) in die Erhebung auf. Dadurch wurde auf empirischer Ebene ein umfangreicher Fundus an ethnographischem Datenmaterial zum Thema *(un)doing gender* in Verbindung mit weiteren Differenzkategorien in den Interaktionen zwischen Kindern in den ersten drei Lebensjahren, pädagogischen Fachkräften und Eltern produziert sowie die Wirkung der materiellen Umgebung beobachtet. Die empirischen Ergebnisse werden nun zusammengefasst und genutzt, um auf ihrer Grundlage genderreflektierte Entwicklungsnotwendigkeiten aufzuzeigen.

7.1 Geschlechterkonstruktionen der Kinder

Zunächst soll hervorgehoben werden, dass es in den Interaktionen der Kinder, sei es mit Erwachsenen oder mit Gleichaltrigen, im Hinblick auf die Konstruktion von Geschlecht Hinweise auf vier Dimensionen gab, die sich szenisch miteinander verschränkten:

- sich ähneln bzw. sich unterscheiden (Ausschnitt 1);
- Reflexion auf Geschlechterinszenierungen der Erwachsenen (Ausschnitt 1);
- Bezug zu Körpermerkmalen (Ausschnitt 2);
- Bezug zu symbolhaften Körperausstattungen und/oder geschlechtersymbolisch besetzten Gegenständen (Ausschnitt 3).

Zur Erläuterung wird auf die Auswertung von drei Protokollausschnitten zurückgegriffen.

1) Der Sequenz, in der sich Fabricio nicht auf den Schoß der Erzieherin setzen will, weil er ja ein Junge sei – er positioniert sich als von Mariella, die auf dem Schoß der Erzieherin sitzt, verschieden, indem er sein Junge-Sein über den Verzicht auf Körperkontakt bedeutet (Kapitel 4.2.4) – ging voraus, dass er und Mariella gleichzeitig von ihren Vätern in die Krippe gebracht wurden (Kapitel 4.1.2). Die Ankommensszene enthält eine Fülle von Geschlechterinszenierungen, die wesentlich von den Vätern strukturiert werden. Mariella schmiegt sich an ihren Vater und hält ihr Schnuffeltuch fest. Fabricios Vater begrüßt sie mit der weiblich romantisierenden Ansprache „kleine Principessa". Die Ansprache wird später mit der Thematisierung des Schnullers kombiniert.

Er ist ein Gegenstand, der mit kleinen Kindern in Verbindung gebracht wird („Kleine Prinzessin, wann legst du denn den Schnuller ab?"). Klein und anhänglich oder bedürftig zu sein ist in der Frage mit Weiblichkeit assoziiert. Im Hinblick auf den älteren Fabricio werden sportliche Schuhe, der erfolgreich abgewöhnte Schnuller und Fahrzeuge verhandelt, die er mit in die Einrichtung bringt. Diese drücken Kraft und Stärke aus (Zug, Laster, Feuerwehrauto). Sie erscheinen als Kontrast zu den Objekten des kleinen Mädchens (Schnuffeltuch, Schnuller). Mit seiner Weigerung, sich auf den Schoß der Erzieherin zu setzen, setzt Fabricio den Kern der von den Vätern übermittelten Zuschreibungen in Bezug auf Mädchen- bzw. Junge-Sein um. Ein Junge zu sein scheint für ihn zu heißen, sich im Unterschied zu Mariella nicht als klein, kuschelig und anhänglich zu zeigen. Darüber hinaus handelt es sich bei den von ihm mitgebrachten Fahrzeugen um materielle Symbole, die im hegemonialen Zeichensystem als männlich codiert erscheinen, auch wenn zu beachten ist, dass Geschlechtersymboliken zunehmend variationsreich geworden sind.

2) Die Fachkraft Maria erfüllt Freyas Wunsch nach körperlicher Nähe und setzt sie auf ihren Schoß (vgl. Kapitel 4.2.4). Sie schauen sich an, und Maria ordnet mit Freyas Erlaubnis deren Haare. Sie nutzt dazu Freyas Haarspange, also ein in der hegemonialen Geschlechtersymbolik weiblich besetztes Objekt der Körperausstattung. Freya stellt eine vertraulich wirkende körperliche Verbindung her, indem sie Marias Brust berührt, so wie es ihr bei ihrer Mutter auch gefällt. Die Berührung bietet eine Möglichkeit, Ähnlichkeiten zu entdecken, da Freya ein Geschlechtsmerkmal erfühlt, das Mutter und Pädagogin gemeinsam haben. Dabei erscheinen Freya und Maria einander nicht nur körperlich, sondern auch emotional zugewandt.

3) Sarah beteiligt sich nicht daran, als sich Nick und Theo spielerisch an den Kopf hauen (vgl. Kapitel 4.4.1). Dafür nimmt sie verbal und gestisch Bezug auf ihre Frisur (sie benennt ihre langen Haare und lässt den Pferdeschwanz durch die Finger gleiten). Möglicherweise praktiziert sie dadurch eine Unterscheidung. Sie nutzt dafür ein herkömmlich weiblich konnotiertes Körperattribut (Pferdeschwanz). Inwiefern sie sich damit bewusst einem (anderen, dem weiblichen) Geschlecht zuordnet, ist aus der Situation nicht eindeutig erschließbar.

Die Auswertung unterscheidet sich insofern, als sich Fabricio (Ausschnitt 1) verbal explizit als Junge und implizit unterschiedlich zu Mariella positioniert. Dagegen wurden die geschlechtliche Differenzsetzung bei Sarah (Ausschnitt 3) und die Ähnlichkeitssetzung mit Frauen bei Freya (Ausschnitt 2) interpretativ von uns angenommen. Bei diesem Vorgehen muss berücksichtigt werden, dass Handlungen der Kinder von den Forschenden als geschlechtlich gedeutet, von ihnen selbst aber vielleicht nicht so beabsichtigt werden. Dies ist ein Aspekt, der in der Kleinkindforschung besonders sorgfältig bedacht werden muss. Zugleich handelt es sich um ein Phänomen, das immer zu reflektieren ist:

> Doing Gender ist [...] nicht allein eine Frage der individuellen Inszenierung, sondern ebenso der Zuschreibung. Dabei kann es auch zu Missverständnissen kommen – dann nämlich, wenn eine Geste von außen als geschlechtlich gelesen wird, aber von den Akteuren selbst nicht so gemeint war, und umgekehrt. (Rose 2015: 68)

7.2 Nähe- und Distanzorientierung

Die folgende Übersicht fokussiert ausgewählte soziale Praktiken, in denen Geschlechterstereotype in den Interaktionen zwischen Fachkräften und Kindern verstärkt wurden. Sie wurden im Wesentlichen aufgrund der Analyse der Interaktionen zwischen weiblichen Fachkräften und Kindern rekonstruiert.

Lob für individuelle Entwicklungsfortschritte: Beim Loben individueller Entwicklungsfortschritte steht bei Jungen die motorische Handlungsautonomie im Vordergrund (Lob für Mut, Kraft, kraftvolle Bewegungen), bei Mädchen Selbstständigkeit in alltäglichen Dingen (funktionale Selbstständigkeit wie sich selbst einschenken, sich selbst an- und ausziehen). Letztere wird von Jungen weniger erwartet. Mädchen werden für kraftvolle Bewegungen ebenso wie für Grazie und Eleganz gelobt, aber wenig zu kühnen körperlichen Aktivitäten motiviert. Bei ihnen messen die Fachkräfte dem Thema körperliche Unversehrtheit bzw. Verletzungsabwehr einen hohen Stellenwert bei.

Körperkontakt: Bei den Jungen sind Körperkontaktszenen zentral, die im Kontext von Trost und emotionalem Ausdruck stattfinden. Gleichzeitig gibt es Szenen, in denen beim Wunsch nach Trost und Nähe Körperkontakt verweigert oder distanziert gewährt und stattdessen ein Ersatzobjekt angeboten wird. Der Körperkontakt beim Trösten umfasst bei Jungen ebenso wie bei Mädchen Praktiken wie auf den Schoß nehmen, umarmen, streicheln. Der situative Körperkontakt (Körperkontakt zu unterschiedlichen Anlässen im Alltag, unabhängig von Trost) zwischen weiblichen Fachkräften und Mädchen hat mitunter einen nahen und zärtlich anmutenden Charakter mit Formen wie küssen, kuscheln, streicheln, Gesprächen auf dem Schoß, begleitet durch Kosenamen wie „Schatz" oder „Mäuschen". Sowohl bei Mädchen als auch bei Jungen treten einzelne Kinder in Bezug auf Körperkontakt mehr oder weniger häufig in Erscheinung, sodass auch individuelle Unterschiede zu berücksichtigen sind.

Haare: Das Richten der Haare bei Mädchen und Kommentierungen dazu sind in allen Einrichtungen bedeutsam. Favorisiert wird ein ordentliches und/oder weiblich konnotiertes Erscheinungsbild (lange Haare). In der Hervorhebung der Afro-Haare eines Mädchens ist ansatzweise eine Verschränkung von Gender und Race mit tendenziell exotisierendem Charakter zu sehen. Eine Kommentierung der Haare eines Jungen gab es nur einmal (neutrale Erwähnung seiner langen Haare).

Schönheitsattribute: Mädchen und weibliche Fachkräfte bauen durch die wiederkehrende Thematisierung von Schönheitsattributen (weiblich assoziierte Kleidung, Nagellack, Armband, Haarspange) Vertrautheit und eine gemeinsame sowie identifikatorische Ebene auf. Die Mädchen machen auch untereinander auf diese Merkmale aufmerksam. Kleidung ist zudem geeignet, um genderstereotype Abwertungen zu artikulieren (z.B. „Presswurststyle" für zu enge Kleidung). Jungen bekommen auch, aber nicht so häufig, Komplimente für ihre Kleidung, und sie reagieren weniger darauf.

Kosenamen, Betitelungen und Zuschreibungen: Beim Anziehen und Wickeln werden gegenüber Mädchen Begriffe geäußert, die sie als „süß" attribuieren. Der für Jungen verwendete Kosename „Nackedei" hat zwar einen verniedlichenden, aber keinen vergeschlechtlichenden Charakter, und er hebt ihre Körperlichkeit hervor. Zuschreibungen gegenüber Jungen wie „Chiller", „großer Fußballer" oder „schneller Kerl" tragen maskulinisierende Botschaften, die mit kraftvoller Motorik oder dem Bild, dass Männer es sich bequem machen, verknüpft sind. Bezeichnungen wie „Schnecki" oder „Mäuschen" gegenüber Mädchen sind verweiblichend und verniedlichend; bei Anrufungen wie „Fräulein" oder „Madame" werden Ermahnungen mit Zuschreibungen unterschiedlicher Weiblichkeitsformen verknüpft. Die wiederholte Bezeichnung der Ausscheidungen eines Schwarzen Jungen als „riesige Ladungen" und seine Separation beim Wickeln können als subtil maskulinisierend-stigmatisierend und als alltagsrassistisch interpretiert werden.

Belehrungen und Ordnungsrufe: Belehrungen und Ordnungsaufforderungen der Kinder untereinander erfolgten insbesondere durch Mädchen in Frühstückssituationen.

Zentrale Aspekte der Verstärkung von Geschlechterstereotypen, die in unserer Zusammenstellung enthalten sind, finden sich auch in anderen Arbeiten, z.B. bei Chick et al. (2002). Ihre Beobachtungsstudie wurde in einer Kinderbetreuungseinrichtung in den USA mit einer Auswahl von 19 Kindern (acht Monate bis fünf Jahre) durchgeführt. Festgestellt wurde u. a., dass Mädchen im Kleinkindraum (zwei bis drei Jahre) bei motorischen Aktivitäten, z.B. dem Spiel mit Gleitbrettern, eher zur Vorsicht angehalten wurden. Sie wurden für Kleidung und Haare gelobt, Jungen für Größe und körperliche Fähigkeiten. Gespräche über das Aussehen wurden mit Jungen eher kurz gehalten, sie wechselten schnell zu körperlichen Fähigkeiten oder wissensbezogenen Themen. Ebenso gab es geschlechterdifferenzierende Ansprachen (z.B. „Schätzchen" bei Mädchen und „Kumpel" bei Jungen).

In einer norwegischen Studie (Meland/Kaltvedt 2019) wurde, basierend auf Beobachtungen in 20 Einrichtungen mit Kindern im Alter von einem bis fünf Jahren festgestellt, dass seitens der Fachkräfte Maskulinität mit Körpermerkmalen wie Größe und Stärke und mit robusten Kleidungsqualitäten verbunden war. Weiblichkeit war mit dem Aussehen der Mädchen (schönes Haar, süße Kleidung) assoziiert. Die Kinder setzten zum Teil andere Impulse, indem sie über Farb- und Objektauswahl sowie Spielverhalten traditionelle Geschlechtermuster herausforderten. Jedoch trafen sie häufig auf Fachkräfte, die in ihrem Verhalten geschlechterstereotypen Vorstellungen entsprachen. Dagegen wurden bei Chick et al. (2002) in Bezug auf Kinder im Vorschulalter einige Themen aufgeführt, bei denen Fachkräfte sie in Tätigkeiten oder Interessen unterstützten, die herkömmliche Geschlechterstereotype überschreiten. Jungen wurden darin befördert, sich im Rüschenkostüm zu verkleiden. Mädchen wurden ermutigt, sich für Sport und männlich dominierte Berufe zu interessieren. Mädchen wie Jungen jeglichen Alters sollten Konflikte sanft bzw. verbal lösen.

Bei Letzterem (verbale Konfliktlösung) handelt es sich um eine pädagogische Haltung, die auch den Interventionen der Fachkräfte in unserer Studie zugrunde lag (vgl. Kapitel 4.4.5). Darüber hinaus wurden Mädchen wie Jungen für prosoziales Verhalten (Teilen, Fürsorge, Regeln einhalten) gelobt. Sonstige aus den Beobachtungen unserer Studie gewonnene Themen für ein *undoing gender* der Fachkräfte sind die Adressierung einzelner Mädchen als Handwerker*in oder Fußballer*in, wenn sie entsprechende Tätigkeiten ausführten, das Loben von kraftvollem Handeln, Bewegungslust und Geschwindigkeit bei Mädchen und dass mit Jungen im Spiel Kuchen gebacken wurde. Weitere Aspekte der Neutralisierung von Geschlecht und des Überschreitens von Geschlechtergrenzen werden in Kapitel 7.4, 7.5 und 7.6 betrachtet.

Zusammenfassend lassen die bei uns identifizierten geschlechterstereotypen Praktiken eine binäre Tendenz der Interaktionen zwischen Fachkräften und Kindern erkennen, die sich *im Hinblick auf Mädchen durch eine relativ nähe-orientierte* und *im Hinblick auf Jungen durch eine relativ distanz-orientierte Gestalt* auszeichnet:

- Das Geschlecht wird bei Mädchen durch Kosenamen und Schönheitsattribute häufig als süß und lieblich gekennzeichnet und damit als angenehm konnotiert. Die Zuschreibungen laden zu körperlicher Innigkeit ein. Die Belehrungen anderer Kinder und Ordnungsrufe von Mädchen in Essenssituationen sind als Suche nach Identifikation (sich gleich machen) mit (weiblichen) Fachkräften zu verstehen. Disziplinierende Betitelungen wie „Madame“ oder „Fräulein“ durch die Fachkraft heben Nähe und Identifikation vorübergehend auf. Das Richten der Haare der Mädchen stellt eine Form von körperlicher Nähe dar, die auch in späteren Lebensaltern praktiziert wird. Darüber hinaus sind die mitgebrachten Trennungsbegleiter (Puppen, Kuscheltiere, Tücher) weich und zart, sie erscheinen anschmiegsam.
- Die verwendeten Kosenamen und Titulierungen betonen bei den Jungen das Großwerden und die Kraft oder thematisieren auf nicht vergeschlechtlichende Weise ihre Körperlichkeit („Nackedei“). Der Blick auf ihren Körper erscheint freundlich, aber auch distanziert und hat keinen Aufforderungs-

charakter zu inniger körperlicher Nähe. Körperbezogene Verschönerungstätigkeiten (z. B. das Richten der Haare) fielen nicht auf. In der Weigerung eines Jungen, sich auf den Schoß der Pädagogin zu setzen, um sich als „Junge“ zu positionieren, ist die Ablehnung eines regressiven Elements zu sehen (Kapitel 4.2.4). Er grenzt sich ab. Die mitgebrachten Trennungsbegleiter (Laster, Boote, Züge, Traktoren) sind überwiegend sachlich-technisch, nicht anschmiegsam. Zum Teil wird körperliche Distanz zur Disziplinierung genutzt.

Dieses Ergebnis deckt sich mit einem Befund der Dresdner Tandemstudie, wonach mit Jungen „in höherem Maße sachlich-gegenstandsbezogen und funktional kommuniziert [wird], mit Mädchen dagegen eher persönlich-beziehungsorientiert“ (Brandes et al. 2016: 159) (vgl. auch Kapitel 4.3).

7.3 Körper, Geschlecht und Differenz

Die im vorigen Abschnitt aufgeführten Praktiken beinhalten, dass die normierende Anrufung von Kindern als Mädchen oder Junge nicht ausschließlich, aber in hohem Maße körperbasiert und körperadressiert stattfindet. Zwei Aspekte sollen hervorgehoben werden: (1) körperliche Unversehrtheit/Verletzungsabwehr sowie (2) Verschränkung von Gender, Race und Body.

Der Aspekt der körperlichen Unversehrtheit bzw. Verletzungsabwehr, der für alle Kinder gilt, aber graduell mehr in den Interaktionen der Fachkräfte mit Mädchen auffiel (Kapitel 4.2.1 und 4.2.3), verweist auf zwei Differenzkonstruktionen: *doing child* und *doing gender.*[22] Mit Baader (2015) und Christensen (2003: 117) ist hervorzuheben, dass Vorstellungen von der Verletzlichkeit des Kindes und des Kinderkörpers nicht nur als biologisches oder psychologisches Element, sondern auch als kulturell bedingte soziale Konstruktion *(doing child)* zu betrachten sind. Eine häufige Auffassung Erwachsener sei, dass kindliche Verletzlichkeit als „Objektivation des Körpers jenseits subjektiver Erfahrung“ (Christensen 2003: 122) zu verhandeln sei, wodurch ein „Kontrast zwischen dem Körper als Objekt und dem Körper als gelebter Subjektivität“ (ebd.: 123) entstehe. Wie wir zeigen konnten, werden Mädchen in ihrer Körperlichkeit sowohl als Angehörige der Gruppe der Kinder im Kontext sozial konstruierter Verletzlichkeit angerufen als auch als Angehörige eines Geschlechts, das herkömmlicherweise als besonders schützenswert angesehen wird. Auch Jungen werden als Kinder adressiert, bei denen körperliche Schutzaspekte zum Tragen kommen *(doing child)* (Kapitel 4.2.1; Kapitel 4.2.3). Darüber hinaus aber wird ihre motorische Handlungsautonomie

22 Diesen Gedanken verdanke ich einem Austausch mit Ramona Schneider (siehe dazu auch ihre in Kapitel 4.2.1 erwähnte Studie, 2022: 211–214).

betont und damit ein Element der traditionellen Geschlechterzuschreibung *(doing gender)* relevant gemacht: Jungen sind stark, kraftvoll und mutig. *Doing gender* im Hinblick auf körperliche Unversehrtheit von Mädchen erhielt in unserer Studie eine weitere Konnotation dadurch, dass, wie erwähnt, die Nacktheit von Jungen versprachlicht wurde („Nackedei"), während sie bei den Mädchen unthematisiert blieb, als ob gerade der Mädchenkörper besonders vor der Gefahr einer Erotisierung zu schützen und deswegen besonders vulnerabel sei. Diese Herstellung der körperlichen Verletzlichkeit von Mädchen kann als eine „hierarchieförmige Ko-Konstruktion von Geschlecht" in Verbindung mit „körperbezogenen Geschlechterkonstruktionen" (Bereswill 2022: 640) erachtet werden. Nach Bereswill (ebd.: 641) gilt es, geschlechterbezogene Belange von Verletzlichkeit nicht zu ignorieren, sie aber auch nicht zu typisieren, sondern zu dekonstruieren (ebd.: 641).

In verschiedenen Kosenamen, Betitelungen und Zuschreibungen werden die Kinder als Junge bzw. Mädchen adressiert, zum Teil auch in Verbindung mit racerelevanten Praktiken (vgl. Kapitel 4.2.6). Es ist zu vermuten, dass Praktiken der tendenziellen maskulinisierenden Stigmatisierung und der ansatzweise vorkommenden feminisierenden Exotisierung zu einer „Verkörperung der Andersheit" (Velho 2016: 180) beitragen.

Die aufgezeigten Beispiele der überwiegend körperbasierten Akte der interaktiven Herstellung von Geschlechterdifferenz können auch vor dem Hintergrund unterschiedlicher Theoriebezüge betrachtet werden. Ausgehend von Bourdieus (1987/2021) soziologischem Habituskonzept sind Geschlechterpraktiken als inkorporierte Schemata zu verstehen. Die Trennung von Alters-, Geschlechts- und Gesellschaftsklassen führe zu Wahrnehmungs- und Bewertungsschemata, die außerhalb absichtlicher Kontrolle und Prüfung liegen und interaktiv erworben und inkorporiert werden (Bourdieu 1987/2021: 730). Sie würden einverleibt und drückten sich in der Körperhaltung, im Gang, in Geschmacksvorlieben, im Sprachgebrauch aus. Nach Wetterer (2010) dient der Körper, so ihre Argumentation aus sozialkonstruktivistischer Sicht,

> als Träger von Praktiken und verfügt über ein Wissen, das seinen ‚Sitz' gerade nicht in der Sprache hat, sondern als körperliches Können verstanden wird. Und zu diesem Können gehören auch die inkorporierten Handlungsroutinen, […] auf die die Akteure im ‚doing gender' selbstverständlich zurückgreifen, ohne über sie Auskunft geben zu können. (Wetterer 2010: 12)

Die Berücksichtigung des Körperaspekts ist auch aus entwicklungspsychologischer Sicht bedeutsam, weil Vorgänge des Embodiment in der kindlichen Entwicklung eine bedeutende Rolle spielen. Der Grundgedanke der Embodiment-Hypothese ist, dass es

> kein vom Körper losgelöstes Denken [gibt]: Alle seelischen und geistigen Prozesse sind ‚embodied', d. h. an Informationsaufnahme und -verarbeitung des gesamten Körpers gebunden. (Leuzinger-Bohleber 2009: 165)

Körper und Psyche sind in ihrer Wechselwirkung zu betrachten.
Beim fachlichen Austausch über Kinder, z. B. im Team, scheint es deshalb aus genderreflektierter Perspektive bedeutsam, regelmäßig die Körperebene zu fokussieren. Nach Preuss-Lausitz (2003) können aus pädagogischer Sicht drei Bereiche des Körpers unterschieden werden (vgl. auch Rohrmann/Wanzeck-Sielert 2018: 16):

- der „Energiekörper (Gesundheit und Krankheit, Wachstum und Verfall, Energie und Kraftlosigkeit)";
- der „Symbolkörper (Kleiden und Schminken, Mimik und Gestik, Körperinszenierung)" und
- der „sexuell-libidinöse Körper" (Preuss-Lausitz 2003: 18).

Diese drei Körperbereiche waren alle in unseren Beobachtungen relevant: Der „Energiekörper" in Bezug auf Motivation und Motivierung bzw. Nicht-Motivierung zu (kraftvoller) Bewegung, außerdem in Bezug auf den Austausch von Zärtlichkeiten wie streicheln, küssen, tragen sowie körperliche Auseinandersetzungen unter den Kindern wie raufen, schubsen, beißen; der „Symbolkörper" durch das Kommentieren von Bekleidung und Aussehen (z. B. der Haare) durch die Fachkräfte und durch Selbstinszenierungen der Mädchen; der „sexuell-libidinöse Körper" durch das Erleben von körperlicher Lust und Unlust, z. B. beim Wickeln. Fachkräfte könnten die Körperbereiche als Reflexionsfolie nutzen, um sich mit ihrer Aufmerksamkeit nicht einseitig auf einen bestimmten Bereich, wie den „Symbolkörper" (durch häufige Kommentierungen zu Bekleidung und Aussehen), zu beschränken, sondern um Ausgewogenheit herzustellen und z. B. Mädchen zu ermutigen, sich bei Bedarf auch körperlich zu verteidigen.

Dass die Körperebene in nahezu allen Praxisdimensionen auftaucht, zeigt, dass sie im Feld der frühen Kindheit konstitutiv zu berücksichtigen ist, wenn man verstehen will, wie Geschlecht und weitere Differenzlinien interaktiv bedeutsam gemacht werden. Sie wird auch in anderen Beobachtungsstudien und Veröffentlichungen thematisiert (Machold 2015: 174 ff.; Kubandt 2016: 266 ff.; Focks 2016: 156 ff.; Rohrmann/Wanzeck-Sielert 2018: 13 ff.; Andrä 2019). Eine besondere Bedeutung hat die Körperdimension aber in der Kleinkindzeit, in der die Kinder ihre Sprachmächtigkeit erst allmählich erwerben, sodass die Kommunikation sehr verkörperlicht, vorsprachlich und sinnlich-symbolisch verläuft.

Dabei ist zu beachten, dass körperbezogene Interaktionen nicht nur beim Kind angenehme oder unangenehme oder lustvolle Erlebnisse auslösen; sie sind zum Teil auch bei Erwachsenen „mit unbewussten sexuellen Fantasien und Erinnerungen verbunden" (Quindeau 2017: 58). So geht Laplanche (2011) in seiner Allgemeinen Verführungstheorie davon aus, dass allen Pflegehandlungen eine frühe, unbewusste Erotisierung innewohnt:

Eine hygienische Pflege, bewusst durch Fürsorge motiviert, in der jedoch die unbewussten Wunschphantasien voll und ganz wirksam sind. (Laplanche 2011: 161)

Angesprochen werden hier Verführungsszenen in der frühen Eltern-Kind-Beziehung, die einer asymmetrischen anthropologischen Grundsituation entstammen, wobei die (Fürsorge-)Personen, mit denen das Kind in Beziehung tritt, variabel sind. Nach Laplanche sind es nun ihre „rätselhaften Botschaften", die beim Kind das Unbewusste und das Infantil-Sexuelle bewirken. Das Kind wird, vermittelt durch die Botschaften, die dem Unbewussten der Fürsorgeperson entstammen, erotisiert und vergeschlechtlicht. Es ist dabei nicht leer, sondern verfügt über Strukturen, um die Impulse umzuarbeiten. Laplanche (2005: 111 f.) differenziert zwischen Implantation und Intromission. Die Implantation sei ein alltäglicher Vorgang, durch den die Botschaften des Erwachsenen im Wahrnehmungsbereich des Kindes fixiert, von ihm aber übersetzt werden können. Die Intromission sei die „gewalttätige Variante" (ebd.: 112), durch die keine Metabolisierung und Übersetzung stattfindet:

Die Phantasien der Eltern werden dem Säugling als rätselhafte, umzuarbeitende Botschaften implantiert, und veranlassen ihn zur Bildung eines Unbewussten und eines sexuellen Körpers. In Laplanches Modell ist es demnach ein erster – verletzender – Einschnitt, der die psychische Aktivität des Säuglings überhaupt in Gang setzt. Dabei unterscheidet Laplanche zwischen dem weicheren Einschnitt durch übersetzbare Botschaften als Implantation und dem schärferen Einschnitt der Intromission des radikal Unübersetzbaren. (König 2015: 196)

Da die körperbezogenen Interaktionen (Wickeln, Baden, Stillen) bewusst oder unbewusst von erotischen Fantasien der Erwachsenenperson begleitet werden, gilt es, auf differenzierte Art und Weise „sexuelle Dimensionen im Erziehungsprozess und im Generationenverhältnis in den Blick zu nehmen" (König 2015: 194). Dabei stellt sich die Frage, was Sexualität ist. Bekannt ist die von Schmidt (2012) vorgenommene Unterscheidung zwischen der homologen und der heterologen Sicht auf Kindersexualität. Während das „homologe Modell" exponiere, dass es „strukturelle Ähnlichkeiten von Kinder- und Erwachsenensexualität" gibt und nach „para-adulten Formen kindlicher Sexualität als Vorformen späterer Sexualität" forscht, betont die „heterologe Sicht" die Besonderheit der kindlichen Sexualität und ihren „polymorph sinnlichen" Charakter (Schmidt 2012: 62). Darüber hinaus umfasse die sexuelle Entwicklung vier Erfahrungsbereiche (ebd.: 67):

1) Bedürfnisgeschichte: die Erfahrungen, die wir mit unseren Bedürfnissen und Wünschen (auch orale und anale Bedürfnisse) machen;

2) Körpergeschichte: die Erfahrungen, die wir mit unserem Körper und unseren Sinnen machen;

3) Beziehungsgeschichte: die Erfahrungen mit Beziehungen zu anderen sowie

4) Geschlechtsgeschichte: die Erfahrungen mit der eigenen sozialen Geschlechtsgeschichte (ebd.).

Beim Wickeln kommen, wie auch in anderen Alltagssituationen, diese vier Bereiche zusammen. Sie sollten der Reflexion zugänglich gemacht werden. Mögliche Reflexionsfragen sind z. B.:

zu 1) Welche (körperbasierten) Wünsche und Bedürfnisse zeigt das Kind und wie werden sie aufgenommen und respektiert? Wie kann es die Wickelsituation autonom mitgestalten?

zu 2) Dürfen angenehme körperliche Berührungen (auch an Vulva und Penis) sein?

zu 3) Wie wertschätzend ist die Kommunikation?

zu 4) Mit welchen Botschaften wird das Kind als geschlechtlich adressiert?

Praxishandbücher zur Sexualpädagogik in Kindertageseinrichtungen (z. B. Maywald 2015) fordern zu Recht, dass sich Fachkräfte eine professionelle Haltung zum Thema kindliche Sexualität und ihren verschiedenen Ausdrucksformen erarbeiten. Schuhrke (2015: 168 f.) führt aus, dass Sexualerziehung davon profitiere, Kindern die Möglichkeit zur selbstständigen Exploration ihres Körpers zu geben und mit ihnen darüber im Gespräch zu sein. Um der strukturellen Verletzlichkeit intergenerationaler Beziehungen im Kontext von Geschlecht und Sexualität Rechnung zu tragen, sollte, wie unsere Beispiele zeigen, zur professionellen Haltung gehören, über die eigenen unbewussten Botschaften nachzudenken, mit denen wir Kinder vergeschlechtlichen. Dies umfasst auch ein Verständnis des intersektionalen Ineinanderwirkens von „Geschlecht, Klasse, Rasse und Körper“ (Walgenbach 2012: o.S., nach Degele/Winker 2009). Die Wahrnehmung unterschiedlicher Hautfarben, Geschlechtszugehörigkeiten, Herkünfte und Ethnien ist nicht neutral, sondern verbindet sich mit gesellschaftlichen Wertungen und Zuschreibungen (vgl. Mecheril/Melter 2010: 150 ff.). Dabei sind Weißsein und Schwarzsein keine biologischen Konzepte, sondern soziale Konstruktionen. Weißsein wird als normal und selbstverständlich erlebt und bedeutet eine soziale Position, die mit Überlegenheit und Kompetenz konnotiert ist (ebd.: 158). Einzelne in Bezug auf Kingsley und Mariella angeführte Protokollausschnitte (Kapitel 4.2.6) rufen ins Bewusstsein, dass wir alle (latent) rassistische Vorurteile in uns tragen, denen es selbstkritisch-reflexiv und intersektional-rassismuskritisch zu begegnen gilt. Sie wirken in der Regel nicht intentional, sondern unbewusst, trotz anderer professioneller Ansprüche. Eine Sensibilisierung für (rassistische) Ausgrenzungserfahrungen ist deshalb unabdingbar. In Anlehnung an Rösner (2016, S. 121) könnten mögliche Reflexionsfragen sein:

- Wie werden körperliche Merkmale der Kinder beschrieben?
- Wie respektvoll ist das Vokabular, mit dem über die oder mit den Kindern gesprochen wird?

Rassismusrelevante Praktiken in Kitas werden in der deutschsprachigen Literatur u. a. von Machold (2015), Boldaz-Hahn (2022) und Auma (2022) thematisiert. Auma erachtet es als institutionelle Aufgabe, gezielt Destigmatisierungsprozesse einzuleiten, indem Kitas „mikrostrukturelle Ressourcen" (ebd.: 106) von Gruppen fördern, die von Stigmatisierung betroffen oder bedroht sind. Dazu gehöre, Angehörige dieser Gruppen „als zur Gesellschaft beitragende Subjekte" (ebd.) darzustellen, um den Kindern positive Spiegelungsmodelle anzubieten. Demarginalisierende Kinder- und Jugendmedien, z. B. Kinderbücher, die die Sicht stigmatisierter Personen sowie deren Handlungsmacht darstellen, könnten wichtige Anerkennungsarbeit leisten (ebd.: 108). Die Teile aus den Interviews unserer Forschung, in denen Eltern mit Migrationsgeschichte über eigene Diskriminierungs- und Ohnmachtserfahrungen berichten, unterstreichen die Bedeutung dieser Anerkennungsarbeit für ihre Kinder.[23]

Durch das notwendige Einnehmen einer intersektionalen Perspektive in der Diskussion über Genderkompetenz (Kunert 2022: 205) können allerdings nicht alle interdependenten Unterscheidungen erfasst werden. Ebenso entbindet sie nicht von der Notwendigkeit, sich gezielt mit einzelnen Differenzkategorien zu beschäftigen, um deren Spezifika zu erfassen. Gleichzeitig ist die Offenheit für unterschiedliche Differenzlinien wichtig, um einer möglichen Reifizierung vorzubeugen. In unserem Material trat außer den Dimensionen Gender, Race, Class und Body mehrmals das Thema Machtungleichheit in der Erwachsenen-Kind-Beziehung auf (bei Reglementierungen und Konfliktinterventionen seitens der Fachkräfte, Kapitel 4.2.3 und 4.4.5). Ebenso spielte das Differenzmerkmal „Alter der Kinder" eine Rolle, wenn z. B. Wickelsituationen mit jüngeren Kindern eher zur Kommunikation genutzt wurden als mit älteren Kindern. Erkennbar waren auch unterschiedliche Praktiken zwischen den Einrichtungen, die im Rahmen der Studie allerdings nicht weiter analysiert werden konnten (vgl. aber Kapitel 3 „Einrichtungsporträts").

Bei der Auswertung der Ankommensszenen zeigten sich Tendenzen einer emotional-verkörperlichten Fürsorge bei Müttern, die im Zusammenhang mit unterschiedlichen kulturellen Praxen der körperlichen Nähe zwischen Mutter und Kind bzw. Vater und Kind diskutiert werden können. Krüger-Kirn (2021) unterscheidet in ihrem psychoanalytisch-feministischen Blick auf Elternschaft zwischen „Mutterschaft" und „Mütterlichkeit". „Mutterschaft" sei der „körperbasierte Vorgang der Zeugung eines Kindes über Schwangerschaft bis hin zur Geburt" (ebd.: 100). Unter „Mütterlichkeit" fasst sie die „Erfahrungen und

23 Beispiele für Kinderbücher, in denen Schwarze, Indigene und People of Colour eine Hauptrolle haben, finden sich bei der Fachstelle Kinderwelten (2021) unter: https://situationsansatz.de/wp-content/uploads/2021/11/BIPoC_Kinderbuecher.pdf (vgl. Boldaz-Hahn 2022: 170).

Lebensbereiche, die sich […] auf Beziehung, Versorgung und Fürsorge beziehen", unabhängig vom Geschlecht oder der Erfahrung von Schwangerschaft und Geburt (ebd.). Sie argumentiert, dass es zwar unverzichtbar sei, die Zusammenhänge von Schwangerschaft, Mutterschaft und Mütterlichkeit normkritisch zu analysieren (ebd.: 104). Jedoch sei es wichtig, auch eine subjekttheoretische Perspektive einzunehmen:

> Eine normkritische Perspektive auf Schwangerschaft führt nur begrenzt weiter, wenn es zwar zu einer Analyse der sozialen Position Mutter innerhalb bestehender Machtverhältnisse kommt, aber der spezifische Erfahrungsraum von Schwangerschaft/Mutterschaft ausgeblendet bleibt. (Krüger-Kirn 2021: 104)

In diesem Sinne gelte es, körperbasierte Erfahrungen von Schwangerschaft und Körperdifferenzen nicht auszublenden, sondern auch sie zu analysieren und zu fragen, wie sie psychisch verarbeitet werden, wenn man normative Zuschreibungen der Weiblichkeit auflösen möchte. Zu verweisen ist ferner auf King, die die „Merkmale des Generationalen, wie sie mit Natalität und Vergänglichkeit […] verbunden sind" (2015: 24), diskutiert, z. B. die spezifische Vulnerabilität sowie körperlich-leibliche und emotionale Abhängigkeit des Kindes, die ebenso zu berücksichtigen sind wie die kulturell variablen Praktiken der Fürsorge. Die angeführten Ambivalenzen in Bezug auf Natalität und Generativität machen die professionelle Auseinandersetzung mit Elternschaft in Krippen, Kitas oder Familienbildung sehr komplex. Wesentlicher Bestandteil dieser Auseinandersetzung muss die kritische Reflexion eines Geschlechterbildes sein, das „eine frühe Präsenz von Müttern bei der Kinderbetreuung absichert und Väter als zentrale Personen nicht vorsieht" (Flaake 2022: 391) (vgl. Kapitel 5.1). Aufgabe der Eltern ebenso wie der Professionellen ist die Erarbeitung einer „‚reflexiven Distanz'" (ebd.: 394) zu diesen verinnerlichten Geschlechterkonstruktionen, wenn es um eine egalitäre Elternschaft geht. Denn die Herausforderung der Eltern besteht darin,

> Balancen zwischen Nähe und Distanz zum Kind in ihrer Beziehung individuell auszuhandeln, aktiv zu gestalten und sich mit den damit verbundenen Ängsten und Verunsicherungen auseinanderzusetzen. (Flaake 2022: 390)

Die Interviews mit den Fachkräften zeigten in diesem Zusammenhang eindrücklich, dass der Blick auf Mütter tendenziell kritischer ist als auf Väter, was es in Teamreflexionen zu hinterfragen und einzuordnen gilt.

Eine Möglichkeit zur Reflexion eigener (geschlechterstereotyper) Bilder von Elternteilen ist die Erstellung von Kurzbiographien in Form von „Elternprofilen" über Väter bzw. Mütter, deren Kind die Einrichtung besucht. Nach Gutknecht (2015: 157) wird die Resonanz der Teilnehmer*innengruppe (Fortbildungsgruppe, Team) eingeholt, um dann gemeinsam einzuschätzen, ob es sich bei dem Profil um ein Mutter- bzw. Vater-Stereotyp handelt, welche sozialen Klischees ggf. bedient werden und wie die Zusammenarbeit mit der dargestellten Mutter bzw. dem dargestellten Vater eingeschätzt wird. Zu empfehlen ist die anschließende Auseinandersetzung mit Perspektiven auf Elternschaft, die unterschiedliche Lebenslagen und Familienkonstellationen sowie Praktiken der Zusammengehörigkeit, Fürsorge und Alltagsbewältigung berücksichtigen, auch im interkulturellen Kontext (z. B. in Haller/Schlender 2022).

7.4 Relevanzsetzung und Neutralisierung von Geschlecht

Wie in Kapitel 2 dargelegt, gilt es nach Hirschauer (2001, 2016) zu beachten, dass nicht nur Relevanzsetzung, sondern ebenso Neutralisierung der Geschlechterdifferenz auftreten kann. Nachzuvollziehen sei daher, auf welche Weise sie auch irrelevant gemacht wird. Die folgende Darstellung zeigt, dass Relevanzsetzung und Neutralisierung ineinandergreifen.

Aufschlussreich sind zunächst Ergebnisse aus den Interviews mit den Eltern und den Fachkräften. Bei den Interviews mit den Eltern fiel auf, dass im Bild vom Kind, das sich aus ihren Aussagen erschließen lässt, Geschlecht relevant gemacht wird, indem sie sich für veränderte Geschlechterrollen aussprechen. Mädchen sollen mutig und robust und Jungen nicht nur kraftvoll, sondern auch weich und fürsorglich werden. Eine Neutralisierung zeigt sich im Optimierungsparadigma, das sich mit der Geschlechterfrage mischt: Die Kinder sollen stark werden für den Wettbewerb in einer Leistungsgesellschaft. Schwäche erscheint als zu vermeidendes Defizit, egal, welches Geschlecht das Kind hat. Die Aufhebung der binären Geschlechterordnung im Ideal der kindlichen Stärke, die in den Erzählungen der Eltern damit hervortritt, erweist sich als funktional für eine neoliberale Gesellschaft, in der Vulnerabilität verleugnet, vielleicht auch diskriminiert wird bzw. in der die Zuständigkeit für Risiken, Bildung und Gesundheit an jede*n Einzelne*n delegiert wird. Anzuknüpfen ist an eine Diskussion des Begriffs der „Sorge", wie er in der feministischen Theorietradition geführt wird (vgl. Baader/Eßer/Schröer 2014: 8 f.). So verhandelt Tronto (1993, 2005) gesellschaftsanalytisch die Interdependenz „in Sorgebeziehungen als Normalfall", womit sie sich von einem Verständnis abgrenzt, das Bedürftigkeit als Zeichen von Schwäche und Autonomieverlust definiert (Baader et al. 2014: 9). Letztlich sind aus einer genderreflektierten, kindheitstheoretischen Perspektive sowohl Verwundbarkeiten als auch Potenziale von Kindern als bedeutsam zu erachten und sollten geschlechterbezogen betrachtet werden (Andresen 2022):

> Zwischen den Polen Autonomie und Abhängigkeit, Freiheit und Fürsorge, aber auch Macht und Ohnmacht müssen Kinder sozial navigieren und auch hier machen sie

wiederum entlang normativer Geschlechterzuschreibungen unterschiedliche Erfahrungen. (ebd.: 321)

Darüber hinaus zeigte sich, dass einige Eltern konkrete Wünsche an das Geschlecht des noch ungeborenen Kindes formulierten, Geschlecht also bedeutsam machten, während sich andere neutral äußerten, z. B. mit der Aussage: „Hauptsache, das Kind ist gesund.“ Die eigentlichen Motive aber, die hinter den jeweiligen Aussagen stehen, waren, unter Berücksichtigung der biographischen Erzählungen, sowohl bei Relevanz setzenden als auch bei neutralisierenden Narrativen konflikthaft.

Die befragten Fachkräfte brachten in den Interviews zum Ausdruck, dass sie gemischtgeschlechtliche Teams als Bereicherung erleben, weil unterschiedliche Wahrnehmungen und Sichtweisen zusammenkämen und weil gezeigt werde, dass Frauen wie Männer in der Lage sind, mit Kleinkindern zu arbeiten. Auffallend war aber auch, dass die Befragten Eigenschaften, die sie weiblichen Fachkräften und, wie oben dargestellt, Müttern zuschreiben, tendenziell abwerten, während sie Eigenschaften, die sie männlichen Fachkräften und Vätern zuschreiben, höher bewerten. In der Argumentation für mehr Beschäftigung von Männern in Kitas wird also Geschlecht zum Teil auf eine Art und Weise relevant gemacht, die asymmetrisch verfassten Geschlechternormen entspricht und diese, wenn auch unbeabsichtigt, festigt. Das Muster der essentialisierenden, geschlechterbezogen hierarchischen Bewertung der Kompetenzen, die Männern bzw. Frauen attestiert werden, gibt es indes nicht nur im Kita-Bereich, sondern auch in anderen Feldern der Sozialen Arbeit, z. B. der Jugendhilfe, wie in einer Interviewstudie von Fegter und Sabla (2020) herausgearbeitet wird (vgl. Rose 2020: 103).

Es ist jedoch auf die Ergebnisse von Gruppendiskussionen in Kita-Teams hinzuweisen, die, je nach Team-Typ, neben der positiven Hervorhebung von Männlichkeit auch die „Abwertung des männlichen Anderen“ (Cremers/Stützel/Klingel 2020: 93) durch weibliche Fachkräfte zeigen. Ebenso kommt das Vermeiden der Dichotomisierung von Männlichkeit und Weiblichkeit oder das Differenzieren dieser durch die interviewten Fachkräfte vor (ebd.: 94). Ob sich die Fachkräfte während der Ausbildung mit Geschlechterfragen auseinandergesetzt haben, stehe in unmittelbarem Zusammenhang mit deren Alter und Generation (ebd.: 97). Darüber hinaus wurde in unserer Untersuchung der Wunsch deutlich, die frühpädagogische Arbeit insgesamt weiterzuentwickeln, egal, ob Teams geschlechterhomogen oder -heterogen zusammengesetzt sind. So gilt es zum einen, sich bei Team-Fortbildungen mit der Frage zu beschäftigen, wie sich die Kommunikation im Kita-Team und die pädagogische Arbeit mit den Kindern verändert, wenn Fachkräfte unterschiedlicher Geschlechtszugehörigkeit zusammenarbeiten und dabei geschlechterbezogene Idealisierungen ebenso wie Abwertungen kritisch zu reflektieren. Zudem ist die von Rose (2014: 42 ff.) erhobene Forderung, innovative Weiterentwicklungen in der

Kita-Arbeit zu stärken und so dazu beizutragen, dass die Geschlechter der Fachkräfte nicht auf ein „So-Sein“ reduziert werden, nach wie vor aktuell.

Hinter dem geäußerten Neutralitätsanspruch der Fachkräfte, Mädchen und Jungen nicht unterschiedlich behandeln, sondern das individuelle Kind sehen zu wollen, verbirgt sich bei den von uns dargestellten Interviewausschnitten keine pädagogische Irrelevanzsetzung des Geschlechterthemas (vgl. Garbade 2021), sondern der Wunsch, Kinder nicht in eine Geschlechterschublade zu stecken. Damit implizieren die Aussagen auch, dass es nicht möglich und nicht sinnvoll ist, alle Kinder immer gleich zu behandeln, weil Gleichbehandlung die Achtung der Individualität ausschließt. Es handelt sich dabei um das in der Geschlechter- und Migrationsforschung bekannte Dilemma, Differenz entweder zu verleugnen oder überzubetonen. Während einerseits die Berücksichtigung und Anerkennung von Differenz diese auch wiederherstellt und besondert, führt andererseits ihre Verleugnung dazu, dass Ungleiche gleichbehandelt werden, was Benachteiligungen mit sich bringt (Kuhn 2021: 158). Schmauch (2020: 312) arbeitet in einem Beitrag zum Thema Regenbogenkompetenz heraus, dass es darum gehen muss, die gegensätzlichen Perspektiven gleichzeitig zu berücksichtigen: das Kind sowohl einfach als Mensch zu sehen und keine Unterschiede zu machen als auch, es als einer besonderen Gruppe, hier einer Geschlechtergruppe, zugehörig zu reflektieren, die mit spezifischen gesellschaftlichen Zuschreibungen konfrontiert wird, die man als Fachkraft gegebenenfalls reproduziert (z. B. die Tendenz, Mädchen zu schützen und Jungen herauszufordern). Der Anspruch, das Kind als Individuum und als Repräsentant*in einer Geschlechtergruppe in den Blick zu nehmen, drückt eine geschlechterbezogen reflexive Haltung aus, die offensichtlich zum Teil bereits in der Praxis verankert ist. Nach Focks (2016) gilt es,

> Kinder – unabhängig von Geschlechterstereotypen – in ihrer Individualität zu fördern und geschlechtstypische (ungesunde und einschränkende) soziale Praktiken bei den Kindern aufzudecken und diese Prozesse des ‚doing gender‘ kritisch zu begleiten. (Focks 2016: 10)

Der Begriff der geschlechtsneutralen Erziehung ist in diesem Zusammenhang irreführend, da er potenziell verhindert, dass Fachkräfte ihre eigene Geschlechtlichkeit der Reflexion zugänglich machen.

Ein geschlechtsrelevanter Aspekt in den Interaktionen der Fachkräfte mit den Kindern sind insbesondere bei Jungen Beispiele dafür, sie durch das Anbieten von Spielobjekten oder Aktivitäten von schwierigen Affekten abzulenken, also einen Objekt- und Außenbezug herzustellen. Gleichzeitig waren als ärgerlich, wütend, traurig oder ängstlich gelesene Gefühlsqualitäten Gegenstand der Kommunikation mit Mädchen ebenso wie mit Jungen. Auch fielen Szenen ins Auge, in denen, unabhängig vom Geschlecht des Kindes, keine Affektspiegelung erkennbar war oder die Antworten nicht der kindlichen Affektkategorie entsprachen. Da das affekt- und prozessorientierte Arbeiten aus präventiver Sicht eine bedeutsame fachliche Kompetenz darstellt, besteht dafür offenbar ein hoher Qualifizierungsbedarf, der auch die Sensibilisierung für Geschlechterstereotype bei der Reflexion auf kindliche Affekte berücksichtigen sollte. Anzuknüpfen ist an das Konzept der mentalisierungsbasierten Pädagogik (Gingelmaier/Taubner/Ramberg 2018), an das Konzept der professionellen Responsivität in der Interaktion mit dem Kind und der Kindergruppe (Gutknecht 2015) und an die psychoanalytische Pädagogik (Günther/Heilmann/Kerschgens 2022; Naumann 2022).

Jenseits von Relevanzsetzung oder Neutralisierung von Geschlecht ist Konfliktfähigkeit eine Kompetenz, die für ein demokratisches Miteinander (auch der Geschlechter) wichtig ist. Es gab einige beeindruckende Situationen, in denen den Kindern bei Konflikten eigene Lösungen gelangen. Manchmal brauchten sie aber „Übersetzungshilfen für die unterschiedlichen Intentionen" (Wüstenberg/Schneider 2021: 232). Gezeigt wurde, dass das Eingehen auf die Perspektiven der beteiligten Kinder durch die Fachkräfte keine Selbstverständlichkeit ist. Ihr Konfliktmanagement blieb zum Teil auf der Handlungsebene. Die Gefühle, Bedürfnisse und Motive der Kinder wurden wenig aufgegriffen, verbalisiert und wechselseitig vermittelt, auch wenn ein Bewusstsein für sie bestand. So erfuhren sie wenig Zutrauen bzw. wenig Unterstützung für ihre Kompetenz, aus sich heraus Konfliktlösungen zu finden und Affekte zu regulieren. Während in der Kindheitsforschung ein starker Fokus auf den „kompetenten Säugling" (Dornes 1993) und das Kind als handlungsmächtige*n, soziale*n Akteur*in gelenkt wird (Andresen/Koch/König 2015: 9 f.), werden die Kinder im pädagogischen Alltag als inkompetenter erachtet, als sie es im Entwickeln von Lösungen in Bezug auf Konflikt- und Affektregulierung sind. Der 16. Kinder- und Jugendbericht verweist auf Studien, die nachweisen,

> dass die Frequenz, mit der erwachsene Bezugspersonen mit Kindern in den ersten drei Lebensjahren über Emotionen, Wünsche, Gedanken und Meinungen sprechen, deren Perspektivwechsel-Fähigkeiten beeinflusst. Je mehr innere Einstellungen anderer Menschen thematisiert werden, desto besser können sich Kinder in die Perspektive von anderen hineinversetzen. (Bundesministerium für Familie, Senioren, Frauen und Jugend 2020: 164)

Aus kindheitspädagogischer Sicht kommt dem Verdeutlichen von Gefühlen, Bedürfnissen, Motiven der Beteiligten somit eine hohe Bedeutung zu, um die Konfliktlösungskompetenzen der Kinder zu stärken. Folgende Schritte werden vorgeschlagen:

> (1) Gefährliches Handeln unaufgeregt beenden, (2) die Gefühle der Kinder verdolmetschen, (3) Informationen sammeln, (4) das Problem zusammenfassen, (5) gemeinsam eine Lösung suchen, (6) sich zur Unterstützung bereithalten. (Sander 2019: 33, zit. in BMFSFJ 2020: 164)

Zu ergänzen ist, dass Kinder jeglichen Geschlechts für ihre Konfliktkompetenz auch ein ausgewogenes Spektrum an Körpererfahrungen brauchen; einerseits

„Kraft, Spannung und Risiko, andererseits Empfindsamkeit, Entspannung und Geborgenheit“ (van Dieken et al. 2004: 102).

7.5 Offene Geschlechterräume

Die Interessen und das Verhalten von Kindern lassen sich nicht per se geschlechterdual zuweisen. Ebenso wäre es, wie in Kapitel 2.5 mit Verweis auf Rohrmann (2022: 99) erwähnt, fraglich, bei jedem geschlechtsuntypischen Verhalten oder wenn ein Kind sich einer anderen Geschlechtergruppe zuordnet, Hinweise auf Transidentität anzunehmen, da die Kinder Geschlechterzuordnungen spielerisch erproben. Themen, die Fantasie- und Erprobungsräume in der geschlechtlichen und sexuellen Entwicklung eröffnen, tauchten, wenn auch selten, in den Interviews mit einzelnen Fachkräften und Eltern auf: Es wird berichtet, dass Mädchen dem männlichen Erzieher Fingernägel und Hand bemalen; es wird den Kindern überlassen, wie sie sich in Bezug auf ihre Geschlechtszugehörigkeit bezeichnen („sei, was du willst“); es wird anerkannt, wenn ein Junge im Kleid kommt; man geht mit Eltern ins Gespräch, die befürchten, dass Jungen durch die Nutzung von als weiblich attribuierten Spielgegenständen zur Homosexualität erzogen würden; ein Vater spricht darüber, dass sowieso nicht klar sei, ob das Kind ein Mädchen bleibt oder welche sexuelle Orientierung es entwickle. In den Äußerungen zeichnet sich eine Offenheit gegenüber Fantasie- und Erprobungsräumen und diversen geschlechtlichen und sexuellen Entwicklungen ab.

Gleichzeitig gab es, wenn auch nicht in allen drei Einrichtungen gleich ausgeprägt, regelmäßige geschlechterstereotype Zuschreibungen, z.B. durch Kosenamen und Betitelungen. Auch Nordt/Kugler (2020: 115) heben hervor, dass die Wahrnehmungen von Geschlecht, Geschlechtsidentität und sexueller Orientierung in pädagogischen Institutionen trotz rechtlicher und politischer Entwicklungen mit dem Ziel der Gleichstellung häufig stark heteronormativ geprägt sind, sodass Kinder, die den gewohnten Normen nicht entsprechen, auf Befremden und ggf. auf Ablehnung stoßen. Die von Focks (2016: 48 ff.) aufgestellten „Empfehlungen zur Verankerung einer genderbewussten Pädagogik“ bieten eine hilfreiche Orientierung, um die Geschlechtsidentitätskonstruktionen der Kinder von Anfang an offen zu begleiten und heteronormative Einschränkungen zu vermeiden. Leitlinien für einen inklusiven Umgang mit Geschlechtervielfalt in der frühen Bildung finden sich bei Kugler (2020: 127 ff.). Sie beinhalten u.a.: Geschlechter- und Familienvielfalt thematisieren (z.B. Kinderbücher nutzen, in denen diese repräsentiert sind); bei Beobachtungen und Dokumentationen geschlechtsvariantes Verhalten ohne Bewertung beschreiben; Respekt haben vor den Selbstdefinitionen der Kinder (z.B. selbstgewählte Vornamen und Pronomen aufgreifen); Geschlechtergrenzen überschreitende Selbsterprobungen im Spiel ermöglichen und befördern; bei (heteronormativ begründeten) Diskriminierungen eingreifen; die eigene Position zu Geschlechtervielfalt hinterfragen und Fachwissen erwerben (ebd.).

7.6 Bedeutung von Raumgestaltung und Materialauswahl

In geschlechtergemischten Spielkonstellationen wurden bevorzugt Spielmaterialien ohne geschlechterstereotype Symbolik (Alltagsgegenstände wie Stühle oder Schüsseln oder Körbchen) sowie Bausteine, Rutschautos, Malutensilien ausgewählt. In geschlechterhomogenen Spielgemeinschaften gab es neben der Nutzung neutraler Gegenstände eine Tendenz zur Auswahl von geschlechtstypisch konnotierten Materialien (bei Mädchen Puppen, Puppenutensilien, Kuscheltiere; bei Jungen Autos, Eisenbahn, Werkzeug). Wie im Kapitel 4.4 beschrieben, entspricht diese Analyse auch dem in der Literatur ausgeführten Erkenntnisstand (vgl. Budde/Venth 2010: 35 f.). Hervorzuheben ist unser Ergebnis, dass eine entsprechende Umgebungsgestaltung eine gleichmäßige Inanspruchnahme der Materialien durch Mädchen und Jungen fördert. Sie war besonders in der Einrichtung gegeben, in der es kaum vorgefertigte, sondern überwiegend naturbelassene Materialien aus Holz (Spielfahrzeuge, Kinderküchenaccessoires) oder Körbe gibt sowie Knetmasse, Malrequisiten und nackte oder schlicht bekleidete Babypuppen mit Geschlechtsmerkmalen, verschiedenen Hautfarben und ohne Haare. Die Kletterelemente befinden sich im Gruppenraum und können variabel aufgestellt werden. Die Kinder können so leicht zwischen fein- und grobmotorischen Tätigkeiten wechseln. Überdies strukturieren die Fachkräfte die Umgebung dergestalt, dass sie regelmäßig für einen gewissen Zeitraum ausgewählte Spielobjekte in Spielinseln zur Verfügung stellen, orientiert an den vorher beobachteten Interessensschwerpunkten der Kinder, während andere Objekte dann nicht direkt zugänglich sind. Dies entspricht der Spielraumgestaltung der Pikler-Pädagogik (vgl. Heuer 2019), in der die Nutzung von Alltagsmaterialien vorgeschlagen wird: Becher, Dosen, mit Reis oder Sand gefüllte Kunststoffflaschen, Sandförmchen, Holzkisten, Körbe, Kissen, Polster etc. (Ullrich 2019). Zu verweisen ist auch auf die Raumgestaltung und Materialausstattung in der Reggio-Pädagogik. Anstelle von klassischem Spielzeug werden den Kindern Alltagsgegenstände gegeben und Gegenstände, die zum Experimentieren, Konstruieren und Gestalten anregen sollen, z. B.: Nassbereiche, Leuchttische, Lupen, Staffeleien, Pinsel, Farbe, Hand- und Stockpuppen, Verkleidungsbereiche, Podeste, Spiegel, Steckmaterial, Holzbauklötze, elementare Instrumente, Bücher (Knauf 2016: 99 f.). Erfahrungen mit der Lernwerkstattarbeit mit Kindern in den ersten drei Lebensjahren zeigen die Bedeutung des Einsatzes von einfachen Materialien mit Alltagsbezug (Knöpfe, Korken), veränderbaren, sinnlich erforschbaren Materialien (gepufferter Spiel-Mais, Folien) sowie von beweglichen Materialien aus mehreren Einzelteilen (Balkenwaage, Glocken, Dosen mit und ohne Deckel), um Zugänge zum forschenden Lernen jenseits von Geschlechterstereotypen zu begünstigen (Pape/Schaich/Renz-Rathfelder 2020: 97). Zu beachten ist dennoch, dass der völlige Verzicht auf geschlechtstypische Spielmaterialien auch die Möglichkeit nehmen kann, sich mit geschlechtsbezogenen Erfahrungen auseinanderzusetzen.

7.7 Bedeutung der mikrostrukturellen Rekonstruktion

Angesichts der gezeigten Komplexität von Prozessen der Vergeschlechtlichung ist es angebracht, Professionalisierungsbestrebungen zu hinterfragen, die einen Machbarkeitsanspruch nahelegen, anstatt Raum für Ambiguität und Ungewissheit zu lassen (Kubandt 2019: 121 f.; Baar/Hartmann/Kampshoff 2019: 39 f.). Für eine genderreflektierte Praxis bedarf es der Einsicht, dass wir nicht davor gefeit sind, geschlechternormierend zu agieren. Es ist kaum zu verhindern, in Binaritäten wahrzunehmen, und sei es durch einen irritierten Blick, wenn ein Junge vielleicht mit Accessoires erscheint, die wir mit Mädchen verbinden. Ebenso kann darüber diskutiert werden, ob es für ein Kind eine Überforderung ist, wenn sein Geschlecht neutralisiert wird, als ob es egal wäre. Gebraucht wird deshalb eine Pädagogik, die die Praktiken der Geschlechterbeziehungen bewusst in den Blick nimmt, nach geschlechterbezogenen und anderen Normalitätskonstruktionen fragt, dabei auch die (erotischen) Fantasien der Kinder und Erwachsenen berücksichtigt (Schaich 2020: 29) und „die eigene Beteiligung und Veränderungsmöglichkeiten bei den kleinen und alltäglichen Interaktionen, die oftmals unbewusst ablaufen“ (Baar et al. 2019: 37), reflektierbar macht.[24] Die mikrostrukturelle Rekonstruktion von Alltagssituationen ist sowohl für die gender- und differenzreflektierte Praxis als auch für die Genderforschung im Kontext von *doing difference* unerlässlich. Sie öffnet die Augen, wenn es darum geht, den Unterschied zwischen Anspruch und Wirklichkeit im Hinblick auf differenzsensibles Arbeiten zu erkennen.

Um einer möglichen Reifizierung bei der ethnographischen Untersuchung interdependenter Kategorien zu begegnen, nennen Fritzsche und Tervooren (2012) u. a. folgende Punkte, die auch in der vorliegenden Studie als Orientierung dienten:

24 Verlinden (1995) erprobte bereits in den 1990er Jahren mit Erzieher*innen ein „Modell des genauen Hinschauens auf die Interaktionen zwischen Mädchen und Jungen einerseits, den Erzieherinnen und Kindern andererseits“ (Kunert-Zier 2005: 89). Das bewusste Beobachten habe dazu beigetragen, dass die Fachkräfte eigene Vorannahmen hinterfragten (ebd.).

- Offenheit gegenüber den Bedeutungszuschreibungen der Akteur*innen, aber auch Reflexion möglicher Auslassungen, Leerstellen und Widersprüche,
- Sensibilität für Aktualisierung wie auch Neutralisierung von Geschlecht und Differenz,
- „‚Nachträglichkeit' in Erhebung und Auswertung" (ebd.: 32).

Mit „‚Nachträglichkeit' in Erhebung und Auswertung" ist gemeint, „vorrangig die Körper der Akteure, ihre Haltungen zueinander, die Bewegungen der Körper, zu denen auch die Stimme, die Blickkontakte und die Körpertechniken zählen, die Art und Weise, den Körper zu schmücken und zu kleiden etc." (ebd.) zu betrachten, damit das Vorwissen der Forscher*innen nicht den Blick verstellt und die Szenen aus sich heraus verstehbar werden (vgl. Kapitel 2.5). Geschlechter- und Differenzforschung ebenso wie eine entsprechend reflektierte Praxis sollten deshalb in ihrem methodischen Vorgehen bewusst nicht nur verbale, sondern gerade auch nonverbale Anteile der Kommunikation untersuchen (vgl. auch Andrä 2019).

Darüber hinaus ist es ertragreich, in der ethnographischen Forschung teilnehmende Beobachtungen und Interviews methodisch zu kombinieren. Während in unserer Studie die Alltagspraxis durch Beobachtungen als Informationsquelle erschlossen wurde, ermöglichten die Interviews mit den Fachkräften und den Eltern einen Zugang zu ihren Diskurskonstrukten hinsichtlich Gender und weiterer Differenzkategorien.

7.8 Grenzen und Perspektiven

Die empirischen Ergebnisse sind aufgrund der Anlage der Forschung nicht als repräsentativ zu erachten. Der Analyse der Interaktionen und der materiellen Umgebung lag Beobachtungsmaterial aus drei Einrichtungen zugrunde. Dabei wurde nicht berücksichtigt, wie sich die Interaktionsverläufe zwischen den Einrichtungen unterschieden. Lediglich für die Raumgestaltung und Materialausstattung wurden Unterschiede zwischen Einrichtung 1 und den anderen beiden Krippen herausgearbeitet (Kapitel 4.4.4). Zukünftige Studien könnten systematisch untersuchen, wie sich Konzeption, Organisationskultur (Vogt 2021a: 106) und Qualifizierung der Fachkräfte auf das *(un)doing gender* auswirken. Mit Vogt ist auf das Fehlen von wissenschaftlichen Interventionsstudien „zur Wirkung einer geschlechterreflektierenden Praxis in der frühen Kindheit" (ebd.: 105) zu verweisen. Eine Begrenzung ist darüber hinaus in der Auswahl von nur drei Krippen und im knappen Beobachtungszeitraum von jeweils etwa fünf Wochen zu sehen. Insbesondere die dargestellten Geschlechterkonstruktionen der Kinder bedürfen einer empirischen Ausdifferenzierung, um ihre „Eigenlogiken“ (Kubandt 2020a: 17) breiter erfassen zu können. Hierfür braucht es weitere Forschung.

Die Zusammenstellung von geschlechterstereotypen Praxen (Kapitel 7.2), die sich auch in anderen Studien finden, macht deutlich, wie zählebig und tief die heteronormative Ordnung der geschlechtersegmentierenden Differenzierungsprozesse greift, trotz jahrelanger Geschlechterdebatten und teilweiser Veränderungen in den Geschlechterbeziehungen. Diffuse, vage, unbewusste Dimensionen frühkindlicher Entwicklung und früher Sorgebeziehungen in Bezug auf Geschlecht werden über rationale Diskurse offensichtlich nur bedingt erreicht. Prozesse der Geschlechterdifferenzierung sind zwar variabler geworden, aber nicht grundlegend anders. Auf theoretischer Ebene wäre es vor diesem Hintergrund interessant, sozialkonstruktivistische und (neuere) psychoanalytische Zugänge nicht nur gegeneinander abzugrenzen, sondern sie in ihren möglichen Verbindungen weiterzuentwickeln. Wir verweisen hierzu auf Bereswill, nach der es zu einem produktiven Dialog einerseits gehört,

> dass psychoanalytische Ansätze […] zur Überwindung ontologisierender Auffassungen von Geschlechterdifferenz beitragen. Andererseits erfordert der Dialog für die sozialwissenschaftliche Geschlechterforschung eine kritische Reflexion auf Konzeptionen einer körperbezogenen konflikthaften Subjektivität, die nicht in Diskursen und sozialen Konstruktionen aufgeht. (Bereswill 2018: 26)

Die Chancen einer psychoanalytischen Perspektive liegen z.B. darin, Einsichten zu liefern, dass Geschlechtszugehörigkeit und sexuelle Orientierung das Resultat unbewusster psychischer Arbeit sind (Quindeau 2018: 13). Der in der Psychoanalyse geführte Diskurs zur Diversität von Geschlechtsidentitäten könnte genutzt werden, um Perspektiven jenseits von Zweigeschlechtlichkeit zu explorieren (vgl. z.B. Huftless/Zach 2022).

7.9 Genderreflektiertes Arbeiten

Wie in Kapitel 7.6 erwähnt, sind Professionalisierungsbestrebungen in Frage zu stellen, die pädagogische Kompetenz mit Machbarkeitserwartungen verknüpfen, anstatt für Widersprüchlichkeiten, Ungewissheiten und nicht abschließbare Prozesse (in Bezug auf Gender) zu sensibilisieren. Kunert (2022: 203 ff.) verbindet in ihrem intersektionalen, heteronormativitäts- und machtkritischen Verständnis von Genderkompetenz die Elemente genderbezogenes Fachwissen sowie genderbezogene Praxis- und Selbstkompetenzen mit der Kritikwürdigkeit von Mach- und Verwertbarkeitserwartungen, da sich die Herstellung von Geschlechtergerechtigkeit nicht auf Pädagogik reduzieren lässt. Dies vorausgesetzt, sind vor dem Hintergrund unseres empirischen Materials und der

Ausführungen in Kapitel 7 zu professionellem Handeln folgende Aspekte für genderreflektiertes Arbeiten in der Krippe hervorzuheben:

Körper der Kinder: Genderreflektiertes Arbeiten unter Berücksichtigung des kindlichen Körpers umfasst die Reflexion der drei Körperbereiche „Energiekörper“, „Symbolkörper“, „sexuell-libidinöser Körper“ (nach Preuss-Lausitz 2003); ebenso die Reflexion von Pflegesituationen auf der Basis der „Bedürfnisgeschichte“, „Körpergeschichte“, „Beziehungsgeschichte“ und „Geschlechtsgeschichte“ des Kindes (Schmidt 2012) sowie die intersektional-rassismuskritische Überprüfung eigener Vorurteile.

Affekt- und prozessorientiertes Arbeiten: Hierzu gehört ein verstehender Zugang zu den affektiven Zuständen der Kinder, durch den diese aufgenommen und angemessen gespiegelt werden. Dabei ist kritisch zu prüfen, ob möglicherweise geschlechterstereotype Reaktionen auf die kindlichen Affekte erfolgen. Bedeutsam sind auch die Reflexion des Machtverhältnisses in der Fachkraft-Kind-Beziehung sowie des Spannungsverhältnisses zwischen kindlicher Stärke und Vulnerabilität im Kontext geschlechterbezogener Zuschreibungen.

Differenzdilemma: Um die Heterogenitätskategorie Gender weder zu bagatellisieren noch zu besondern, ist es sinnvoll, das Kind sowohl als Individuum als auch als Repräsentant*in einer Geschlechtergruppe in den Blick zu nehmen und die entsprechenden Zuschreibungen zu dekonstruieren. Da der Begriff „genderneutrale“ Erziehung irreführend ist, empfiehlt sich die Bezeichnung „genderreflektiert“.

Geschlechtliche und sexuelle Vielfalt: Die Akzeptanz und Berücksichtigung geschlechtlicher und sexueller Vielfalt in der Kinder- und Jugendhilfe ist in § 9 Nr. 3 SGB VIII gesetzlich normiert (vgl. Kapitel 2.2). Die nach Kugler (2020) erwähnten Leitlinien für einen inklusiven Umgang mit Geschlechtervielfalt schaffen einen Zugang, um das Thema in der Frühpädagogik zu etablieren.

Raumgestaltung und Materialauswahl: Ein weitgehender Verzicht auf vorgefertigte und die Bevorzugung von naturbelassenen Materialien begünstigt, dass diese ausgewogen von Kindern aller Geschlechter genutzt werden. Zur Konkretisierung eignen sich Anregungen aus der Pikler-, Reggio- und Lernwerkstattpädagogik. Durch positive, demarginalisierende Spiegelungsmodelle in Kindermedien im Hinblick auf Gender, Geschlechtervielfalt, Race, Class und andere Heterogenitätsdimensionen wird die Mehrfachzugehörigkeit der Kinder berücksichtigt.

Reifizierungskritische Beobachtungen: Vor dem Hintergrund, dass gender- und racerelevante Praktiken der Interaktion mit Kleinkindern stark körperbasiert sind bzw. den Körper adressieren, sollten bei Beobachtungen bewusst nicht nur verbale, sondern gerade auch nonverbale Kommunikationsweisen berücksichtigt und nachträglich reflexiv erschlossen werden. Bedeutsam sind hierbei z.B. Körperhaltungen, Bewegungen, Stimme, Blickkontakt, Kleidung und Körperaccessoires.

Zusammenarbeit mit den Eltern: Die in den Interviews mit den Fachkräften und Eltern präsentierten Konstrukte von modernen Vater- und Mutterbildern bieten Pädagog*innen die Möglichkeit, eigene und gesellschaftliche Leitbilder von Familie und Geschlechtergerechtigkeit zu reflektieren und dabei das beharrlich wirkende Bild der „guten Mutter", die als primär für das Kind zuständig gilt, kritisch zu hinterfragen. Zu thematisieren ist hier auch, welche Auswirkungen gesellschaftlich vermittelte Perfektionsansprüche hinsichtlich Elternschaft, Lebensstil, Gesundheit, Aussehen auf Mütter bzw. Väter haben. Ansatzpunkte bietet der Begriff der „ausreichend guten Sorge" (Jurczyk/Thiessen 2020: 133) im Kontext des Doing-Family-Ansatzes, der Glücksmomente ebenso wie Krisen und Konflikte in unterschiedlichen Familien- und Elternschaftskonstellationen als alltäglich mit einbezieht.

Zusammenarbeit im Team: Themen sind die Reflexion der Wirksamkeit binärer und asymmetrisch verfasster Geschlechternormen in den gegenseitigen Wahrnehmungen und Erwartungen und die Dekonstruktion von Idealisierungen und Abwertungen in der Zusammenarbeit von Fachkräften unterschiedlichen Geschlechts.

Wissen ist unabdingbar, es genügt aber nicht. Zu einer wirklichen Auseinandersetzung gehört es, die affektive Ebene mit Hilfe von Fallbeispielen, z.B. basierend auf den ethnographischen Protokollausschnitten unseres Forschungsprojekts, mit einzubeziehen und genderbezogene Selbst- und Teamreflexion zu etablieren. Hierbei ist, wie Nentwich/Vogt (2021b) betonen, auch die Organisationskultur bedeutsam: „*(Un)doing gender* ist in die Rhythmen, Routinen, Räume und Interaktionen eingeschrieben" (ebd.: 231). Sie empfehlen Organisationsentwicklungen, um vergeschlechtlichte Praktiken „im organisationalen Alltag" (ebd.) reflektierbar zu machen und Veränderungen zu initiieren.

Literatur

Ahnert, Lieselotte (2004): Bindungsbeziehungen außerhalb der Familie. Tagesbetreuung und Erzieherinnen-Kind-Bindung. In: Dies. (Hrsg.): Frühe Bindung. Entstehung und Entwicklung. München: Ernst Reinhardt. 256–277.

Ahnert, Lieselotte (2020): Wieviel Mutter braucht ein Kind? Über Bindung und Betreuung in den ersten Lebensjahren. Weinheim, Basel: Beltz (zuerst 2010 im Springer-Verlag).

Ahnert, Lieselotte/Pinquart, Martin/Lamb, Michael L. (2006): Security of children's relationships with nonparental careproviders: a meta-analysis. In: Child Development 77. 664–679.

Aigner, Josef Christian/Rohrmann, Tim (Hrsg.) (2012): Ele*men*tar – Männer in der pädagogischen Arbeit mit Kindern. Opladen, Berlin, Toronto: Barbara Budrich.

Aikins, Muna AnNisa/Bremberger, Teresa/Aikins, Joshua Kwesi/Gyamerah, Daniel/Yıldırım-Caliman, Deniz (2021): Afrozensus 2020: Perspektiven, Anti-Schwarze Rassismuserfahrungen und Engagement Schwarzer, afrikanischer und afrodiasporischer Menschen in Deutschland, Berlin. https://afrozensus.de/reports/2020/Afrozensus-2020.pdf (abgerufen am 04.12.2021).

Andrä, Markus (2019): Die Konstruktion von Männlichkeit in kindheitspädagogischen Interaktionen. Eine videographische Studie in Kindertagestätten. Wiesbaden: Springer VS.

Andresen, Sabine (2022): Kindheit. In: Ehlert, Gudrun/Funk, Heide/Stecklina, Gerd (Hrsg.): Grundbegriffe Soziale Arbeit und Geschlecht. Weinheim, Basel: Beltz Juventa (2. Aufl.). 318–322.

Andresen, Sabine/Koch, Claus/König, Julia (2015): Kinder in vulnerablen Konstellationen. Eine Einführung. In: Dies. (Hrsg.): Vulnerable Kinder. Interdisziplinäre Annäherungen. Wiesbaden: Springer VS. 7–19.

Auma, Maisha-Maureen (2022): Rassismuskritische Perspektiven auf Kindheit. Eine diversitätspädagogische Perspektivierung der Anerkennungsfunktion didaktischer Medien. In: Georgi, Viola B./Karakasoglu, Yasemin (Hrsg.): Bildung in der frühen Kindheit. Diversitäts- und migrationssensible Perspektiven auf Familie und Kita. Stuttgart: Kohlhammer. 98–114.

Baader, Meike Sophia (2015): Vulnerable Kinder in der Moderne in erziehungs- und emotionsgeschichtlicher Perspektive. In: Andresen, Sabine/König, Julia (Hrsg.): Vulnerable Kinder. Interdisziplinäre Annährungen. Wiesbaden: Springer VS. 79–101.

Baader, Meike Sophia/Eßer, Florian/Schröer, Wolfgang (2014): Einleitung. In: Dies. (Hrsg.): Kindheiten in der Moderne. Eine Geschichte der Sorge. Frankfurt am Main: Campus. 7–20.

Baar, Robert/Hartmann, Jutta/Kampshoff, Marita (2019): Geschlechterreflektierte Professionalisierung – Geschlecht und Professionalität in pädagogischen Berufen. Eine Einführung. In: Dies. (Hrsg.): Geschlechterreflektierte Professionalisierung – Geschlecht und Professionalität in pädagogischen Berufen. Opladen, Berlin, Toronto: Barbara Budrich. 31–54.

Bamler, Vera/Werner, William/Wustmann, Cornelia (2010): Lehrbuch Kindheitsforschung. Grundlagen, Zugänge, Methoden. Weinheim, München: Juventa.

Beelmann, Andreas/Raabe, Tobias (2011): Development of ethnic, racial, and national prejudice in childhood and adolescence: A multinational meta-analysis of age and differences. Childhood Development. Volume 82 (6). 1715–1737.

Belotti, Elena Gianini (1975): Was geschieht mit kleinen Mädchen? München: Frauenoffensive.
Benjamin, Jessica (1990): Die Fesseln der Liebe. Psychoanalyse, Feminismus und das Problem der Macht. Frankfurt am Main: Stroemfeld.
Bereswill, Mechthild (2018): Geschlecht als Konfliktkategorie und als soziale Konstruktion. Überlegungen zu einer grundlegenden Spannung. In: Ahrbeck, Bernd/Dörr, Margret/Gstach, Johannes (Hrsg.): Der Genderdiskurs in der Psychoanalytischen Pädagogik. Eine notwendige Kontroverse. Gießen: Psychosozial-Verlag. 26–41.
Bereswill, Mechthild (2022): Vulnerabilität. In: Ehlert, Gudrun/Funk, Heide/Stecklina, Gerd (Hrsg.): Grundbegriffe Soziale Arbeit und Geschlecht. Weinheim, Basel: Beltz Juventa (2. Aufl.). 639–642.
Bereswill, Mechthild/Ehlert, Gudrun (2022): Geschlecht. In: Ehlert, Gudrun/Funk, Heide/Stecklina, Gerd (Hrsg.): Grundbegriffe Soziale Arbeit und Geschlecht. Weinheim, Basel: Beltz Juventa (2. Aufl.). 214–218.
Bettecken, Anna (2013): Wickelsituationen bewusst gestalten. In: Kita Aktuell 10/2013. 232–235.
Bockstaller, Tobias (2021): (Un)doing masculinity in der Kita. In: Nentwich, Julia/Vogt, Franziska (Hrsg.): (Un)doing Gender empirisch. Qualitative Forschung in der Kita. Wiesbaden: Springer VS. 161–190.
Boldaz-Hahn, Stefanie (2022): „Weil ich dunkle Haut habe …“ – Rassismuserfahrungen im Kindergarten. In: Wagner, Petra (Hrsg.): Handbuch Inklusion. Grundlagen vorurteilsbewusster Bildung und Erziehung. Freiburg, Basel, Wien: Herder (4. Aufl.). 160–171.
Bourdieu, Pierre (1987/2021): Die feinen Unterschiede. Kritik der gesellschaftlichen Urteilskraft. Frankfurt am Main: Suhrkamp (28. Aufl.).
Braches-Chyrek, Rita (2021): Theorien, Konzepte und Ansätze der Kindheitspädagogik. Frankfurt am Main: Wochenschau-Verlag.
Brandes, Holger (2008): Selbstbildung in Kindergruppen. Die Konstruktion sozialer Beziehungen. München, Basel: Ernst Reinhardt.
Brandes, Holger/Andrä, Markus/Röseler, Wenke/Schneider-Andrich, Petra (2016): Macht das Geschlecht einen Unterschied? Ergebnisse der „Tandem-Studie“ zu professionellem Erziehungsverhalten von Frauen und Männern. Opladen, Berlin, Toronto: Barbara Budrich.
Breidenstein, Georg/Hirschauer, Stefan/Kalthoff, Herbert/Nieswand, Boris (2015): Ethnografie. Die Praxis der Feldforschung. Konstanz, München: UVK Verlagsgesellschaft (2. Aufl.).
Brody, David/Emilsen, Kari/Rohrmann, Tim/Warin, Jo (Hrsg.) (2021): Exploring Career Trajectories of Men in the ECEC Workforce. Why They Leave and Why They Stay. London: Routledge.
Budde, Jürgen (2013): Einleitung. In: Ders. (Hrsg.): Unscharfe Einsätze: (Re-)Produktion von Heterogenität im schulischen Feld. Wiesbaden: Springer Fachmedien. 7–26.
Budde, Jürgen/Venth, Angela (2010): Genderkompetenz für lebenslanges Lernen. Bildungsprozesse geschlechterorientiert gestalten. Bielefeld: W. Bertelsmann.
Bundesministerium für Familie, Senioren, Frauen und Jugend (2020): 16. Kinder- und Jugendbericht. Förderung demokratischer Bildung im Kindes- und Jugendalter. Berlin. www.bmfsfj.de/resource/blob/162232/27ac76c3f5ca10b0e914700ee54060b2/16-kinder-und-jugendbericht-bundestagsdrucksache-data.pdf (abgerufen am 07.01.2022).

Chick, Kay A./Heilman-Houser, Rose Anne/Hunter, Maxwell W. (2002): The Impact of Child Care on Gender Role Development and Gender Stereotypes. In: Early Childhood Education Journal 29. 149–154.

Christensen, Pia Haudrup (2003): Kindheit und die kulturelle Konstitution verletzlicher Körper. In: Hengst, Heinz/Kelle, Helga (Hrsg.): Kinder – Körper – Identitäten. Theoretische und empirische Annäherungen an kulturelle Praxis und sozialen Wandel. Weinheim, Basel: Juventa. 115–136.

Cierpka, Manfred (2011): Faustlos. Wie Kinder Konflikte gewaltfrei lösen lernen. Freiburg im Breisgau: Herder.

Connell, Reawyn (2015): Der gemachte Mann: Konstruktion und Krise von Männlichkeiten. Wiesbaden: VS Verlag für Sozialwissenschaften (4. Aufl.).

Cremers, Michael/Stützel, Kevin/Klingel, Maria (2020): Umgang mit Heterogenität. Geschlechtsbezogene Zusammenarbeit in Kindertagesstätten. Opladen, Berlin, Toronto: Barbara Budrich.

Degele, Nina/Winker, Gabriele (2009). Intersektionalität. Zur Analyse sozialer Ungleichheiten. Bielefeld: transcript.

Diehm, Isabell/Kuhn, Melanie/Machold, Claudia (2013): Ethnomethodologie und Ungleichheit? Methodologische Herausforderungen einer ethnographischen Differenzforschung. In: Budde, Jürgen (Hrsg.): Unscharfe Einsätze: (Re-)Produktion von Heterogenität im schulischen Feld. Wiesbaden: Springer Fachmedien. 29–51.

Dieken, Christel van/Rohrmann, Tim/Sommerfeld, Verena (2004): Richtig streiten lernen. Neue Wege in der Konfliktbewältigung unter Kindern. Freiburg im Breisgau: Lambertus.

Dittrich, Gisela/Dörfler, Mechthild/Schneider, Kornelia (2001): Wenn Kinder in Konflikt geraten. Eine Beobachtungsstudie in Kindertagesstätten. Neuwied: Luchterhand.

Dornes, Martin (1993): Der kompetente Säugling. Die präverbale Entwicklung des Menschen. Frankfurt am Main: Fischer Taschenbuch Verlag.

Dornes, Martin (1997): Die frühe Kindheit. Entwicklungspsychologie der ersten Lebensjahre. Frankfurt am Main: Fischer Taschenbuch Verlag.

Dornes, Martin (2006): Die Seele des Kindes. Entstehung und Entwicklung. Frankfurt am Main: Fischer Taschenbuch Verlag.

Dornes, Martin (2012): Die Modernisierung der Seele. Kind-Familie-Gesellschaft. Frankfurt am Main: Fischer Taschenbuch Verlag.

Eckes, Thomas (2008): Geschlechterstereotype: Von Rollen, Identitäten und Vorurteilen. In: Becker, Ruth/Kortendieck, Beate (Hrsg.): Handbuch Frauen- und Geschlechterforschung. Wiesbaden: VS Verlag für Sozialwissenschaften. 171–182.

Fachstelle Kinderwelten (2021): Kinderbücher, in denen Schwarze, Indigene und People of Color eine Hauptrolle haben. Bücherliste vom November 2021. https://situationsansatz.de/wp-content/uploads/2021/11/BIPoC_Kinderbuecher.pdf (abgerufen am 01.10.2022).

Faulstich-Wieland, Hannelore (2013): Gendergerechte Pädagogik in der frühkindlichen Bildung. In: Lilian Fried/Roux, Susanna (Hrsg.): Handbuch Pädagogik der frühen Kindheit. Berlin: Cornelsen (3. Aufl.). 230–235.

Fegter, Susann/Hontschik, Anna/Kadar, Eszter/Sabla, Kim-Patrick/Saborowski, Maxine (2019): Bezüge auf Familie als Moment der Vergeschlechtlichung pädagogischer Professionalität: Diskursanalytische Perspektiven auf Äußerungen in Gruppendiskussionen mit Kita-Teams. In: Baar, Robert/Hartmann, Jutta/Kampshoff, Marita (Hrsg.): Geschlechterreflektierte Professionalisierung – Geschlecht und Professio-

nalität in pädagogischen Berufen. Jahrbuch erziehungswissenschaftliche Geschlechterforschung 15/2019. Opladen, Berlin, Toronto: Barbara Budrich. 135–149.
Fegter, Susann/Sabla, Kim-Patrick (2020): Professionalität und Geschlecht als diskursive Konstruktionen in Äußerungen (sozial)pädagogischer Fachkräfte – theoretische und methodologische Überlegungen im Kontext rekonstruktiver Professionsforschung. In: Rose, Lotte/Schimpf, Elke (Hrsg.): Sozialarbeitswissenschaftliche Geschlechterforschung. Methodologische Fragen, Forschungsfelder und empirische Erträge. Opladen, Berlin, Toronto: Barbara Budrich. 151–164.
Fenstermaker, Sarah/West, Candace (2001): ‚Doing Difference' revisited. Probleme, Aussichten und der Dialog in der Geschlechterforschung. In: Heintz, Bettina (Hrsg.): Geschlechtersoziologie. Kölner Zeitschrift für Soziologie und Sozialpsychologie (Sonderheft), Heft 41. Wiesbaden: Westdeutscher Verlag. 236–249.
Flaake, Karin (2000): Frauen in Arbeitszusammenhängen – produktive und problematische Dynamiken für Kooperationen. In: Gruppenanalyse. Zeitschrift für Psychotherapie, Beratung und Supervision. 10. Jg., Heft 2. Heidelberg: Matthes-Verlag. 126–136.
Flaake, Karin (2014): Neue Mütter – neue Väter. Eine empirische Studie zu veränderten Geschlechterbeziehungen in Familien. Gießen: Psychosozial-Verlag.
Flaake, Karin (2022): Paardynamiken. In: Haller, Lisa Yashodhara/Schlender, Alicia (Hrsg.): Handbuch Feministische Perspektiven auf Elternschaft. Opladen, Berlin, Toronto: Barbara Budrich. 389–399.
Focks, Petra (2016): Starke Mädchen, starke Jungen. Genderbewusste Pädagogik in der Kita. Freiburg im Breisgau: Herder.
Fonagy, Peter/Gergely, György/Jurist, Elliot L./Target, Mary (2004/2018): Affektregulierung, Mentalisierung und die Entwicklung des Selbst. Stuttgart: Klett Cotta (6. Aufl.).
Frey, Britta/Nakhla, Daniel (2014): Mutterschafts- und Vaterschaftskonstellation. In: Cierpka, Manfred (Hrsg.): Frühe Kindheit 0–3 Jahre. Berlin, Heidelberg: Springer. 127–135.
Friebertshäuser, Barbara/Panagiotopoulou, Argyro (2013): Ethnographische Feldforschung. In: Friebertshäuser, Barbara/Langer, Antje/Prengel, Annedore (Hrsg.): Handbuch Qualitative Forschungsmethoden in der Erziehungswissenschaft. Weinheim, Basel: Beltz Juventa (4. Aufl.). 301–322.
Fritzsche, Bettina/Tervooren, Anja (2012): Doing difference while doing ethnography? Zur Methodologie ethnographischer Untersuchungen von Differenzkategorien. In: Friebertshäuser, Barbara/Kelle, Helga/Boller, Heike/Bollig, Sabine/Huf, Christina/Langer, Antje/Ott, Marion/Richter, Sophia (Hrsg.): Feld und Theorie. Herausforderungen erziehungswissenschaftlicher Ethnographie. Opladen, Berlin, Toronto: Barbara Budrich. 25–39.
Garbade, Svenja (2020): Genderkonstruktionen bei Fachkräften in der Krippe – methodische Konsequenzen für eine geschlechterreflexive Haltung in einem schwierigen Themenfeld. In: Rose, Lotte/Schimpf, Elke (Hrsg.): Sozialarbeitswissenschaftliche Geschlechterforschung. Opladen, Berlin, Toronto: Barbara Budrich. 263–277.
Garbade, Svenja (2021): Geschlecht aus Perspektive frühpädagogischer Fachkräfte: Pädagogische Irrelevanzdemonstration. Konsequenzen für eine Inklusive Bildungsforschung. In: Bätge, Carolin/Cloos, Peter/Gerstenberg, Frauke/Riechers, Katharina (Hrsg.): Inklusive Bildungsforschung. Weinheim, Basel: Beltz Juventa. 235–252.

Geertz, Clifford (1983): Dichte Beschreibung. Beiträge zum Verstehen kultureller Systeme. Frankfurt am Main: Suhrkamp.
Gildemeister, Regine (2008/2021): Soziale Konstruktion von Geschlecht: „Doing gender“. In: Wilz, Sylvia Marlene (Hrsg.): Geschlechterdifferenzen – Geschlechterdifferenzierungen. Wiesbaden: Springer VS (3. Aufl.). 171–204.
Gildemeister, Regine/Robert, Günther (2022): Doing Gender. In: Ehlert, Gudrun/Funk, Heide/Stecklina, Gerd (Hrsg.): Weinheim, Basel: Beltz Juventa (2. Aufl.). 130–133.
Gilles-Bacciu, Astrid/Heuer, Reinhild (2019) (Hrsg.): Pikler. Ein Theorie- und Praxisbuch für die Familienbildung. Weinheim, Basel: Beltz Juventa.
Gingelmaier, Stephan/Taubner, Svenja/Ramberg, Axel (Hrsg.) (2018): Handbuch mentalisierungsbasierte Pädagogik. Göttingen: Vandenhoeck & Ruprecht.
Glaser, Barney/Strauss, Anselm (1967): The Discovery of Grounded Theory: strategies for qualitative research. Chicago: Aldine Transaction.
Goffman, Erving (1994): Interaktion und Geschlecht. Frankfurt am Main, New York: Campus.
Gretsch, Petra/Mischo, Christoph (2011): Sprachentwicklung. In: Fröhlich-Gildhoff, Klaus/Mischo, Christoph/Castello, Armin (Hrsg.): Entwicklungspsychologie für Fachkräfte in der Frühpädagogik. Köln: Link-Verlag. 129–149.
Günther, Marga/Heilmann, Joachim/Kerschgens, Anke (Hrsg.) (2022): Psychoanalytische Pädagogik und Soziale Arbeit. Verstehensorientierte Beziehungsarbeit als Voraussetzung für professionelles Handeln. Gießen: Psychosozial-Verlag.
Gutknecht, Dorothee (2015): Bildung in der Kinderkrippe. Wege zur Professionellen Responsivität. Stuttgart: Kohlhammer (2. Aufl.).
Haller, Lisa Yashodhara/Schlender, Alicia (Hrsg.) (2022): Handbuch Feministische Perspektiven auf Elternschaft. Opladen, Berlin, Toronto: Barbara Budrich.
Hansen, Rüdiger/Knauer, Raingard/Sturzenhecker, Benedikt (2015): Partizipation in Kindertageseinrichtungen. So gelingt Demokratiebildung mit Kindern! Weimar: verlag das netz.
Helfferich, Cornelia (2017): Familie und Geschlecht. Opladen, Berlin, Toronto: Barbara Budrich.
Herrmann, Teresa/Rohrmann, Tim (2020): Geschlechterbezogene Interaktionen in kindlichen Peergruppen. In: Perspektiven der empirischen Kinder- und Jugendforschung, 6. Jg., Ausgabe 2. 33–44.
Heuer, Reinhild (2019): Spielraumgestaltung in Eltern-Kind-Kursen nach der Pikler-Pädagogik. In: Gilles-Bacciu, Astrid/Heuer, Reinhild (Hrsg.): Pikler. Ein Theorie- und Praxisbuch für die Familienbildung. Weinheim, Basel: Beltz Juventa. 212–226.
Hildebrandt, Frauke/Walter-Laager, Catherine/Flöter, Manja/Pergande, Bianka (2021): BiKA. Beteiligung von Kindern im Kita-Alltag. Abschlussbericht zur Studie. https://www.fruehe-chancen.de/fileadmin/PDF/Fruehe_Chancen/Bika_Studie_FH_Potsdam/Bika_Abschlussbericht-web.pdf (abgerufen am 10. 07. 2022).
Hirschauer, Stefan (2001): Das Vergessen des Geschlechts. Zur Praxeologie einer Kategorie sozialer Ordnung. In: Heintz, Bettina (Hrsg.): Kölner Zeitschrift für Soziologie und Sozialpsychologie. Sonderheft 41/2001, Wiesbaden: Westdeutscher Verlag. 208–235.
Hirschauer, Stefan (2014): Un/doing Differences. Die Kontingenz sozialer Zugehörigkeiten. In: Zeitschrift für Soziologie, 43. Jg., Heft 3. 170–191.
Hirschauer, Stefan (2016): Judith, Niklas und das Dritte der Geschlechterdifferenz: undoing gender und die Post Gender Studies. In: Gender, Heft 3. 114–129.

Hirschauer, Stefan/Boll, Tobias (2017): Un/doing Differences. Zur Theorie und Empirie eines Forschungsprogramms. In: Hirschauer, Stefan (Hrsg.): Un/doing Differences. Praktiken der Humandifferenzierung. Weilerswist: Velbrück Wissenschaft. 7–26.

Hoogdalem, Anne-Greth van/Singer, Elly/Wijngaards, Leoniek/Heesbeen, Danielle (2012): The role of familiarity and similarity in friendship in toddlers relationships in Dutch day-care centers. European Early Childhood Education Research Journal, 20. Jg., Nr. 02/2012. 189–204.

Huftless, Esther/Zach, Barbara (Hrsg.) (2022): Queering Psychoanalysis. Psychoanalyse und Queer Theory. Transdisziplinäre Verschränkungen. Münster: edition assemblage (4. Aufl.).

Hunger, Ina (2015): Neue Diskurse – alte Geschlechterpraxis? Verfestigung dualer Geschlechterbilder in der frühkindlichen Bewegungspraxis. In: Erhorn, Jan/ Schwier, Jürgen (Hrsg.): Die Eroberung urbaner Bewegungsräume. SportBündnisse für Kinder und Jugendliche. Bielefeld: transcript. 47–60.

Jurczyk, Karin/Thiessen, Barbara (2020): Familie als Care – die Entzauberung der ‚Normalfamilie'. In: Jurczyk, Karin (Hrsg.): Doing und Undoing Family: Konzeptionelle und empirische Entwicklungen. Weinheim, Basel: Beltz Juventa. 116–141.

Kelle, Helga (2004): Ethnographische Ansätze in der erziehungswissenschaftlichen Frauen- und Geschlechterforschung. In: Glaser, Edith/Klika, Dorle/Prengel, Annedore (Hrsg.): Handbuch Gender und Erziehungswissenschaft. Bad Heilbrunn: Klinkhardt. 636–650.

Kelle, Helga (2013): Die Komplexität der Wirklichkeit als Problem qualitativer Forschung. In: Friebertshäuser, Barbara/Langer, Antje/Prengel, Annedore (Hrsg.): Handbuch Qualitative Forschungsmethoden in der Erziehungswissenschaft. Weinheim, Basel: Beltz Juventa (4. Aufl.). 101–118.

Kelle, Helga (2016): Herausforderungen ethnographischer Forschung zu Pädagogik und Geschlecht. In: Graff, Ulrike/Kolodzig, Katja/Johann, Nikolas (Hrsg.): Ethnographie – Pädagogik – Geschlecht. Projekte und Perspektiven aus der Kindheits- und Jugendforschung. Wiesbaden: Springer VS. 3–16.

Keller, Heidi (2021): Mythos Bindungstheorie. Konzept, Methode, Bilanz. Weimar: verlag das netz.

King, Vera (2010): Bedingungen der Elternschaftskonstellation. In: Kinderanalyse, 18. Jg., Heft 1. 1–27.

King, Vera (2015): Kindliche Angewiesenheit und elterliche Generativität. Subjekt- und kulturtheoretische Perspektiven. In: Andresen, Sabine/König, Julia (Hrsg.): Vulnerable Kinder. Interdisziplinäre Annährungen. Wiesbaden: Springer VS. 23–43.

Knauf, Tassilo (2016): Material. In: Lingenauber, Sabine (Hrsg.): Handlexikon der Reggio-Pädagogik. Freiburg: Projekt-Verlag. 97–101.

König, Julia (2015): Verletzlichkeit als intergenerationales Problem. In: Andresen, Sabine/König, Julia (Hrsg.): Vulnerable Kinder. Interdisziplinäre Annährungen. Wiesbaden: Springer VS. 191–207.

Kommentierte Daten der Kinder- und Jugendhilfe, Informationsdienst der Arbeitsstelle Kinder und Jugendhilfestatistik, AKJStat, Heft Nr. 2/2021, 24. Jg. www.akjstat.tu-dortmund.de/fileadmin/user_upload/2021_Heft2_KomDat.pdf (abgerufen am 30.01.2022).

Krüger-Kirn, Helga (2021): Mütterlichkeit braucht kein Geschlecht. In: Krüger-Kirn, Helga/Tichy, Leila Zoe (Hrsg.): Elternschaft und Gender Trouble: Geschlechterkritische Perspektiven auf den Wandel der Familie. Opladen, Berlin, Toronto: Barbara Budrich. 97–120.

Kubandt, Melanie (2015): „Oh man, was hab ich denn jetzt gesagt?!" Doing gender von Fachkräften in der Kindertageseinrichtung. In: Hoffmann, Hilmar/Borg-Tiburcy, Kathrin/Kubandt, Melanie/Meyer, Sarah/Nolte, David (Hrsg.): Alltagspraxen in der Kindertageseinrichtung. Annäherungen an Logiken in einem expandierenden Feld. Weinheim, Basel: Beltz Juventa. 88–119.

Kubandt, Melanie (2016): Geschlechterdifferenzierung in der Kindertageseinrichtung. Eine qualitativ-rekonstruktive Studie. Opladen, Berlin, Toronto: Barbara Budrich.

Kubandt, Melanie (2017a): Geschlechtergerechtigkeit in der Kindertageseinrichtung. www.kita-fachtexte.de/fileadmin/Redaktion/Publikationen/KiTaFT_Kubandt_2017_Geschlechtergerechtigkeit.pdf (abgerufen am 15.01.2022).

Kubandt, Melanie (2017b): Als GeschlechterforscherIn im frühpädagogischen Feld. Zwischen Subjektivität, (Re-)Konstruktion und Reifikation. In: Stenger, Ursula/Edelmann, Doris/Nolte, David/Schulz, Marc (Hrsg.): Diversität in der Pädagogik der frühen Kindheit. Weinheim, Basel: Beltz Juventa. 271–285.

Kubandt, Melanie (2018): Geschlechterforschung. In: Schmidt, Thilo/Smidt, Wilfried (Hrsg.): Handbuch Empirische Forschung in der Pädagogik der frühen Kindheit. Münster: Waxmann. 175–192.

Kubandt, Melanie (2019): Ansprüche an ein geschlechtergerechtes, professionelles Handeln im Elementarbereich – Ethnographische Perspektiven auf Ungewissheiten, Komplexitäten und Grenzen im pädagogischen Alltag. In: Baar, Robert/Hartmann, Jutta/Kampshoff, Marita (Hrsg.): Geschlechterreflektierte Professionalisierung – Geschlecht und Professionalität in pädagogischen Berufen. Opladen, Berlin, Toronto: Barbara Budrich. 121–133.

Kubandt, Melanie (2020a): Die Vielfalt und Relevanz geschlechtlicher Praktiken. Zum Mehrwert ethnographischer Forschungszugänge in der Kindertageseinrichtung. In: Diskurs Kindheits- und Jugendforschung/Discourse. Journal of Childhood and Adolescence Research, Heft 1. 5–20. URL: https://doi.org/10.3224/diskurs.v15i1.02 (abgerufen am 12.11.2022).

Kubandt, Melanie (2020b): Zweigeschlechtlichkeit als Dreh- und Angelpunkt sozialpädagogischer Betrachtungen?! Geschlechterforschung im institutionellen Kontext von Kindertageseinrichtungen. In: Rose, Lotte/Schimpf, Elke (Hrsg.): Sozialarbeitswissenschaftliche Geschlechterforschung. Methodologische Fragen, Forschungsfelder und empirische Beiträge. Opladen, Berlin, Toronto: Barbara Budrich. 247–261.

Kugler, Thomas (2020): Geschlechtervielfalt in der Kita – Theorie und Praxis: Inklusion und Kinderrechte als menschenrechtlich fundierter Zugang einer genderbewussten Pädagogik. In: Timmermanns, Stefan/Böhm, Maika (Hrsg.): Sexuelle und geschlechtliche Vielfalt. Interdisziplinäre Perspektiven aus Wissenschaft und Praxis. Weinheim, Basel: Beltz Juventa. 122–135.

Kuhn, Melanie (2021). Dabei sein ist alles? Zu den ambivalenten und normalisierenden Nebenwirkungen des programmatischen Ansinnens „Teilhabe". In: Bätge, Carolin/Cloos, Peter/Gerstenberg, Frauke/Riechers, Katharina (Hrsg.): Inklusive Bildungsforschung der frühen Kindheit. Empirische Perspektiven und multidisziplinäre Zugänge. Weinheim, Basel: Beltz Juventa. 152–170.

Kunert, Margitta (2022): Genderkompetenz. In: Ehlert, Gudrun/Funk, Heide/Stecklina, Gerd (Hrsg.): Grundbegriffe Soziale Arbeit und Geschlecht. Weinheim, Basel: Beltz Juventa (2. Aufl.). 203–207.

Kunert-Zier, Margitta (2005): Erziehung der Geschlechter. Entwicklungen, Konzepte und Genderkompetenzen in sozialpädagogischen Feldern. Wiesbaden: VS Verlag.

Kunert-Zier, Margitta (2010): Räumliche Konzeptionen in Kindertageseinrichtungen und deren Genderrelevanz. In: Enzyklopädie Erziehungswissenschaft Online. Weinheim: Beltz Juventa, 1–29. https://content-select.com/de/portal/media/view/52824871-2dd4-46f0-ac9c-11372efc1343 (abgerufen am 22. 07. 2022).

Kruse, Jan (2015): Qualitative Interviewforschung. Ein integrativer Ansatz. Weinheim, Basel: Beltz Juventa (2. Aufl.).

Laplanche, Jean (2005): Die unvollendete kopernikanische Revolution in der Psychoanalyse. Gießen: Psychosozial-Verlag.

Laplanche, Jean (2011): Neue Grundlagen für die Psychoanalyse. Gießen: Psychosozial-Verlag.

Lenz, Albert (2001): Partizipation von Kindern in Beratung und Therapie. Entwicklungen, Befunde und Handlungsperspektiven. Weinheim, München: Juventa.

Leuzinger-Bohler, Marianne (2009): Frühe Kindheit als Schicksal? Trauma, Embodiment, Soziale Desintegration. Psychoanalytische Perspektiven. Stuttgart: Kohlhammer.

Lorber, Katharina/Hanf, Jördis (2014): Krippenkonzepte und Konzeptionsentwicklung. In: Neuß, Norbert (Hrsg.): Grundwissen Krippenpädagogik. Ein Lehr- und Arbeitsbuch (3. Aufl.). Berlin: Cornelsen. 70–85.

Machold, Claudia (2015): Kinder und Differenz. Eine ethnografische Studie im elementarpädagogischen Kontext. Wiesbaden: Springer VS.

MacNaughton, Glenda (2006): Respect for diversity. An international overview. Den Haag: Bernard van Leer Foundation.

Mayer, Daniela/Bernhard, Christina/Peters, Annette (2013): Spielumwelten im Kindergarten: Auswirkungen auf Geschlechterunterschiede in Spielverhalten und Kompetenzentwicklung. In: Frühe Bildung, 2. Jg., Heft 4. 185–195.

Maywald, Jörg (2015): Sexualpädagogik in der Kita. Kinder schützen, begleiten, stärken. Freiburg im Breisgau: Herder (2. Aufl.).

Mecheril, Paul/Melter, Claus (2010): Gewöhnliche Unterscheidungen. Wege aus dem Rassismus. In: Mecheril, Paul/Castro Valera, María do Mar/Dirim, Inci/Kalpaka, Annita/Melter, Claus (Hrsg.): Migrationspädagogik. Weinheim: Beltz. 150–178.

Meland, Torill Aud/Kaltvedt, Elsa Helen (2019): Tracking gender in kindergarten. In: Early Child Development and Care. 189:1. 94–103. https://doi.org/10.1080/03004430.2017.1302945 (abgerufen am 01. 12. 2022).

Mey, Günter (2011): Qualitative Forschung in der Entwicklungspsychologie der frühen Kindheit. Ansätze und Verfahren. In: Keller, Heidi (Hrsg.): Handbuch der Kleinkindforschung. Bern: Verlag Bernd Huber (4. Aufl.). 846–878.

Mey, Günter (2018): Entwicklungspsychologie der Kindheit und New Chilhood Studies als Forschung „aus der Perspektive von Kindern“. Ansätze, Abgrenzungen, Annäherungen. In: Kleeberg-Niepage, Andrea/Rademacher, Sandra (Hrsg.): Kindheits- und Jugendforschung in der Kritik. (Inter-)Disziplinäre Perspektiven auf zentrale Begriffe und Konzepte. Wiesbaden: Springer VS. 227–250.

Meyer, Sarah (2015): Differenzierungen im Spannungsfeld zwischen Reproduktion, institutioneller Selbstpräsentation, Einpassung und Modifikation. Ethnographische Erkundungen zur Hervorbringung von Differenz im Alltag der Kindertageseinrichtung. In: Hoffmann, Hilmar/Borg-Tiburcy, Kathrin/Kubandt, Melanie/Meyer, Sarah/Nolte, David (Hrsg.): Alltagspraxen in der Kindertageseinrichtung. Annäherungen an Logiken in einem expandierenden Feld. Weinheim, Basel: Beltz Juventa. 120–153.

Naumann, Thilo Maria (2022): Subjektbildung und Gesellschaft. Gießen: Psychosozial-Verlag.

Nentwich, Julia (2021): *(Un)doing gender* in organisationalen Rhythmen und Routinen. In: (Un)doing Gender empirisch. Qualitative Forschung in der Kita. Wiebaden: Springer VS. 111–131.

Nentwich, Julia/Vogt, Franziska (2014): Puppenstuben, Bauecken, Waldtage: (Un)doing Gender in der Kinderkrippe. Zusammenfassung der Projektergebnisse – Langversion. Bern: Schweizer Nationalfonds. http://www.nfp60.ch/SiteCollectionDocu ments/nfp60_projekte_nentwich_zusammenfassung_projektergebnisse_lang.pdf (abgerufen am 30.09.2021).

Nentwich, Julia/Vogt, Franziska (2021a): *(Un)doing* gender empirisch erforschen. In: Dies. (Hrsg.): (un)doing Gender empirisch. Qualitative Forschung in der Kita. Wiesbaden: Springer VS. 7–50.

Nentwich, Julia/Vogt, Franziska (2021b): *(Un)doing gender* empirisch: Konzeptionelle, methodische und praktische Schlussfolgerungen. In: Dies. (Hrsg.): (Un)doing Gender empirisch. Qualitative Forschung in der Kita. Wiesbaden: Springer VS. 223–236.

Nordt, Stephanie/Kugler, Thomas (2020): Sexuelle und geschlechtliche Vielfalt im Kontext frühkindlicher Inklusionspädagogik. In: Timmermanns, Stefan/Böhm, Maika (Hrsg.): Sexuelle und geschlechtliche Vielfalt. Interdisziplinäre Perspektiven aus Wissenschaft und Praxis. Weinheim, Basel: Beltz. 110–121.

Pages, Simona (2017): Im Spannungsfeld von tradierten Rollenbildern und professioneller Reflexivität. Das frühpädagogische Handlungsfeld auf der Folie von Gender. In: Ruppin, Iris (Hrsg.): Diversity Management in Kindertagesstätten. Weinheim, Basel: Beltz Juventa. 77–131.

Pape, Judith/Schaich, Ute/Renz-Rathfelder, Sofia (2020): Erfahrungswelten. Lernwerkstattarbeit mit Kindern in den ersten drei Lebensjahren. In: Frühe Bildung, 9. Jg., Heft 2. 91–98.

Permien, Hanna/Frank, Kerstin (1995): Schöne Mädchen – Starke Jungen? Gleichberechtigung: (k)ein Thema in Tageseinrichtungen für Schulkinder. Freiburg im Breisgau: Lambertus.

Preissing, Christa/Best, Edeltraut (1985): Mädchen in Erziehungseinrichtungen: Erziehung zur Unauffälligkeit. Opladen: Leske und Budrich.

Preuss-Lausitz, Ulf (2003): Kinderkörper zwischen Selbstkonstruktion und ambivalenten Modernitätsanforderungen. In: Hengst, Heinz/Kelle, Helga (Hrsg.): Kinder – Körper – Identitäten. Weinheim: Juventa. 15–32.

Quindeau, Ilka (2017): Rätselhafte Botschaften. Das Sexuelle in der Beziehung von Erwachsenen und Kindern. In: Eggert-Schmid Noerr, Annelinde/Heilmann, Joachim/Weißert, Ilse (Hrsg.): Unheimlich und verlockend. Zum pädagogischen Umgang mit Sexualität von Kindern und Jugendlichen. Gießen: Psychosozial-Verlag. 51–68.

Quindeau, Ilka (2018): Von normativen Identitätsvorstellungen zur Ambiguitätstoleranz. In: Ahrbeck, Bernd/Dörr, Margret/Gstach, Johannes (Hrsg.): Der Genderdiskurs in der Psychoanalytischen Pädagogik. Gießen: Psychosozial-Verlag. 12–25.

Rabe-Kleberg, Ursula (2003): Gender Mainstreaming im Kindergarten. Weinheim, Basel, Berlin: Beltz, Votum.

Rösner, Andrea (2016): Rassismus-Erfahrungen Schwarzer Kinder. In: Institut für den Situationsansatz/Fachstelle Kinderwelten (Hrsg.): Inklusion in der Kitapraxis: Die Zusammenarbeit im Team vorurteilsbewusst gestalten. Berlin: Wamiki. 113–121.

Rohrmann, Tim (2008): Zwei Welten? – Geschlechtertrennung in der Kindheit. Opladen: Budrich UniPress.

Rohrmann, Tim (2009): Gender in Kindertageseinrichtungen. Ein Überblick über den Forschungsstand. München: DJI.

Rohrmann, Tim (2012): Gender im Kontext der Arbeit mit Kindern in den ersten drei Lebensjahren. https://www.kita-fachtexte.de/texte-finden/detail/data/gender-im-kontext-der-arbeit-mit-kindern-in-den-ersten-drei-lebensjahren/ (abgerufen am 02.11.2020).

Rohrmann, Tim (2013): Die Entdeckung des Geschlechts – Gender in der Frühpädagogik. In: Leu, Hans Rudolf/Behr, Anna von (Hrsg.): Forschung und Praxis der Frühpädagogik. Profiwissen für die Arbeit mit Kindern von 0–3 Jahren. München et al.: Ernst Reinhardt. 93–109.

Rohrmann, Tim (2014): Männer in Kitas: Zwischen Idealisierung und Verdächtigung. In: Budde, Jürgen/Thon, Christine/Walgenbach, Katharina (Hrsg.): Männlichkeiten – Geschlechterkonstruktionen in pädagogischen Institutionen. Opladen, Berlin, Toronto: Barbara Budrich. 67–84.

Rohrmann, Tim (2022): Geschlechterbewusste Pädagogik – eine Gratwanderung. In: Wagner, Petra (Hrsg.): Handbuch Inklusion. Freiburg im Breisgau: Herder. 93–107.

Rohrmann, Tim/Walter, Melitta (2022): Kindertageseinrichtungen. In: Ehlert, Gudrun/Funk, Heide/Stecklina, Gerd (Hrsg.): Grundbegriffe Soziale Arbeit und Geschlecht. Weinheim, Basel: Beltz Juventa (2. Aufl.). 310–314.

Rohrmann, Tim/Wanzeck-Sielert, Christa (2018): Mädchen und Jungen in der Kita. Körper – Gender – Sexualität. Stuttgart: Kohlhammer (2. Aufl.).

Rose, Lotte (2014a): Kinder brauchen Männer! Zur Vergeschlechtlichung von Qualitätsentwicklungsfragen in der Elementarpädagogik. In: Rose, Lotte/May, Michael (Hrsg.): Mehr Männer in die Soziale Arbeit!? Kontroversen, Konflikte und Konkurrenzen. Opladen, Berlin, Toronto: Barbara Budrich. 29–46.

Rose, Lotte (2014b): Das „gute" und das „schlechte" Geschlecht? Zur Diskussion um mehr Männer in Kitas. In: Frühe Bildung, 4. Jg., Heft 1. 46–47.

Rose, Lotte (2015): Geschlecht als soziale Unterscheidungskategorie in unserer Lebenswelt. In: Bretländer, Bettina/Köttig, Michaela/Kunz, Thomas (Hrsg.): Vielfalt und Differenz in der Sozialen Arbeit. Perspektiven auf Inklusion. Stuttgart: Kohlhammer. 63–73.

Rose, Lotte (2020): Mehr Männer für Kinder! Anmerkungen zum kritischen ‚Unterleben' einer populären Diskursfigur. In: Hammerschmidt, Peter/Sagebiel, Juliane/Stecklina, Gerd (Hrsg.): Männer und Männlichkeiten in der Sozialen Arbeit. Weinheim, Basel: Beltz Juventa. 95–114.

Rose, Lotte/May, Michael (2014) (Hrsg.): Mehr Männer in die Soziale Arbeit? Kontroversen, Konflikte und Konkurrenzen. Opladen, Berlin, Toronto: Barbara Budrich.

Rose, Lotte/Seehaus, Rhea (2016): Doing Gender und Doing Diversity with Food. Befunde einer Ethnographie zum Schulessen. In: Graff, Ulrike/Kolodzig, Katja/Johann, Nikolas (Hrsg.): Ethnographie – Pädagogik – Geschlecht. Wiesbaden: Springer VS. 173–186.

Rose, Lotte/Stibane, Frederike (2013): Männliche Fachkräfte und Väter in Kitas. Eine Analyse der Debatte und Projektpraxis. Eine Expertise der Weiterbildungsinitiative Frühpädagogische Fachkräfte (WiFF). (WiFF Expertisen Nr. 35). München: Deutsches Jugendinstitut.

Rose, Lotte/Tolasch, Eva (2022): Säuglingsernährung und Stillen. In: Haller, Lisa Yashodhara/Schlender, Alicia (Hrsg.): Handbuch Feministische Perspektiven auf Elternschaft. Opladen, Berlin, Toronto: Barbara Budrich. 447–456.

Ruckdeschel, Kerstin (2015): Verantwortete Elternschaft: „Für die Kinder nur das Beste“. In: Schneider, Norbert F./Diabaté, Sabine/Ruckdeschel, Kerstin (Hrsg.): Familienleitbilder in Deutschland. Kulturelle Vorstellungen zu Partnerschaft, Elternschaft und Familienleben. Opladen, Berlin, Toronto: Barbara Budrich. 191–205.

Sander, Marie (2019): Was tun, wenn Kinder streiten. In: Wamiki. Das pädagogische Fachmagazin, Heft 4. 32–33.

Schaich, Ute (2017): Kinder unter drei Jahren in Familie, Institutionen, Frühen Hilfen. Forschungsorientierte Betrachtung unter dem Aspekt migrationsgesellschaftlicher Heterogenität. In: psychosozial, 40. Jg., Nr. 149, Heft III. 137–149.

Schaich, Ute (2020): Flexibel oder starr? Forschung zur Konstruktion von Geschlecht und Differenz in der Kita revisited. In: Frühe Kindheit, 23. Jg., Heft 3. 26–33.

Schaich, Ute (2021): Geschlechterdifferenzierung in der frühen Kindheit im Spannungsfeld von Normativität und Flexibilität. In: psychosozial, 44. Jg., Nr. 166, Heft IV. 69–78.

Scheu, Ursula (1977): Wir werden nicht als Mädchen geboren – wir werden dazu gemacht. Frankfurt am Main: Fischer Taschenbuch Verlag.

Schmauch, Ulrike (2020): Regenbogenkompetenz in der Sozialen Arbeit. In: Timmermanns, Stefan/Böhm, Maika (Hrsg.): Sexuelle und geschlechtliche Vielfalt. Interdisziplinäre Perspektiven aus Wissenschaft und Praxis. Weinheim, Basel: Beltz Juventa. 308–325.

Schmauch, Ulrike (2023): Liebe, Sex und Regenbogen. Sexuelle Vielfalt in Gesellschaft und Sozialer Arbeit. Weinheim, Basel: Beltz Juventa.

Schmidt, Gunter (2012): Kindersexualität. Konturen eines dunklen Kontinents. In: Quindeau, Ilka/Brumlik, Micha (Hrsg.): Kindliche Sexualität. Weinheim, Basel: Beltz Juventa. 60–70.

Schneider, Ramona (2022): (Un)doing gender in den Hilfen zur Erziehung am Beispiel des erlebnispädagogischen Boulderns und Kletterns. Dissertation eingereicht im Mai 2022 am hochschulübergreifenden Promotionszentrum Soziale Arbeit der hessischen Hochschulen für Angewandte Wissenschaften, Hochschule Darmstadt, Frankfurt University of Applied Sciences, Hochschule Fulda und Hochschule RheinMain.

Schuhrke, Bettina (2015): Kindliche Ausdrucksformen von Sexualität. Zum aktuellen Wissensstand und dessen Relevanz für Eltern und Institutionen bei der Sexualaufklärung. In: Z Sexualforschung, 28. 161–170.

Simoni, Heidi/Herren, Judith/Kappler, Silvana/Licht, Batya (2016): Frühe soziale Kompetenz unter Kindern. In: Malti, Tina/Perren, Sonja (Hrsg.): Soziale Kompetenz bei Kindern und Jugendlichen. Entwicklungsprozesse und Fördermöglichkeiten. Stuttgart: Kohlhammer (2. Aufl.). 15–35.

Spradley, James P. (1979/2016): The ethnographic interview. Long Grove: Waveland Press.

Stern, Daniel N. (2006): Die Mutterschaftskonstellation. Eine vergleichende Darstellung verschiedener Formen der Mutter-Kind-Psychotherapie. Stuttgart: Klett-Cotta.

Stern, Daniel N./Bruschweiler-Stern, Nadia (2020): Geburt einer Mutter. Frankfurt am Main: Brandes & Apsel (6. Aufl.).

Strauss, Anselm (1991): Grundlagen qualitativer Sozialforschung. Datenanalyse und Theoriebildung in der empirischen und soziologischen Forschung. München: Fink.

Thiessen, Barbara (2022): Familie. In: Ehlert, Gudrun/Funk, Heide/Stecklina, Gerd (Hrsg.): Grundbegriffe Soziale Arbeit und Geschlecht. Weinheim, Basel: Beltz Juventa (2. Aufl.). 166–169.

Trautner, Hanns Martin (2008): Entwicklung der Geschlechtsidentität. In: Oerter, Rolf/Montada, Leo (Hrsg.): Entwicklungspsychologie. Weinheim, Basel: Beltz (6. Aufl.). 625–651.

Tronto, Joan (1993): Moral Boundaries: A political Argument for an Ethic of Care. New York: Routledge.

Tronto, Joan (2005): Care as the Work of Citizens: A Modest Proposal. In: Friedman, Marilyn (Hrsg.): Woman and Citizenship. New York. 130–145.

Ullrich, Annette (2019): So geht Spielraumgestaltung auch mit Alltagsmaterial. In: Gilles-Bacciu, Astrid/Heuer, Reinhild (Hrsg.): Pikler. Ein Theorie- und Praxisbuch für die Familienbildung. Weinheim, Basel: Beltz Juventa. 227–228.

Velho, Astride (2016): Alltagsrassismus erfahren. Prozesse der Subjektbildung – Potenziale der Transformation. Frankfurt am Main: Peter Lang Verlag.

Verlinden, Martin (1995): Mädchen und Jungen im Kindergarten. Sozialpädagogisches Institut NRW (Hrsg.). Köln: SPI (2. überarbeitete und ergänzte Aufl.).

Vogt, Franziska (2021a): *Doing* und *undoing gender* in Interaktionen: Analyse der videogestützten Beobachtung. In: Nentwich, Julia/Vogt, Franziska (Hrsg.): (Un) doing Gender empirisch. Qualitative Forschung in der Kita. Wiesbaden: Springer VS. 83–109.

Vogt, Franziska (2021b): *(Un)doing gender* in den räumlichen Arrangements der Kita. In: Nentwich, Julia/Vogt, Franziska (Hrsg.): (Un)doing Gender empirisch. Qualitative Forschung in der Kita. Wiesbaden: Springer VS. 51–82.

Vogt, Franziska/Nentwich, Julia/Tennhoff, Wiebke (2015a): Doing und Undoing Gender in Kinderkrippen: Eine Videostudie zu den Interaktionen von Kinderbetreuenden mit Kindern. In: Schweizerische Zeitschrift für Bildungswissenschaften, 37. Jg., Nr. 2. 227–247.

Vogt, Franziska/Nentwich, Julia/Tennhoff, Wiebke (2015b): Puppenecken und Bauecken. Gender und Raumordnung. In: Müller, Charlotte/Amberg, Lucia/Dütsch, Thomas/Hildebrandt, Elke/Vogt, Franziska/Wannack, Evelyne (Hrsg.): Perspektiven und Potentiale in der Schuleingangsstufe. Münster, New York: Waxmann. 113–124.

Walgenbach, Katharina (2012): Intersektionalität – eine Einführung. URL: http://portal-intersektionalitaet.de/theoriebildung/ueberblickstexte/walgenbach-einfuehrung/ (abgerufen am 20.12.2022).

Wetterer, Angelika (2010): Körper Wissen Geschlecht. Zur Einführung: In: Dies. (Hrsg.): Körper Wissen Geschlecht. Geschlechterwissen und soziale Praxis II. Sulzbach im Taunus: Helmer-Verlag. 7–18.

West, Candace/Fenstermaker, Sarah (1995): Doing Difference. In: Gender and Society, 9. Jg., Heft 1. 8–37.

West, Candace/Zimmermann, Don H. (1987): Doing Gender. In: Gender and Society, 2. Jg., Heft 2. 125–151.

Wüstenberg, Wiebke (2012): Körperkontakt beim Wickeln. Wie kann die Intimsphäre von Krabbelkindern geschützt werden? In: TPS 3/2012. 8–11.

Wüstenberg, Wiebke/Schneider, Kornelia (2021): ICH-DU-WIR. Wie Kinder in den ersten drei Lebensjahren ihre Beziehungen miteinander gestalten. Berlin: Wamiki.

Anhang:
Altersangaben der Kinder bei Forschungsbeginn

Alena	29 Monate	Maja	20 Monate
Angelina	31 Monate	Mariella	19 Monate
Ava	32 Monate	Max	20 Monate
Elian-Sam	23 Monte	Maximilian	36 Monate
Emma	26 Monate	Minna	31 Monate
Fabricio	36 Monate	Nick	35 Monate
Freya	33 Monate	Nico	36 Monate
Katharina	17 Monate	Ole	29 Monate
Kingsley	31 Monate	Paulina	27 Monate
Konstantin	20 Monate	Rosalie	25 Monate
Leandros	17 Monate	Ryo	18 Monate
Leif	15 Monate	Sarah	34 Monate
Leonie	31 Monate	Theo	35 Monate
Liam	18 Monate	Tom	14 Monate
Linus	22 Monate	Vin	31 Monate
Louisa	21 Monate		